DU mein Xanten

Tim Michalak

DU mein Xanten

Römer-, Dom- und Siegfriedstadt am Rhein

Für Daniela

DU mein Xanten
Römer-, Dom- und Siegfriedstadt am Rhein

Bibliografische Information der Deutschen Bibliothek.
Die Deutsche Bibliothek verzeichnet diese Publikation in der Deutschen
Nationalbibliografie; detaillierte bibliografische Daten sind im Internet über
http://dnb.ddb.de abrufbar.

© 2014 by Anno-Verlag, Rheinberg
Fotos Umschlagseite vorn (v. o. i. UZS.): Randolf Vastmans, Alexander Laubenthal,
Petra Schneider (2), Randolf Vastmans (2). Umschlagseite hinten: Randolf Vastmans
(o. und l.), Alexander Laubenthal. Umschlagklappe hinten (v. o.): Petra Schneider,
Alexander Laubenthal; Randolf Vastmans (2). Umschlagklappe vorn: Alexander
Laubenthal.
Satz und Titelgestaltung: kasoan, Herzogenrath
ISBN: 978-3-939256-14-4
E-Mail: info@anno-verlag.de
Web: www.anno-verlag.de

Blick auf die Hees von Labbeck aus. Unten (v. l.): Das Klever Tor von Norden. Eine für viele Xantener ungewohnte Perspektive – der Kreuzgang vom Südturm des Domes aus fotografiert. Weithin bekannt – das gotische Haus bei Nacht. Zwischen Karthaus, Immunität und Rathaus.

„Du mein Xanten" hat mich, obwohl ich erst seit einigen Jahren hier wohne, fast durch mein ganzes bisheriges Leben begleitet. Die „Perle am Niederrhein" hat viele schöne Ecken und atmet überall eine mehr als zweitausendjährige Geschichte. Unverwechselbar ist auch ihre Natur. Vom Altrhein bis zum Hochwald: Xanten ist Heimat im schönsten Sinne – für alle, die hier aufgewachsen und nicht gegangen sind. Und für diejenigen, die wie, ich hier als Zugezogene mit offenen Armen aufgenommen wurden und sich nicht mehr vorstellen können, woanders zu leben. „Rheinisch, katholisch, traditionell" – drei Charakteristika, die „Du mein Xanten" treffend beschreiben.

Haben Sie Lust auf eine individuelle Stadtführung zu verschiedenen Themen und Schwerpunkten? Dann kontaktieren Sie mich bitte unter michalak@anno-verlag.de.

Ich danke vor allem:

Xanten. Für meine Frau Daniela. Danke dafür, dass du mir dein Xanten und somit dich zur neuen und endgültigen Heimat gemacht hast. Marlene und Norbert Rotz, meinen Schwiegereltern, die mich als Schwiegersohn sofort aufgenommen und zu diesem Buch ermuntert haben. Allen Institutionen und Bürgern, die das Projekt von Anfang an wohlwollend begleitet haben. Hier insbesondere Herrn Bürgermeister Christian Strunk. Meiner Nachbarin, Frau van Elten, für die geduldige Annahme ungezählter Büchersendungen. Dem Team der Fazenda Mörmter für eindrucksvolle Einblicke. Frau Rosenberg und ihrem Team von der Stadtbibliothek für die wiederholte Bearbeitung und Nachsicht bei meinen Ausleihen. Johannes Schubert von der Dombauhütte für seine Förderung der Fotoaufnahmen im Dom. Randolf Vastmans für die Überlassung wichtiger Bilder. Frau Gatermann für ihr unglaubliches Engagement und nachhaltigen Zuspruch. Und vor allem meinen Verlegern, die sofort „Feuer und Flamme" für dieses Buch waren und dieses Buch als zweite Publikation in einer neuen Reihe aufgenommen haben.

Aus Gründen der Lesbarkeit wird in diesem Buch auf die gleichzeitige Verwendung weiblicher und männlicher Sprachformen verzichtet. Personenbezeichnungen gelten immer für beide Geschlechter.

Die rekonstruierte Stadtmauer der römischen Colonia Ulpia Traiana. Unten (v. l.): Die Kirche St. Wilibrord in Wardt gehört zu den vielen Sehenswürdigkeiten rund um die Kernstadt. Die bekannte Kriemhildmühle am Nordwall. In Xanten gibt es viele Lieblingsorte – Idylle bei Schloss Lüttingen.

Inhaltsverzeichnis

Vorwort von Bürgermeister Christian Strunk   13

Vorwort „Du mein Xanten" – nicht nur eine Liebeserklärung   14

Einführung – was Xanten so besonders macht   22

Fakten, Daten und Ereignisse   32

Historische Rückschläge   35

1.   Xanten – die Stadt am Wasser   36

1.1.   Xanten und der Rhein   38

1.2.   Wo Freizeitkapitäne in See stechen – die Nord- und Südsee
       zwischen Vynen, Wardt und der Innenstadt   43

2.   Das grüne Xanten – vom Urlaub vor der eigenen Haustüre   50

2.1.   Hügel aus der Eiszeit – der „Niederrheinische Höhenzug" rund um Xanten   54

2.2.   Ein mythischer Ort – die Hees   55

2.3.   Hier wurde Weltgeschichte geschrieben – der Hochwald   57

2.4.   Von Wildgänsen, Störchen und Seeadlern – die Bislicher Insel und der Altrhein 64

Schon von weitem ist der Kirchturm der Birtener Kirche St. Viktor und Gefährten sichtbar. Unten (v. l.): Das Mitteltor in der Innenstadt – heute Teil des SiegfriedMuseums. Kirche und Vorplatz in Wardt. Fast wie in Holland – Klappbrücke über dem Verbindungskanal zwischen Nord- und Südsee.

3.	„Geschichte, die niemals überbaut wurde" – der Archäologische Park Xanten (APX)	68
3.1.	Von Vetera bis zur Colonia – zur Entwicklung des römischen Xanten	70
3.2.	Von der Colonia zum APX	75
	Zur Gründung der Colonia Ulpia Traiana (CUT)	75
	Der Archäologische Park Xanten (APX)	76
3.3.	Zugänge zum APX	78
3.4.	Die rekonstruierten Bauwerke der CUT	79
	Stadtmauer und Tore	79
	Das Amphitheater	82
	Die römische Herberge	85
	Der Hafentempel	86
	Das LVR-RömerMuseum und die römischen Thermen	89
4.	Die „Viktorstadt" – der Dom St. Viktor und die Immunität	92
4.1.	Von Stiftsherren, Kanonikern und dem Martyrium eines römischen Soldaten namens Viktor	94

4.2. „Die größte Kirche zwischen Köln und der Nordsee" –
zur Begrifflichkeit des Xantener Doms   98

4.3. Du mein Xantener Dom   101

Zur Baugeschichte   101

Im Dom   107

4.4. In der Immunität   115

Die Reste der ehemaligen Bischofsburg   116

Der Obelisk des Cornelius de Pauw   117

Die Dombauhütte   118

Die südliche Bebauung – Drei-Giebel-Haus und Michaelskapelle   119

Die Kanonikerhäuser   123

Die Stiftsgebäude und der Kreuzgang   128

Das Stiftsmuseum   131

5. **Eine Reise in das mittelalterliche Xanten – Geschichte und**
Geschichten aus der historischen Kernstadt   **134**

5.1. Einmal rund um den „großen und kleinen Markt" – das Zentrum der Kernstadt   139

Xantens gute Stube – der Kleine und Große Markt   139

Eine Kirche ohne Namen – die evangelische Kirche am Markt   144

„Komm wir gehen zu Opel" – die historische Gaststätte „Zur Börse"   153

Ein Stück Italien in Xanten – das ehemaliges Domkaufhaus   154

Den Markt im Blick – der Fenstererker aus der Renaissance   155

Ein architekturgeschichtliches Kleinod des 18. Jahrhunderts –
der „Rokokopavillon" eines Kanonikers   156

Stadtpolitik in ehemaligen Klostermauern – das „neue" Rathaus und seine Vorgänger   163

Ein Denkmal der Renaissance am Niederrhein – das Karthaus   173

Die Südwestecke des Marktes – Hotel Hövelmann und Co.   176

Tafeln in historischen Mauern – das (spät)gotische Haus   177

Von Pumpen, Brunnen und Marktständen – die Einrichtungen auf dem Markt   180

5.2. Vom Flanieren, Shoppen und Staunen – die Flaniermeil(en) und
historischen Straßen der Kernstadt   182

Von Fachgeschäften, Kornbrennereien und unbekannten Gewölbekellern – die Marsstraße   183

Die Stadterweiterung des 19. Jahrhunderts – die Viktorstraße   193

Hier sind die Tourismusinformation und das SiegfriedMuseum zu Hause – die Kurfürstenstraße   194

Zwischen Meertor, Mitteltor und Hotel van Bebber – rund um die südliche Klever Straße   197

Xantens „Klein Montmartre" – Die Klever Straße   200

5.3. Eines der ältesten Stadttore des Rheinlandes – das Klever Tor   207

5.4. Ein Kleinod am Wegesrand – die Antoniuskapelle   211

5.5.   Xantens schönste Windmühle – die Kriemhildmühle   212

5.6.   Von armen Mägden und Gastarbeitern – die Brückstraße   219

    Ein Beispiel für gelebte Sozialfürsorge" – das „Arme-Mägde-Haus"   220

5.7.   Früher pulsierte hier das städtische Leben – die Scharn- und Orkstraße   223

    Im Mittelalter einer der Hauptmagistralen der Stadt – die Scharnstraße 223

    Ganz im Süden der Kernstadt – die Orkstraße   228

    Von Mauern, Türmen und Wällen – einmal rund um die Stadtmauer   230

**6.   Rund um Xanten – eine Entdeckertour zu ausgewählten Orten
        und Bauwerken außerhalb der Kernstadt**   **234**

6.1.   Es begann mit einer Vision und Wunderheilung –
        der Wallfahrtsort Marienbaum   236

    Zur Geschichte der Wallfahrtskirche „St. Maria Himmelfahrt" und des Klosters Marienbaum   237

    Rund um die Wallfahrtskirche – Wallfahrtsmuseum, ehemalige Herbergen und Bahnhof   242

6.2.   Von einer „Dornröschenkirche", finanzschwachen Burgherren
        und einer Fazenda – die „Freie Republik Mörmter, Ursel, Willich"   246

    Der „Freistaat" Mörmer/Ursel/Willich   246

    Der frühere Bahnhof Wardt und das Ehrenmal Mörmter   247

    Die „Fazenda da Esperança" im ehemaligen Franziskanerkloster   248

    Die „Dornröschenkirche" von Düsterfeld – ein Gotteshaus ohne Siedlung   252

    Die ehemalige Burg zu Mörmter   257

6.3.   Ein bedeutender ehemaliger Adelssitz vor den Toren der Stadt – Haus Erprath   259

6.4.   Älter als Xanten und mehrfach neu errichtet– Birten   262

    Die Dorfmitte – der Platz vor der Birtener Kirche   263

    Eine bekannte Landmarke – die Birtener Kirche St. Viktor und Gefährten   265

    Von Gutshöfen, Wassermühlen und Kapellen – rund um die Dorfmitte Birten   269

6.5.   Die älteste Wasserburg am Niederrhein? – die Burg Winnenthal   272

6.6.   Über 200 Jahre Geschichte unter unseren Füßen – der Fürstenberg   275

    Geschichte unter unseren Füßen – das ehemalige Legionslager Vetera I   277

    Eine der ältesten Theater nördlich der Alpen – das Amphitheater Birten   280

    Hier stand einst ein bedeutendes Kloster – die Dornröschenkapelle auf dem Fürstenberg   281

    Auch Göring wollte es kaufen – Haus Fürstenberg   284

    Hotel Fürstenberger Hof und Schützenhaus   287

    Hier spielten einst Aachen, Wuppertal und Oberhausen – das TuS-Stadion Fürstenberg   288

7.   Geheimnisvolle Orte rund um die Kernstadt   **290**

7.1.   Ein vergessener Ort mit viel Geschichte – das „Schloss Lüttingen"
        und seine Umgebung   292

Der Marktplatz in der Innenstadt hat auch nachts eine besondere Atmosphäre. Unten (v. l.):Dieses Gebäude vom Beginn des 20. Jahrhunderts zeugt von der Tradition Marienbaums als wichtiger Pilger- und Tourismusort. Frühling in Xanten – Stadtmauerturm am Westwall. Die Klever Straße in der Innenstadt.

7.2.	Der Pilz von Xanten – zur Radarstation im Hochwald bei Marienbaum	300
7.3.	Ein Relikt des kalten Krieges – das ehemaliges Gelände der belgischen Armee „Am Waldblick" und die atomare Raketenstellung	303
7.4.	Wo Familie Underberg zu Hause ist – Haus Balken	307
7.5.	Geheimnisvolle Bunkerreste in der Hees – die ehemalige Luftwaffenmunitionsanstalt 2/VI „Muna"	309
7.6.	Der stillste Ort in Xanten – der jüdische Friedhof am Heeser Weg	315
7.7.	Ein Kindergrabstein und der Ritualmord von Xanten – der Friedhof am Holzweg	321
	Wissenswertes – Fakten, die erstaunen und Wissenswertes aus Geschichte und Gegenwart erzählen	328
	Das sagen Xantener Bürger und Prominente	334
	Fragen zu Quellen- und Literaturverzeichnis	345
	Bildnachweis	345

VORWORT VON BÜRGERMEISTER CHRISTIAN STRUNK

Liebe Leserinnen und Leser,

Sie halten gerade ein Buch in Händen, das seit langer Zeit gefehlt hat. Das Wohlgefühl, welches im Herzen der allermeisten Besucherinnen und Besucher unserer schönen Stadt Xanten ist, hat seine Ursache in einer wunderbaren Umgebung, die wir in den letzten Jahrzehnten aus der Geschichte heraus aus vielfältigen Aktivitäten in der Stadt Xanten entwickelt haben.

Diese guten Gefühle kommen natürlich vielfach von besonderen Orten, die in diesem Werk eine herausgehobene Rolle spielen. Und so ist es auch für mich keine Frage, dass ich meine Lieblingsplätze hier verrate. Dazu gehört die wunderbare Landschaft rund ums Kloster Mörmter und ganz besonders an der Ley am Hungerturm der ehemaligen Burganlage Mörmter. Immer wieder, wenn ich dort vorbeireite, stellt sich für mich ein Gefühl der totalen Heimat ein.

Favoriten sind aber auch die Hagelkreuzhalbinsel im Xantener Strandbad an der Südsee mit einem fast unübertrefflichen Blick auf die Stadt und ihren St. Viktor-Dom. So ähnlich ist es natürlich auch vom jüdischen Friedhof aus, der eine besondere Magie ausstrahlt. Darüber hinaus gibt es natürlich noch viel mehr wunderbare Orte, die ich jedem nur sehr ans Herz legen kann, von denen viele auch in diesem Buch wiederzufinden sind und deren Besuch ich ausdrücklich empfehlen möchte. Genauso möchte ich viele andere populäre Orte in unserer schönen Stadt zum Besuch anempfehlen.

Dem Autor dieses Werkes, Herrn Michalak, sei ausdrücklich, vor allen Dingen für seine gute Idee, gedankt. Jeder, der dieses Werk gelesen hat oder noch besser, die vielen Orte besucht hat, wird sicher dem Gefühl oder besser gesagt der Erkenntnis näher kommen, in einer der schönsten Städte unseres Landes gewesen zu sein.

Allen Leserinnen und Lesern wünsche ich viel Vergnügen bei der Lektüre – und erzählen Sie es ruhig weiter: „Da wo es schön ist, nach Xanten musst Du kommen!"

Christian Strunk
Bürgermeister der Stadt Xanten

„DU MEIN XANTEN" – NICHT NUR EINE LIEBESERKLÄRUNG

Am Anfang von „Du mein Xanten" steht ein „Nein". Nein, ich bin nicht in Xanten geboren. Ein Umstand, der mich aber nicht allzu traurig macht. Manchmal muss Liebe wachsen und braucht Jahre, manchmal sogar Jahrzehnte, um einen klaren Blick darauf zu lenken, wo man wirklich „zu Hause" ist. Dies ist ein ganz persönliches Vorwort, welches meine Motivationen, dieses Buch zu schreiben, erklären möchte.

Grabmale Prell
Marmor · Granit
Natursteine
Niederbruch   Maulbeerkamp 1
46509 Xanten   ☎ 02801-7915

Friedhof

15

Der Autor Anfang 1982 bei einem Besuch im APX.

Wie so viele Bürger dieser Stadt bin ich zugezogen – der Liebe wegen. Und dies im doppelten Sinne: 37 Jahre lang war ich begeisterter Duisburger, der ungezählten Besuchern die Sehenswürdigkeiten des Ruhrgebiets zeigte und über die Stadtgeschichte Dortmunds, den Bergbau in Essen, den Duisburger Stadtteil Neudorf, die Unternehmerfamilie Haniel in Ruhrort oder die Genese der Guten Hoffnungshütte in Oberhausen und den dortigen Strukturwandel publizierte. Dennoch lässt sich meine Liebe für „Du mein Xanten" bis in das Jahr 1982 zurückverfolgen. Damals, als neun Jahre alter Grundschüler, begeisterte ich mich erstmals für den zu dieser Zeit neu entstehenden Archäologischen Park Xanten („APX") und den imposanten Dom.

Fortan haben mich die nicht nur in unserer Region einzigartige Geschichte, sondern auch der unverwechselbare Charakter der Stadt und ihre wunderschöne Natur immer wieder begleitet und zu Besuchen animiert. Während meines Geschichtsstudiums an der Gerhard-Mercator-Universität in Duisburg gründete mein damaliger Professor, Dieter Geuenich, eine Kooperation mit den historischen Institutionen der Stadt. Er fragte uns, seine Studenten, ob wir nicht unsere Examens- und Dissertationsarbeiten über verschiedene Themen der Xantener Stadtgeschichte erarbeiten wollen, da hier bislang in einigen Epochen nach der Römerzeit keine fundierte Aufarbeitung stattgefunden habe.

Der Autor, damals noch ganz „eingefleischter" Duisburger, entschied sich schlussendlich für eine Examensarbeit über die Genese des Ruhrorter Hafens. Andere Kommilitonen, wie Ingo Runde oder Holger Schmenk, erarbeiteten bis heute gültige Darstellungen Xantens im Mittelalter und im 19. Jahrhundert. Sie hatten zu Beginn ihrer Forschungsarbeit wohl den für einen Historiker so lebenswichtigen emotionalen Abstand zur Thematik. Aber auch sie wurden schnell vom „Xanten-Virus" gepackt.

Es sollten ein paar Jahre vergehen, bis Xanten dann doch mein Leben verändern sollte: Weihnachten 2007 feierte mein damaliger Arbeitgeber seine Weihnachtsfeier im „Teatro" am Markt. Mit der beruflichen und privaten Situation unzufrieden, beschloss ich an diesem Abend meinem Leben einen neue Richtung zu geben: Scheidung und berufliche Neuorientierung folgten …

Das „Teatro" am Markt und der Dom an einem Sommerabend.

Im November 2010 lernte ich dann bei einem Oberligaspiel von Rot-Weiss Essen in der dortigen Vereinsgaststätte an der Hafenstraße zufällig meine heutige Frau, Daniela, aus Xanten-Birten, kennen. Sie war übrigens die erste Neubürgerin, die in den 1980er Jahren am 1. Januar 1980 in Xanten geboren wurde. Nach wenigen Monaten zogen wir auf der Viktorstraße zusammen. Seitdem bin ich ein stolzer Bürger dieser Stadt. Ich lernte Xanten, seine umliegenden Orte und vieles mehr aus der Sicht des Großstädters kennen und lieben. Manches war gewöhnungsbedürftig – so zum Beispiel die längeren Zugfahrten zu alten Freunden. Nach und nach verstand ich aber, warum so viele Xantener sagen: „Urlaub? Warum? Den habe ich doch hier"…

Tatsächlich! Xanten bürgt für höchste Lebensqualität und Imagewerte. Bei Nachfragen im Urlaub „Wo kommen Sie her?" mit „Xanten" zu antworten, macht stolz. Es war und ist für mich eine ganz neue Erfahrung, die positiven Reaktionen wie: „Wunderschöne Stadt, da fahre ich auch immer hin" oder: „Beneidenswert, da möchte ich auch gerne wohnen" zu erleben. Dies war ich als Duisburger ganz und gar nicht gewohnt. Umso

Egal aus welcher Himmelsrichtung man anreist: Sieht man unsere Domtürme in der Ferne, so weiß man, dass man zu Hause ist.

Xantens Natur ist einfach nur wunderschön.

mehr erstaunt bin ich über die Tatsache, dass es in Xanten einige Bürger gibt, die anscheinend gar nicht wissen, in welcher schönen Stadt sie eigentlich leben. Zunächst einmal gegen alles Neue und Innovative eingestellt zu sein, ist leider hier immer noch sehr verbreitet. Gemeckert wird gerne in Xanten …

Noch heute ist die Fahrt aus der Metropole Ruhrgebiet, aus dem Rheinland oder dem Münsterland Richtung Xanten für mich eine ganz wunderbare Erfahrung. Beim Anblick des Altrheines bei Birten oder der Türme des Xantener Domes, verspüre ich, wie viele Bürger dieser Stadt, ein positives Kribbeln in der Magengegend. „Endlich wieder zu Hause", so möchte man lauthals ausrufen.

Dieses Buch betritt Neuland. Erstmals nach längerer Zeit werden wichtige Themen und Facetten aus der Vergangenheit Xantens, die bislang neben den „Leuchttürmen" Archäologischer Park und Dom weniger beachtet wurden, neu hinterfragt bzw. aus einer subjektiven Perspektive des zugezogenen Historikers diskutiert. Bei einer genaueren

Analyse der Quellen, so zum Beispiel zur Baugeschichte des Rathauses oder des „Kanonikerpavillon" am Markt, wurde mir sehr schnell deutlich, dass es seit der Jubiläumsschrift aus dem Jahr 1928 manchmal zu partiellen Fehldeutungen der Baugeschichte einiger Xantener Sehenswürdigkeiten gekommen ist. Diese wurden häufig in der späteren Literatur kopiert, nicht hinterfragt und blieben somit lebendig. Deshalb seien Sie, verehrte Leser, nicht verwundert, wenn ich manche Themen kritisch hinterfrage bzw. neu diskutiere. Somit soll sich für den kundigen Xantener und belesenen Besucher unserer Stadt bei der Lektüre dieses Buches an der einen oder anderen Stelle auch einmal ein „Aha-Effekt" einstellen.

Vor diesem Hintergrund habe ich bewusst Themenschwerpunkte gesetzt und weniger bekannte Sehenswürdigkeiten außerhalb des Archäologischen Parks und Domes, d. h. vor allem innerhalb und außerhalb der Kernstadt, die bislang in der Literatur ein wenig vernachlässigt wurden, ausführlicher dargestellt.

Xanten hat viele wunderschöne Orte zu bieten – Blick von Haus Lüttingen auf den Rhein.

Kompetente Führer durch das römische Xanten und den wunderbaren Dom gibt es viele. Aus diesem Grund werden hier diese „Highlights" nur zusammenfassend dargestellt, um eine Gesamtübersicht zu gewährleisten. Den Blick darauf zu schärfen, dass diese wunderbare Stadt noch mehr auszeichnet und lebenswert macht, als nur die bereits bekannten und ausführlich publizierten „Top-Sehenswürdigkeiten", ist mein ganz persönliches Ziel dieses Buches. Deshalb beansprucht „Du mein Xanten" auch keinen Anspruch auf Vollständigkeit. Bedeutende Persönlichkeiten der Stadt, die Struktur der modernen Geschäfts- und Freizeitwelt werden in weiteren Büchern des Autors thematisiert, die in Vorbereitung sind. Xanten in allen seinen Facetten vorzustellen würde Bände füllen …

Bei der Auswahl der Bilder haben wir uns ebenso bemüht, bekannte Ansichten der Stadt individuellen und zum Teil unbekannten Perspektiven gegenüberzustellen. So haben wir zum Beispiel einige Fotos vom Südturm des Domes aus angefertigt, die sicherlich auch für viele Xantener neu sind. Darüber hinaus werden in diesem Buch auch seltene Aufnahmen des Fotografen Dresen aus den Jahren 1945-46 publiziert, die die Ausmaße der Zerstörungen in der Kernstadt dokumentieren sollen.

Dass ein derartiges Buch subjektive Sichtweisen darstellt, versteht sich von selbst. Haben Sie Anregungen, Verbesserungsvorschläge oder Kritik, sind Sie eingeladen entweder ein eigenes Buch über Xanten zu schreiben oder mich unter michalak@anno-verlag.de zu kontaktieren.

Sie, verehrte Leser, möchte ich nun mitnehmen hinein in eine Stadt, die vor fast 70 Jahren in Trümmern lag und dennoch zu dem touristischen Magnet am Niederrhein geworden ist. Bald sollen Teile Xantens sogar zum Weltkulturerbe der Unesco gehören, aber davon später mehr … Ich hoffe auch Sie können für sich nach der Lektüre diese Buches sagen: „Ja. Das eine oder andere war auch mir neu". Dann hat das Buch seinen Zweck erfüllt. Deshalb endet dieses Vorwort auch mit einem klaren Ja! Ja zu „Du mein Xanten".

Xanten, im November 2013.

EINFÜHRUNG

WAS XANTEN SO BESONDERS MACHT

Visitandum est – „Es ist zu besuchen!" – eine Redensart, die schon seit den Römern bekannt ist und seit dem Mittelalter die zahlreichen Pilger auf dem Jakobsweg animierte, heilige Stätten zu besuchen. An diesen wichtigen sakralen Orten, die „zu besuchen" waren, betete man als Pilger für den nötigen Schutz auf der langen Reise. Auch Xanten liegt bis heute an diesem jahrhundertealten Pilgerweg der Christenheit. Informationstafeln mit eingearbeiteten Muscheln als Symbol des Jakobsweges findet man heute unter anderem am Kloster Mörmter oder auf dem Fürstenberg.

Nicht von ungefähr ist der Name Xanten aus „ad sanctos", d. h. lat. „bei den Heiligen", entstanden. Hier bot der Stadt- und Stiftspatron, der Heilige Viktor, jahrhundertelangen Schutz. Seit jeher war Xanten also ein Zentrum religiösen Glaubens am Niederrhein. Der gewaltige Dom mit seinem romanisch/gotischen Bauprogramm zeugt bis heute von diesem Anspruch. Die einmalige Situation einer Grabeskirche, die der Legende nach über den Gebeinen eines weithin bekannten Heiligen errichtet wurde, ist durchaus in ihrer Symbolik, wenn auch einige Nummern kleiner, mit dem Petersdom in Rom vergleichbar. Die vermutlichen Gebeine des heiligen Viktor werden in einem aus dem 12. Jahrhundert stammenden Schrein im Hochaltar des Domes aufbewahrt. Die Behauptung, dass das 1933 von Walter Bader unter dem Dom aufgefundene (wahrscheinliche) Märtyrergrab die Gebeine Viktors und eines Gefährten aufweist, gilt heute als widerlegt. Bis heute zieht unser Dom zahlreiche Pilger aus Nah und Fern an.

Blick vom südlichen Domturm auf das Gelände der ehemaligen römischen Stadt und den heutigen Archäologischen Park.

An Xantens Nord- und Südsee kommt der Naturliebhaber und Wanderfreund auf seine Kosten.

Schon zur Römerzeit wurden die lokalen und überregionalen Gottheiten in den Tempel der Colonia Ulpia Traiana verehrt. Xanten bietet aufgrund seiner wechselvollen Geschichte in Deutschland eine einmalige Situation: Wir können neben dem Römerlager Vetera auf dem Fürstenberg, das nach 69 n. Chr. von den Batavern zerstört wurde, zwei historisch voneinander unabhängige Städte präsentieren: Zum einen mit der ehemaligen und von den Franken zerstörten römischen Colonia Ulpia Traiana die einzige nicht wieder überbaute römische Stadt nördlich der Alpen. Zum anderen die noch in weiten Teilen in ihrer Struktur erhaltene mittelalterliche Kernstadt, die sich im Hochmittelalter um den Dom und das Stift Xanten entwickelt hat. Interessanteweise hat sich bis heute mit der Immunität, dem alten Stiftsbezirk am Dom, eine dritte „Viktorstadt" erhalten. Eine derartige archäologische und topographische Situation ist nicht nur am Niederrhein singulär.

Deshalb ist heute die oben genannte alte Redewendung genauso zutreffend, wenn es um die Vielzahl der Sehenswürdigkeiten und der Kultur- und Freizeitangebote der Stadt Xanten geht. Viele Reiseführer, Tourismusorganisationen und Webseiten diverser Reiseziele, regional wie überregional, verwenden, wenn es um die Beschreibung ihres Reiseziels geht, immer gerne Superlative in allen Facetten. Ohne solche Superlative kann dieses Buch aber auch nicht auskommen.

Es ist unzweifelhaft, dass die Stadt Xanten mit ihren Dörfern zu den schönsten und sicherlich am meisten besuchten Orten am Niederrhein zählt. Dies belegt die stetig wachsende Anzahl von Tagesgästen und Besuchern, die „über Nacht" bleiben. Die Mischung aus erlebbarer Geschichte, mit ihren einzigartigen Baudenkmälern, einer fast ganz intakten Natur und den rund um die Kernstadt noch größtenteils erhaltenen Dorfstrukturen sprechen, wie wir im Folgenden sehen werden, eine eindeutige Sprache. Sie laden das ganze Jahr ein, Xanten bei gutem wie auch schlechtem Wetter zu besuchen. Alleine die Erkundung der Museen würde den Rahmen eines Tages sprengen. Xanten hat ganzjährig „geöffnet" und viel zu bieten. Ob Sie im Winter über den (manchmal) verschneiten Weihnachtsmarkt bummeln, im Sommer auf der Nord- und Südsee segeln, sich im Strandbad in der Sonne aalen oder im Frühjahr die Baum- und Pflanzenblüte in der wunderbaren Natur der Hees, der Bislicher Insel oder im Hochwald erleben möchten – für jeden Geschmack ist etwas dabei. Hier wird aus Alltag wirklich Urlaub.

Auch kulturell hat Xanten mehr zu bieten, als man auf den ersten Blick meint. Vom traditionellen Silvesterkonzert im Dom, von der Kunstausstellung im Drei-Giebel-Haus bis hin zur Rocknacht in den Xantener Gaststätten und Restaurants – hier kommt jeder auf seine Kosten.

Hauptanziehungspunkt unserer Besucher und Touristen ist der seit den 1970er Jahren kontinuierlich ausgebaute Archäologische Park mit dem neuen, innerhalb der Museumsdidaktik und -präsentation Maßstäbe setzenden, Römermuseum. Er bietet als Teilrekonstruktion der alten römischen Colonia antike „Geschichte zum Anfassen".

Gerade in der Weihnachtszeit ist Xanten sehr stimmungsvoll – Blick auf das Kunstwerk „Nibelungentor" und den Dom.

Für Touristen und Besucher, die den Park mehrfach im Jahr besuchen, werden sogar preiswerte Jahreskarten angeboten, die sich schon nach drei oder vier Besuchen refinanziert haben. 2012 haben über 620.000 Gäste Park und Römermuseum besucht.

Der Xantener Dom stellt als „größte Kirche zwischen Xanten und der Nordsee" neben dem APX die zweite „Top-Sehenswürdigkeit" dar. Er ist bis heute eine weithin sicht-

Blick auf den Dom vom südlichen Markt aus.

28

Sehr beliebt ist auch die Wasserskianlage im Freizeitzentrum Xanten.

bare Landmarke. Im Zweiten Weltkrieg erheblich zerstört, konnte er unter großen Kraftanstrengungen und (finanzieller) Beteiligung der Xantener Bevölkerung bis in die Mitte der 1960er Jahre wieder aufgebaut werden. Große Teile der wertvollen Innenausstattung hatte man bereits während des Krieges in Sicherheit gebracht. So befinden sich heute noch bedeutende Kunstwerke des Mittelalters, wie zum Beispiel der Hochaltar, im Dom oder im benachbarten Stiftsmuseum. Auch die angeschlossene Stiftsbibliothek bewahrt bis heute unschätzbar wertvolle historische Bücher und Handschriften. Hier wird jeder, der sich mit der wechselvollen Geschichte Xantens beschäftigen möchte, fündig.

Der Mythos, dass der Nibelungenheld Siegfried in Xanten geboren sei (unter anderem gestützt durch eine kurze Erwähnung im weltberühmten Nibelungenlied), ist bis heute, trotz des Missbrauchs durch den Nationalsozialismus, immer noch ein wichtiger Bereich des Stadtmarketings. So gibt es zum Beispiel seit wenigen Jahren ein „SiegfriedMuseum", das Legende und Rezeption des Drachentöters und seiner Gefährten multimedial inszeniert. Hinweise auf das zum

Der Niederrheiner kann sogar mit einem Raddampfer von Wesel und Xanten aus auf große Fahrt gehen.

Weltkulturerbe gehörenden deutschen Nationalepos findet man in Xanten an fast jeder Ecke. Die historische Innenstadt, im Buch als „Kernstadt" bezeichnet, mit ihren Türmen und Toren, der teilweise erhaltenen Stadtmauer und den nach dem Krieg wiederaufgebauten historischen Gebäuden ist ebenfalls absolut sehenswert. Vergleichbar sind hier am Niederrhein vielleicht noch die Altstädte von Kalkar, Kempen oder Zons.

Verschwiegen werden darf aber an dieser Stelle auch nicht, dass zahlreiche, „rettbare" Häuser, wie zum Beispiel das ehemalige historische Rathaus am Kleinen Markt, durch eine – wie andernorts auch – verfehlte Wiederaufbaupolitik nach dem Krieg zusätzlich durch Abriss vernichtet wurden. Dennoch lässt sich das mittelalterliche Straßennetz in der Innenstadt heute noch gut erkennen. Absolut begrüßenswert ist es, dass zum Beispiel durch private Initiativen mittlerweile wieder daran gedacht wird, historische Häuser am Markt, wie zum Beispiel die Traditionsgaststätte „Zur Börse", so zu rekonstruieren, wie sie vor der Zerstörung einmal ausgesehen haben.

Xanten.   St. Viktors-Dom

Schon vor dem Zweiten Weltkrieg war der Xantener Dom ein beliebtes Postkarten-motiv.

Einzigartig am Niederrhein ist auch das „Freizeitzentrum Xanten" (FZX) an der so genannten „Nord- und Südsee". Diese durch Auskiesung geschaffenen Wasserflächen bieten ein Sport- und Erholungsangebot, das am Niederrhein einzigartig ist. Von Schwimmen, Klettern, Segeln, Wasserski bis hin zu Adventuregolf ist für jeden etwas dabei. Die Ufer der fast 110 Hektar großen Seen laden ganzjährig zu erholsamen Spaziergängen ein. Es ist gerade diese Mischung aus Vergangenheit, Geschichts-bewusstsein, intakter Natur und modernen Kultur- und Freizeitangeboten die unsere Stadt besonders lebenswert macht. Hierzu zählen auch die Einwohner von Xanten, die rheinisch offen, aber auch traditionsbewusst sind.

Dennoch findet man auch hier die Eigenschaften des typischen Niederrheiners, wie sie so liebevoll und augenzwinkernd von Hans Dieter Hüsch, beschrieben wurden. Frei nach dem Motto: „Watt soll ich denn in Urlaub fahren? Schön ist doch auch zu Haus!".

Übrigens: Xanten gehört nicht nur zur (geographischen) Region Niederrhein, sondern als kreisabhängige Stadt im Kreis Wesel und des Regionalverbandes Ruhr „RVR" auch (noch) politisch zum Ruhrgebiet. Das glauben Sie mir nicht? Dann fragen Sie ruhig mal in der Tourismusinformation nach oder lesen Sie am Ende des Buches das Kapitel „Wissenswertes" …

Zunächst ein paar wichtige

Fakten und Zahlen

Xanten

✢ ist die einzige Stadt in der BRD, die mit einem „X" beginnt

✢ hat heute eine Gesamtfläche von 72,4 Quadratkilometern

✢ gehört als mittlere Stadt zum Kreis Wesel

✢ darf sich zu den 13 ältesten Städten Deutschlands zählen, die ihre Geschichte bis in die Römerzeit zurückverfolgen können

✢ besitzt seit dem 15. Juni 1228 Stadtrechte

✢ hat sechs Stadtbezirke und drei innere Ortsteile (Hochbruch, Niederbruch und die Kernstadt)

✢ das Stadtgebiet grenzt im Osten und Norden an die Stadt Rees (Kreis Kleve), im Osten an Wesel, im Süden an die Gemeinden Sonsbeck und Alpen sowie im Norden und Westen an die Orte Uedem und Kalkar (Kreis Kleve)

✢ hat heute 21.245 Einwohner (Tendenz steigend)

✢ liegt durchschnittlich 22 Meter über dem Meeresspiegel

✢ besitzt mit dem Fürstenberg mit stolzen 75 Metern die höchste Erhebung der Stadt

✢ hat drei Vorwahlen – 02801 (Kernstadt), – 02802 (Unterbirten), – 02804 (Marienbaum)

✢ weist eine Bevölkerungsdichte von 297 Einwohnern je Quadratkilometer auf

✢ besitzt mit dem Dom die größte Kirche zwischen Köln und der Nordsee

✢ hat bei weitem mehr katholische Einwohner (2004: 63,77 Prozent) als Protestanten (2007: 19,98 Prozent)

V. l.: Frühling in Xanten. Das Michaelstor trennt noch heute Immunität und Bürgerstadt. Auch die kleinen Sehenswürdigkeiten in den umliegenden Dörfern sind interessant. Seit 1990 fährt vom Bahnhof Xanten aus kein Zug mehr in Richtung Kleve.

- wird jährlich im Durchschnitt von ca. 800.000 Touristen und Tagesgästen besucht
- verzeichnet pro Jahr um die 50.000 Übernachtungen
- hat 13 Kindergärten, (noch) vier katholische Grundschulen, (bald) eine Gesamtschule, eine Realschule und ein Gymnasium
- kann sechs regionale Buslinien, sowie mehrere Stadtlinien, einen Bürgerbus und eine Personenfähre über den Rhein vorweisen
- vergab seit 1926 bislang siebenmal die Ehrenbürgerwürde
- lebt mit Geel (Belgien), Saintes (Frankreich), Salisbury (Großbritannien) und Beit Sahour (Palästina) vier Städtepartnerschaften
- besitzt ca. 140 eingetragene Baudenkmäler
- ist Namenspate eines belgischen Kindes. Xanten Verlé wurde am 17. Juni 2009 in Aalst geboren
- hat eine eigene „Fußabdruckroute" in der Innenstadt. Fußabdrücke bekannter und unbekannter Zeitgenossen aus Xanten, der Region Niederrhein und aus aller Welt kosten zwischen 200 und 280 Euro
- besitzt seit 1907 mit der Traditionsgaststätte „Xantener Eck" sogar eine „Botschaft" in Berlin (Nähe Kurfürstendamm)

Trotz allem Positiven und Liebenswerten, hat auch sie im Laufe der Jahrhunderte zahlreiche Rückschläge erlitten, wovon sie sich immer wieder erholen musste. Trotzdem muss man feststellen, dass das mittelalterliche, frühneuzeitliche oder auch das gegenwärtige Xanten im Vergleich niemals wieder die strategische, politische und wirtschaftliche Bedeutung der römischen Colonia Ulpia Traiana erreicht hat.

Oft sind im Laufe der wechselvollen Xantener Stadtgeschichte dunkle Wolken aufgezogen – hier über Karthaus und Dom.

Historische Rückschläge

❖ 69 n. Chr. wird in Folge des Bataveraufstands das Lager Vetera I auf dem Fürstenberg zerstört.

❖ 275 n. Chr. Frankenüberfall und fast völlige Zerstörung der Colonia Ulpia Traiana.

❖ 863 brennen die Normannen neben einer Siedlung auch die Vorgängerkirche des heutigen Doms nieder

❖ 1109 werden bei eine Brand des alten Domes große Teile des Stiftsarchivs vernichtet

❖ zahlreiche Pestepidemien und Hungersnöte im Spätmittelalter dezimieren die Bevölkerung.

❖ der jahrzehntelange Konflikt um Hoheitsrechte im Stadtgebiet zwischen den Herzögen von Kleve und den Erzbischöfen von Köln im Mittelalter und die daraus resultierende Teilung der Stadt, die erst 1444 aufgehoben wurde.

❖ durch mehrfache Rheinverlagerungen im Spätmittelalter und besonders im Jahr 1535 sinkt Xanten zu einer Ackerbürgerstadt herab.

❖ wiederholte Zerstörung des Dorfes Birten durch den Rhein seit dem Spätmittelalter.

❖ zahlreiche kriegerische Auseinandersetzungen und Besetzungen vom 15. bis 17. Jahrhundert führen zu einem wirtschaftlichen Niedergang.

❖ 1794 wird die Stadt von französischen Truppen besetzt. In der sogenannten „Franzosenzeit", die bis zum Wiener Kongress 1814/1815 dauert, werden die städtischen Klöster, das Kloster Marienbaum und nicht zuletzt das Xantener Stift aufgehoben.

❖ aufgrund verschiedener hemmender Faktoren (unter anderem tiefliegende Steinkohleflöze) findet im 19. Jahrhundert keine Industrialisierung, wie zum Beispiel in Moers und Rheinberg, statt.

❖ Anfang 1945 wird Xanten infolge der kriegerischen Ereignisse und dem Rheinübergang der Alliierten durch Bombenangriffe und Kampfhandlungen zu über 85 Prozent zerstört.

❖ die Boxteler Eisenbahn, die Xanten seit 1878 mit Berlin, Wesel und den Niederlanden verbunden hat, wird nach 1945 nicht wieder aufgebaut.

❖ 1969 bedeutet die Eingemeindung für die heutigen Vororte wie zum Beispiel Birten, Vynen, Marienbaum etc. zunächst einen Verlust der eigenen Identität. Bis heute fährt man „nach Xanten".

1. KAPITEL

XANTEN – DIE STADT AM WASSER

Xanten – die Stadt am Wasser. Ein Werbeslogan, der sich seit einigen Jahren immer erfolgreicher vermarkten lässt. Ohne eine lange Autofahrt oder sogar einen Flug buchen zu müssen, können Sie von der Stadtmitte aus in wenigen Minuten die Süd- und Nordsee oder die 18 Kilometer lange Rheinfront Xantens erreichen. Natürlich gibt es hier keine Sturmfluten, Korallenriffe und Haie. Aber der eine oder andere Urlaubstag lässt sich auch hier verbringen. An unseren künstlichen Seen gibt es eine Vielzahl von Sport- und Freizeitmöglichkeiten, die den Alltag vergessen lassen. Im Sommer nutzen nicht nur die Einheimischen, sondern ungezählte Besucher aus der ganzen Region die vielfältigen Angebote des Freizeitzentrums.

Mit dem Fahrgastschiff „Seestern" können Sie ohne Unterbrechung in gut 50 Minuten beide niederrheinischen „Weltmeere" befahren. Der Wirtschaftsfaktor „Wasser" hat in Xanten schon immer eine wichtige Rolle gespielt: Die Geschichte unserer Stadt wurde seit der vorrömischen Zeit vom Wasser geprägt. Ohne den Rhein wären die römischen Siedlungen wie Vetera auf dem Fürstenberg, Vetera II oder auch die Colonia, die früher fast direkt am Rhein lag, nicht denkbar. Der Fluss stellte gleichzeitig am Niederrhein auch die Grenze (Limes) zu Germanien dar. Der Rhein ist bis heute eine der wichtigsten Transportwege in Europa. Nicht weit von hier, nördlich von Emmerich, beginnt das Rheindelta.

Auch die Wasserscheiden und Quellen in der Hees, im Balberger Wald und im Hochwald versorgten zunächst die Soldaten des Legionslagers Vetera I auf dem Fürstenberg, Vetera II (heute Bislicher Insel) und auch später die Bürger der römischen Colonia ausreichend mit Wasser. Große römische Aquädukte (unter anderem im Raum Labbeck) und unterirdische Wasserleitungen (unter anderem am Holzweg) stellten die Versorgung sicher. Die in der Hees entspringenden Bäche und kleinen Flüsse, wie die Hohe Ley, wurden schon in der Spätantike zur Bewässerung der landwirtschaftlichen Flächen eingesetzt.

1.1. Xanten und der Rhein

Bis heute denken viele Besucher, dass die historische Innenstadt von Xanten direkt am Rhein liegt. Unsere Touristen, die mit dem Schiff aus Duisburg, Wesel oder Düsseldorf den Schiffsanleger am Restaurant „Rheinfähre" in der Beek erreichen, werden schnell feststellen, dass dies nicht der Fall ist. Steht kein Pendelbus zur Verfügung, so haben sie bis in die Innenstadt, zum Dom oder zum APX noch einen schönen Fußmarsch vor sich. Heute fließt der Rhein ca. drei Kilometer entfernt an der Innenstadt vorbei. Er bildet zwischen der Bislicher Insel und Obermörmter die Westgrenze Xantens gegenüber der Kreisstadt Wesel. Trotzdem können Sie bei einer Schifffahrt vom Fluss aus die beiden Türme des Doms, den Fürstenberg und die Kirchen in Wardt und Vynen gut erkennen. Leider fahren die großen Flusskreuzfahrtschiffe an Xanten vorbei, da es für sie hier (noch) keine Anlegemöglichkeit gibt. Vom Steiger Xanten aus starten in der Saison, unter anderem mit der „River Lady", Ausflugsfahrten nach Duisburg, Düsseldorf und in die Niederlande bis nach Rotterdam. Es ist immer ein Erlebnis, die Silhouette Xantens auch einmal vom Rhein aus zu betrachten.

Bis zur letzten großen Rheinverlagerung im Jahr 1535 floss der Rhein und seine sich immer wieder verlagernden Seitenarme noch direkt an der Stadt vorbei. Der Bereich

Xanten besitzt seit 1969 circa 18 Kilometer Rheinufer.

des heutigen Ostwalls mit seinen Grünanlagen war zu dieser Zeit noch Wasserfläche und wohl auch zeitweise schiffbar. Auch die römische Colonia Ulpia Traiana, der heutige Archäologische Park, hatte in der Spätantike ihren Hafen in einem Seitenarm des Rheines. Diese Hafenanlage wurde in den Jahren 1934/35 und in den 1970er Jahren archäologisch dokumentiert. Bereits in römischer Zeit hatte der Rhein wiederholt seinen Lauf geändert und sich immer weiter von der Colonia entfernt. Eine schiffbare Senke konnte im Nordwesten der damaligen Kreuzung Wardter Straße und Pistley nachgewiesen werden.

Die Rheinschifffahrt brachte auch im Mittelalter immer wieder Wohlstand in die Stadt. Xantener Kaufleute konnten sich deshalb auch repräsentative Wohngebäude innerhalb der Stadtmauern leisten. Einen wunderbaren Eindruck hiervon gibt bis heute das „Gotische Haus" am Markt. Am Ende der heutigen Rheinstraße befand sich bis zu seinem Abriss im 19. Jahrhundert das so genannte Rheintor. Seine Namensgebung gibt ebenso einen wichtigen Hinweis darauf, dass der Rhein früher viel näher an den Stadtmauern und der ehemaligen römischen Colonia vorbeiführte.

Der Steiger Xanten und das traditionsreiche Restaurant „Rheinfähre" von der Wasserseite aus.

Eine wichtige wirtschaftliche Einnahmequelle war bis in das 20. Jahrhundert hinein auch der Salmfang. Gerade die Fischer von Lüttingen, Wardt und Vynen verdienten hiermit ihren Lebensunterhalt. 1999 wurde zur Erinnerung an die Fischerei in Lüttingen die „Fischerhütte vom Pärdendyck" durch den Heimat- und Bürgerverein in der Nähe der Südsee rekonstruiert. Die Dorfbewohner werden bis heute auch scherzhaft als „Lüttingse Prekke" in Anlehnung an die früher reichlich gefangenen Neunaugen bezeichnet.

Auch das nördlich gelegene Vynen ist seit alters her mit dem Rhein und besonders mit der Schifffahrt verbunden. Der Schiffermast auf dem befahrbaren Rheindeich grüßt bis heute alle Rheinschiffe und ist neben der Pfarrkirche St. Martin das Wahrzeichen des Dorfes. Der im Jahr 1938 gegründete Schifferverein pflegt die Traditionen der Rheinschifffahrt bis heute. Seit einigen Jahren verfügt man auch über einen eigenen Sportboot- und Segelhafen. Leider nicht am Rhein, sondern „nur" an der Nordsee.

Nach der Verlagerung des Rheines und der stetigen Verlandung der Nebenarme im 16. Jahrhundert verlor Xanten als Handelsplatz zunehmend an Bedeutung. Die Waren mussten nun mühsam mit Karren und Fuhrwerken von der Fähre in der Beek über mehrere Kilometer in die Stadt transportiert werden. Auch aufgrund dieser wirtschaftlichen

Hemmnisse sank Xanten in seiner Bedeutung zu einer kleinen, fast unbeachteten Ackerbürgerstadt herab. So fuhren auch viele Reisende zum Beispiel mit den neuen Dampfschiffen im 19. Jahrhundert an Xanten einfach vorbei. Das Schicksal der Rheinverlagerung teilte Xanten auch mit dem benachbarten Kalkar und der späteren Industriestadt Duisburg.

Am Ende des Zweiten Weltkriegs rückte der Rhein bei Xanten mit dem Rheinübergang der Alliierten zwischen Rees und Wesel in den Blickpunkt der Weltöffentlichkeit. Zehntausende Soldaten wurden hier über den Fluss gebracht, da alle Brücken weit und breit gesprengt oder unbrauchbar waren. Nördlich der heutigen Rheinfähre in der Beek errichteten alliierte Pioniere eine Pontonbrücke über den Rhein für den militärischen Nachschub. Die Xantener Kronemannstraße stellt mit ihren Betonplatten heute noch die von den Pionieren gebaute Zufahrtsstraße dar.

Eine weithin sichtbare Landmarke auf dem Rheindeich in Vynen – der Schiffermast.

Nach dem Zweiten Weltkrieg erkannte man zunehmend den Freizeitwert des Rheinufers für die einheimische Bevölkerung und die zunehmende Zahl der Besucher. Bis heute sind die Uferpromenaden und Deiche in Obermörmter, Vynen, Wardt, Lüttingen und Beek viel besuchte Wander- und Fahrradziele. Jeder Xantener hat am Rhein seinen ganz speziellen Lieblingsplatz. Meiner liegt unterhalb des Schlosses Lüttingen beim Stromkilometer 825. Auch der Bereich oberhalb der Kirche von Obermörmter ist für ein Rheinerlebnis besonders zu empfehlen. Im Gegensatz zur Innenstadt von Xanten liegt der Ortskern von Obermörmter mit seinen alten Bauernhöfen noch direkt am Fluss.

Weithin bekannt ist auch die traditionsreiche Gaststätte „Rheinfähre", welche in der Beek und in direkter Nähe zur Bislicher Insel gelegen ist. Sie wird in der Saison von unzähligen Fahrrad- und Motorradfahren sowie Wanderern besucht, die von hier aus mit der Personenfähre „Keer Tröch II" („Kehr zurück" II) für einen kleinen Obulus in

Blick vom südlichen Domturm über die Beeck zur alliierten Pontonbrücke.

Anfang 1945 wurde von den alliierten Truppen die heutige Kronemannstraße als Betonpiste für den Rheinübergang angelegt. Bald sollen auch die letzten Reste der Straßensanierung weichen.

das gegenüberliegende Bislich übersetzen. Das Dorf gehört heute zur Stadt Wesel. Sehr empfehlenswert ist ein Besuch der dortigen Kirche, die in direkter Achse zum Xantener Dom liegt. Auch sie wurde mit Steinen der alten Römerstadt Colonia Ulpia Traiana gebaut. Kein Wunder, war sie doch seit dem Mittelalter vom hiesigen Stift abhängig. Auf der anderen, d. h. rechten Rheinseite, finden Sie auch eine weitere Ausflugsgaststätte oder eine kleine empfehlenswerte Imbissbude für den kleinen Hunger zwischendurch.

Die Personenfähre, die seit einigen Jahren wieder vom Bislicher Heimatverein betrieben wird, verkehrt vom 24. März bis 30. Oktober 2013 an Samstagen, Sonntagen und Feiertagen sowie mittwochs und freitags von 10.00 bis 19.00 Uhr. Die Überfahrt für kleines Geld dauert je nach Strömung und Schiffsverkehr nur wenige Minuten. Viele Jahre lang, d. h. zwischen 1969 und 1991, fuhr an dieser Stelle keine Fähre mehr, da der Betrieb unrentabel geworden war. Heute erfreut sich dieser Weg über den Rhein wieder sehr großer Beliebtheit. Die traditionsreiche Strecke lässt sich bis in das Mittelalter zurückverfolgen. Die Rampen unterhalb des Parkplatzes wurden übrigens für militärische Zwecke von der Nato angelegt. Die Pläne, im Bereich der Beek einen Yachthafen mit einer Anlegemöglichkeit von Flusskreuzfahrtschiffen zu schaffen, scheint aktuell nicht mehr aktuell zu sein. Es würde die hier einzigartige Rheinuferlandschaft sicherlich stark beeinträchtigen. Vom benachbarten Restaurant „Rheinfähre" aus können Sie bei (fast) jedem Wetter dem Treiben der Rheinschiffe zuschauen. Es ist erst kürzlich renoviert worden. Bei Rheinhochwasser ist hier häufig „Land unter". Deshalb werden auch die Deiche auf unserem Stadtgebiet seit einigen Jahren kontinuierlich erneuert; nicht zuletzt um Jahrhunderthochwassern, wie wir es zuletzt im Juni 2013 in Ostdeutschland erleben mussten, vorzubeugen. Die benachbarten Schleusen im Bereich der Bislicher Insel stellen ebenso mit der dahinter liegenden Altrheinfläche einen wichtigen Hochwasser- bzw. Regulierungsschutz dar.

1.2. Wo Freizeitkapitäne in See stechen – die Nord- und Südsee zwischen Vynen, Wardt und der Innenstadt

„Sonne, Wellen und Strand – so perfekt kann ein Tag in Xanten sein". So bewirbt die TIX das Freizeitzentrum mit den seit den 1970er Jahren ausgekiesten Baggerseen. Der Kies- und Sandabbau wurde im Xantener Raum bereits seit der Mitte des 20. Jahrhunderts, vor allem in Rheinnähe, betrieben. Die Ablagerungen ehemaliger Rheinverläufe wurden überwiegend zur Produktion von Baustoffen verwendet. Besonders während des Nationalsozialismus kam es zu einen enormen Anstieg der Auskiesung in

unserer Region, da infolge des Westwallbaus erhebliche Mengen benötig wurden. Einen erneuten Boom gab es dann in den 1970er Jahren als Sand und Kies zu den wichtigsten Bodenschätzen zählten. Zu dieser Zeit wurde bei Wardt auch mit der Auskiesung der heutigen Nordsee begonnen.

Im Jahr 1608 kam es im Bereich der heutigen Seen zu einer Schlacht, die in die Geschichte einging. Im so genannten „Achtzigjährigen Krieg" standen sich hier spanische und holländische Truppen gegenüber. Das Ziel der Holländer war die Unabhängigkeit der protestantischen Niederlande vom katholischen Spanien. Graf Adolf von Nassau, der Oberbefehlshaber der Niederländer, fiel bei der sogenannten Schlacht bei Wardt. An dieses Ereignis erinnert bis heute der „Schlachtkamp", auf dessen Land später das Nibelungenbad errichtete wurde.

Die Personenfähre „Keer Tröch II" verbindet Xanten in der Saison im Pendelverkehr mit dem gegenüberliegenden Rheinufer von Wesel-Bislich.

Die Xantener Nord- und Südsee hat sich als beliebtes Wassersportrevier etabliert.

Unsere „Nord- und Südsee", die beide durch einen Kanal verbunden sind, sind zu jeder Jahreszeit einen Besuch wert. Die insgesamt 110 Hektar Seenfläche mit durchweg sehr guter Wasserqualität bietet alles, was das Herz eines Wassersportlers begehrt: Ob Sie nun an einem heißen Sommertag im Freibad „mit" oder „ohne" baden, das Surfen oder Tauchen erlernen möchten – hier wird Urlaub vor der Haustüre Wirklichkeit. Für die Sporttaucher wurde in der Südsee sogar in zwölf Metern Tiefe ein eigenes Schiffswrack versenkt. Besonders schön ist aber auch ein abendlicher Törn im Sonnenuntergang. Auch auf den Xantener Seen kann ab und zu eine steife Brise herrschen.

Das Freizeitangebot an den beiden Seen kann es mit jedem deutschen Seebad aufnehmen. Auf dem Wasser ist bei schönem Wetter immer etwas los. So lassen sich vom Ufer aus Segelschiffe und Surfer beobachten. Mit der MS Seestern hat Xanten sogar ein eigenes Bäderschiff, dass nach Fahrplan zwischen März und Oktober die Häfen in Xanten, Wardt und Vynen mehrmals täglich verbindet. Die alte Dame, die bereits 1933 für den Ausflugsverkehr auf dem Essener Baldeneysee gebaut wurde, kann bis zu 70 Passagiere mitnehmen. Keine Angst – hier werden Sie bestimmt nicht seekrank.

Die MS Seestern fuhr einst auf dem Essener Baldeneysee.

Der Kapitän der MS Seestern begibt sich in der Saison mehrmals täglich auf große Fahrt zwischen Vynen und Hafen Xanten.

Der Hafen Xanten, der erst vor ein paar Jahren eröffnet wurde, liegt fußläufig zur Innenstadt und zum Archäologischen Park. Auch das benachbarte Lüttingen mit seinem wunderschönen Rheinufer ist seit Eröffnung der Südsee und des Hafen Xanten nur noch einen Steinwurf entfernt.

Das Strandbad, das in den Sommermonaten sehr beliebt ist, liegt ebenfalls an der Südsee. Sein kilometerlanger Sandstrand sucht am Niederrhein seinesgleichen. Auch die moderne Wasserskianlage ist überregional bekannt. Besonders empfehlenswert sind die Gruppenfahrten, die man auf Flößen über unsere Seen buchen kann – gerne auch mit einem stilvollen Barbecue. Wer hoch hinaus möchte, ist in unserem Hochseilgarten (Adventurepark) an der richtigen Adresse. Open-Air-Konzerte im Strandbad sowie das weithin bekannte und immer ausverkaufte Oktoberfest stellen weitere Besuchermagnete dar. Auch die jährlich im August stattfindende Drachenbootregatta und der Triathlon sind vielbesuchte Highlights, die sich in den letzten Jahren etablieren konnte.

Sehr zu empfehlen ist eine Wanderung rund um unsere Nordsee. Hierbei können Sie auch die beiden wunderschönen Dörfer und Häfen in Wardt und Vynen besuchen oder einen Abstecher zum Rheindeich unternehmen. Mit dem Blick vom Wardter Hafen aus in Richtung Vynen hat man einer der am meisten fotografierten Ansichten unserer Seenlandschaft vor sich. Insgesamt stehen über 20 Kilometer gut ausgebaute Wanderwege an der Nord- und Südsee zur Verfügung.

Der Hafen Vynen wartet mit einigen Attraktionen auf, für die Sie ansonsten in die Ferne fliegen müssten: Einen Bootsverleih mit Fun- und Elektro-Booten, Segeljollen und Party-Flößen für Gruppen jeder Art. Die Segelschule an der Nordsee bietet allen Wasser-

Der Hafen in Vynen hat sich zu einem beliebten Ausflugsziel – nicht nur für Wassersportler – entwickelt.

atten Segelscheine sowie Schnupper- und Auffrischungskurse. Die lokalen Bootsliege-plätze und die beliebte „Gastronomie PIER5" erfreuen sich ebenfalls großer Beliebtheit. Seit dem Sommer 2013 werden auch Hausboote als Ferienwohnungen vermietet. Es ist kaum noch vorstellbar, dass im Bereich der heute beliebten Nord- und Südsee vor 40 Jahren noch landwirtschaftlich genutzte Flächen das Landschaftsbild prägten. Nach der Auskiesung der Seen wurde zum Beispiel das Dorf Wardt, das zwischen Nord- und Südsee liegt, fast zu einer Insel. Gerade die Häfen, die mit einer modernen und abwechslungsreichen Gastronomie am Ufer aufwarten können, haben sich zu wahren Tourismusmagneten entwickelt. Ein Umstand, der nicht jedem Anwohner der neuen Seenplatte gefällt. Im Jahr 1981 wurden in der späteren Xantener Nordsee bei Wardt 3.300 Karpfen, 6.200 Schleien, 15.000 Forellen und 3.300 Rotaugen eingesetzt.

Das Freizeitzentrum Xanten wurde im Jahr 1974 gegründet. Die Auskiesung der Nord-see war 1994 abgeschlossen. Hierbei wurden auch zahlreiche archäologische Funde dokumentiert, die vor allem aus der Römerzeit stammten. Spektakulär war im Spät-sommer 1991 das Auffinden eines römischen Plattenbodenschiffes (Prahm) aus dem späten 1. Jahrhundert. Es wurde im Verbindungskanal zwischen Nord- und Südsee bei Wardt freigelegt und ist heute im benachbarten Römermuseum ausgestellt. Auch im

Der Hafen Xanten in direkter Nähe zur Innenstadt und APX ist ein beliebter Treffpunkt für Xantener und Touristen geworden.

Xanten kann auch ganz romantisch sein – Sonnenuntergang über unserer Seenplatte.

Bereich Lüttingen konnten in den 1980er und 1990er Jahren immer wieder römische Schiffsteile und weitere Funde geborgen werden. Manchmal soll ein Arbeiter in Unkenntnis sogar ein römisches Bronzegefäß als Aschenbecher benutzt haben …

Das 1982 eröffnete „Nibelungenbad" arbeitete zuletzt stark defizitär, so dass der Betrieb des beliebten Spaßbades vor einigen Jahren eingestellt wurde. Auch die Tage der integrierten Sauna sind gezählt. Ein zuletzt diskutierter Neubau einer Wellnesslandschaft an gleicher Stelle wird wohl aus Kostengründen nicht realisiert werden.

Im Jahr 2010 konnten mit der Eröffnung des Hafens Xanten und der dortigen Gastronomie auch die Arbeiten an der Südsee abgeschlossen werden. Westlich des Sees und der Straße nach Wardt finden aber immer noch Auskiesungen statt. Weitere Seeflächen sollen in einigen Jahren in Lüttingen im Bereich am Lüttinger Feld/Dombogen fertig gestellt werden. Die dortigen Anwohner, die dann nicht mehr auf Felder gucken, sollen durch den Slogan „Wohnen am Wasser" noch mehr Lebensqualität erfahren. Eine Freizeitnutzung dieses Gewässers ist aber nicht geplant. Der bis zu zwölf Meter tiefe und 17 Hektar große See wird dann ausschließlich ein Ort der Ruhe und Erholung darstellen. Xanten darf sich also zu Recht als „Stadt am Wasser" bezeichnen. Welcher Ort kann sich schon rühmen, den Rhein, die Süd- und Nordsee gleichermaßen vor der Haustüre zu haben?

2. KAPITEL

DAS GRÜNE XANTEN – VOM URLAUB VOR DER EIGENEN HAUSTÜRE

J a! Für mich spiegelt sich die Schönheit Xantens auch im einzigartigen und unverwechselbaren Naturraum wieder. Xantens Naturtopographie ist überwiegend flach – typisch Niederrhein eben. Es gibt wunderbare Weiden, Auen, Alleen und Wälder, die zu langen und erholsamen Spaziergängen oder Fahrradtouren einladen. International bekannt ist das einzigartige Naturschutzgebiet der Bislicher Insel mit dem Altrhein bei Birten. Es dient unter anderem den seltenen arktischen Gänsen als Winterruheplatz und bietet seit einigen Jahren auch wieder dem Weißstorch, dem Seeadler und dem Biber eine Heimat. Das dortige Besucherzentrum informiert mit einer Dauerausstellung über eine der letzten geschützten Flussauelandschaften am Niederrhein mit einer einzigartigen Flora und Fauna.

Mittlerweile gibt es rund um Xanten ein gut ausgebautes Radwegenetz, welches eine gute Befahrung aller in diesem Buch vorgestellten Sehenswürdigkeiten auf umweltfreundliche Weise erlaubt. Die unsere Stadt im Süden und Westen umgebenden Berge sind am Niederrhein eher selten. Naja, bei Höhen von bis zu 75 Metern kann man eher von Hügeln sprechen. Zum Vergleich: Der höchste Berg des ebenfalls flachen Schleswig-Holsteins ist mit 168 Metern, mehr als doppelt so hoch (Bungsberg). Dennoch findet man auch in unserer Stadt einen „Fürstenberg" oder auch einen „Wolfsberg" …

In der abwechslungsreichen Xantener Natur hat der berühmte Komponist Engelbert Humperdinck als junger Mann viele bekannte Motive für seine Kompositionen gefunden. Unter anderem arbeitete er diese am Ende des 19. Jahrhunderts in seinem Welterfolg „Hänsel und Gretel" ein. Besonders das Gebiet rund um die Hees hatte es ihm angetan. Diese Oper ist bis heute neben der Zauberflöte von Mozart das am meisten gespielte Musiktheaterstück weltweit.

Auch die Rheinauen bei Xanten sind sehenswert – hier bei Haus Lüttingen.

Wandert man heute durch die Natur rund um die Kernstadt Xanten, so stößt man immer wieder auf vom Menschen geschaffene „geheimnisvolle Orte, die mit zahlreichen Mythen, Geheimnissen und Legenden verknüpft sind (vgl. ausführlich Kapitel 7). Hierbei wird deutlich, dass auch in Xanten Natur- und Kulturgeschichte eng miteinander verbunden waren und sind. Und das nicht nur in der Römerzeit. Bis heute existieren in Xanten noch zahlreiche landwirtschaftliche Betriebe, die sich zum Teil bis ins Mittelalter zurückverfolgen lassen.

Blick von der Hees in Richtung Hochwald – beide sind Teil des Niederrheinischen Höhenzugs rund um Xanten.

Bis ins 20. Jahrhundert hinein bezeichnete man alle Waldgebiete rund um Xanten, die heute etwa zehn Prozent der Stadtfläche ausmachen, noch als „Reichswald". Diese Bezeichnung verwendet man heute nur noch für die Bereiche zwischen Nimwegen und Kleve. Von dieser Zeit zeugt noch die bekannte Ausflugsgaststätte „Villa Reichswald" im Uedemer Hochwald, die im 19. Jahrhundert zusammen mit der seit 1945 stillgelegten „Boxteler Bahn" errichtet wurde.

Alle Wälder rund um Xanten sind seit Jahrhunderten im staatlichen Besitz: Im Jahr 1473 wandelte man die damals schon stark gerodeten Waldungen in klevischen Erbbesitz um. Später gingen diese in den Besitz des Hauses Hohenzollern über. Im Zweiten Weltkrieg wurden von 5.000 Hektar Waldfläche fast drei Viertel vernichtet. Von 1949 bis 1964 konnten diese Schäden durch enorme Aufforstungen wieder ausgeglichen werden. Aus dieser Zeit stammen auch die vor dem Krieg kaum vorhandenen Nadelholzbestände.

2.1. Hügel aus der Eiszeit – der „Niederrheinische Höhenzug" rund um Xanten

Warum gibt es aber in Xanten, das in einer ansonsten so typischen Niederrheinlandschaft liegt, „Berge"? Steht man zum Beispiel auf dem Fürstenberg, so kann man gut erkennen, wie die Hees, die Wälder von Sonsbeck und der Hochwald von Süden nach Norden den Stadtbereich von Xanten geradezu „einrahmen". Diese Wälder und Berge sind Teil des so genannten eiszeitlichen „Niederrheinischen Höhenzuges". Sie ziehen sich im Westen durch das Niederrheinische Tiefland von Krefeld (Hülser Berg), über Schaephuysen, die Leucht bei Kamp-Linfort, über Xanten, Uedem und Goch bis nach Nimwegen. Die Geologen bezeichnen die Höhenzüge in unserer Stadt auch als „Xantener Stauchwallbogen. Er wurde durch die enormen Kräfte des in der letzten Eiszeit von Norden in unserer Gegend gewanderten Inlandeises vor ca. 250.000 Jahren geprägt. Die „Berge", die wir heute durchwandern, stellen nichts anderes als vom Eis aufgeschobene Steine, Kies und Sedimente dar.

Der Aussichtsturm in der Sonsbecker Schweiz von Xanten aus gesehen.

Der eiszeitliche Stauchwallbogen erreicht mit der Hees und dem Fürstenberg Höhen von bis zu 75 Metern. Weiter westlich befindet sich ein flacher Einschnitt mit dem Naturschutzgebiet „Grenzdyck" und einem Bach, der in der Hees entspringt und als „Hohe Ley" bei Emmerich in den Rhein mündet. Hier haben wir einen alten Schmelzwasserabfluss aus der letzten Eiszeit vor uns. Im Süden, d. h. schon auf Sonsbecker Gebiet, schließt sich der bogenartige Verlauf der „Sonsbecker Schweiz" (Balberger- und Tüschenwald) an. Höchster Berg ist hier der zu Sonsbeck gehörende Dürsberg mit fast 90 Metern Höhe. Absolut empfehlenswert ist dort ein geologischer Wanderpfad, der eine tiefergehende Beschäftigung mit der Entstehung dieser glazialen Landschaft ermöglicht. Eine weitere Attraktion stellt der Sonsbecker Aussichtsturm dar. 154 Stufen führen zur auf ca. 100 Meter über dem Meeresspiegel gelegenen Aussichtsplattform: Bei sehr guter Sicht kann man von hier aus nicht nur weite Teile des Niederrheins, sondern sogar bis nach Düsseldorf und Elten sehen. Morgens und abends erkennt man jenseits von Geldern am Horizont sogar die orange Beleuchtung der Straßen von Venlo in den Niederlanden.

Der westliche Teil des eiszeitlichen Höhenzugs wird auch als „Balberger- oder Labbecker Höhenrücken" bezeichnet. Dieser gliedert sich in den Tüschenwald, wo zum Beispiel interessante „Hexenführungen" angeboten werden. Er geht nördlich in den Uedemer bzw. Marienbaumer Hochwald über, welche im Nordwesten ebenfalls eine Höhe von bis zu 75 Metern erreichen. Westlich des Waldes befindet sich der landschaftlich sehr reizvolle Uedemer Bruch. Bis zur (westlichen) Nordsee gibt es dann ab Uedem keine Berge mehr, so dass das Xantener Klima entscheidend vom Nordseeklima geprägt ist. Die Lichtverhältnisse über Xanten, d. h. das Zusammenspiel zwischen Sonne und Wolken, werden, so die Meteorologen, eindeutig durch Reflektionen über der zum Teil noch nicht einmal 200 Kilometer entfernt liegenden Nordsee geprägt. Auch deshalb fühlt man sich bei westlichen Winden in der Xantener Natur manchmal zum Beispiel wie in Ostfriesland.

Nachfolgend möchte ich einen kurzen Überblick auf diejenigen Bereiche des Niederrheinischen Höhenzuges geben, die auf Xantener Stadtgebiet liegen. Da der Fürstenberg als bedeutender Geschichtsort im 6. Kapitel dargestellt wird, beginne ich mit dem wunderbaren Wandergebiet der Hees:

2.2. Ein mythischer Ort – die Hees

Der weithin sichtbare eiszeitliche Höhenzug der Xantener Hees gehört sicherlich zu den beliebtesten Wandergebieten unserer Stadt. Dennoch ist die Hees bis heute ein fast mythischer Ort. Auch dieser Wald bewahrt bis heute zahlreiche Spuren der Kulturgeschichte. Bereits in römischer Zeit wurden seine Bäume, die Pflanzen und Tiere bewirtschaftet und bejagt. Bis heute ist die Hees ein wichtiger Quellort und Wasserscheide für zahlreiche Bäche, wie zum Beispiel die Hohe Ley geblieben. Bis heute ist die Herkunft des Namens „Hees" in der Forschung umstritten. Bereits in römischen Quellen wird der Wald als „sivla caesia" bezeichnet. Sicherlich ist der gallisch-germanische Kriegsgott „Hesus" nicht als Namensgeber anzusprechen. Eher bezieht sich der Name auf die naturräumliche Topographie einer sumpfigen und bewaldeten Landschaft. Bereits im 12. Jahrhundert wird der Name in einer Urkunde erwähnt.

Teile des Waldes und seiner direkten Umgebung stehen heute unter Naturschutz. Aufmerksame Besucher können seit einiger Zeit hier sogar Dachse beobachten. Anwohner aus Birten/Veen, so auch mein Schwiegervater, berichten von ausgedehnten Revierkämpfen der männlichen Dachse, die zu bestimmten Zeiten teilweise mehrere hundert Meter weit zu hören sind. Vermehrt haben sich hier auch, in der Nähe der Bäche und Abflussgräben, die hier ursprünglich nicht heimischen Nutrias angesiedelt.

Fast wie im Mittelgebirge – der Höhenzug der Xantener Hees.

Der aus den 1930er Jahren stammende und heute nicht mehr genutzte Wachturm in der Hees.

Insgesamt weist die Hees eine Gesamtfläche von 230 Hektar auf. Dominierend ist bis heute die Rotbuche. Weitere Laubhölzer sind mit etwa 20 Prozent vertreten. Ein besonders schöner Zugang befindet sich bei der ehemals weithin bekannten Ausflugsgaststätte „Haus Röschen" an der Bundesstraße von Xanten nach Sonsbeck. Leider ist hier kürzlich ein doch recht zweifelhaftes „Etablissement" eingezogen. Lassen Sie sich aber hiervon nicht von einem ausgedehnten Spaziergang durch die eiszeitlichen Höhen der Hees, die mit dem Wolfsberg eine stattliche Höhe von bis zu 75 Metern erreichen, abhalten. Woher kommt aber der Name Wolfsberg? Bis zu Beginn des 19. Jahrhunderts wurden hier regelmäßig Wölfe gesichtet und bejagt. 2012 soll am Niederrhein sogar in der Seeveler Heide bei Issum wieder ein solches Tier gesichtet worden sein.

Auch die Hees besitzt eine markante Landmarke: Schon von weitem ist der „Feuerwachturm" zu erkennen, der während des Nationalsozialismus von Einheiten des Reichsarbeitsdienstes errichtet wurde und seit einigen Jahren nicht mehr genutzt wird. Er diente lange der Überwachung der Xantener Wälder bei Waldbrandgefahr.

An vielen Stellen ist das Betreten der Waldflächen außerhalb der Wanderwege verboten. Ebenfalls findet man an vielen Stellen geheimnisvolle Bunkerreste. Sie stammen aus der Zeit des Zweiten Weltkrieges. Zu dieser Zeit wurde hier Munition produziert – mit langfristigen Folgen für die Flora und Fauna der Hees. Bei einem Spaziergang durch das geschichtsträchtige Waldgebiet wird schnell deutlich, dass hier vor allem die Altholzbestände fehlen. Nach und nach erobert sich die Natur hier einen durch Menschenhand während des letzten Krieges geschundenen Naturraum zurück. Eine kluge Forstpolitik der letzten Jahrzehnte trug hierzu entscheidend bei. Dennoch sind bis heute nicht alle Wunden vernarbt. Lesen Sie hierzu auch das Kapitel „Geheimnisvolle Orte".

2.3. Hier wurde Weltgeschichte geschrieben – der Hochwald

Der Hochwald im Bereich des Staatsforstes Xanten geht ebenfalls auf einen während der vorletzten Eiszeit aufgeschobenen Stauchwall zurück. Er erstreckt sich zwischen Labbeck, Uedem, Marienbaum und Kalkar. Auch der Hochwald ist Teil einer jahrhundertealten Kulturlandschaft und bis heute in staatlichem Besitz. Schon in frühgeschichtlicher Zeit waren die Höhen des Hochwaldes ein beliebter Begräbnisort. So kann man noch heute westlich der Uedemer Straße (erster Parkplatz auf der rechten Seite, dem Reitweg folgen!) im Bereich Marienbaum im Wald bis zu 40 eiszeitliche Grabhügel aus der „Hallstadtzeit" (800-500 v. Chr.) im Gelände erkennen. Sie weisen eine Höhe von bis zu einem Meter und einen Durchmesser von bis zu 20 Metern auf. Erste archäologische Untersuchungen wurden bereits 1878 durchgeführt. Es handelt sich hierbei vor allem um Brandbestattungen. Archäologen gehen von bis zu 200 Bestattungen aus. Leider wurden bislang noch keine vorrömischen Siedlungen aus der Eisenzeit nachgewiesen. Einige eindrucksvolle Zeugnisse dieser bislang in Xanten wenig erforschten Periode der vorrömischen Zeit finden Sie unter anderem auch im Bereich des Forsthauses in Marienbaum. Die fünf im Jahr 1994 von Geologen entdeckten rechteckigen Wallanlagen im Hochwald bei Marienbaum konnten bislang keiner Zeitepoche zugeordnet werden. Möglicherweise dienten sie Verteidigungszwecken oder waren Teil einer mittelalterlichen Landwehr.

Die westliche Stadtgrenze von Xanten bildet der Höhenzug des Hochwaldes – ein fast mythischer Ort.

Für mich ist der Hochwald das schönste und abwechslungsreichste Wandergebiet in Xanten. Als guter Ausgangspunkt für eine Wanderung oder Radtour durch das Waldgebiet eignet sich neben dem Zugang am Forsthaus in Marienbaum besonders der etwas versteckt liegende Parkplatz „Hohe Ley" an der Labbecker Straße. Hier können Sie sich anhand einer großen Informationstafel über die verschiedenen Wanderrouten informieren. Dieses Waldgebiet gehört zu den wichtigsten Naherholungsgebieten der Xantener, Sonbecker und Uedemer Bevölkerung.

Wildschweine im Hochwald? – zur Flora und Fauna

Wer mit offenen Augen und wachen Sinnen über das 40 Kilometer lange Wegenetz wandert, die zum Teil erst vor wenigen Jahren neu angelegt wurden, kann mit etwas Glück eine reiche Pflanzen-, aber auch Tierwelt beobachten: Die Holz- und Pflanzenbestände des ansteigenden Waldgebietes haben eine große Bedeutung für Vogelarten wie zum Beispiel Spechte, Dohlen, Habichte, Sperber, Bussarde und Waldkauze. Darüber hinaus leben hier zahlreiche Amphibienarten wie zum Beispiel Bergmolche, Erdkröten und Grasfrösche. Häufig lassen sich auch Rotwild, Füchse und Hasen beobachten. Das in den nördlichen Reichswaldgebieten bei Kleve

Im Hochwald fühle ich mich immer ins Sauerland versetzt.

und Goch sehr häufig vorkommende Schwarzwild ist hier (noch) sehr selten. Dennoch verursachte ein Wildschein im November 2007 an der Labbecker Straße einen schweren Unfall, als ihm ein LKW ausweichen musste und im Straßengraben landete. Wie sieht es aber generell mit dem Wildschweinvorkommen im Xantener Stadtgebiet aus? Hierzu hat im Dezember 2012 der zuständige Revierförster Georg Cuppenbender dem Verfasser folgendes mitgeteilt: „Vor wenigen Jahren wurde angeblich außerhalb des Hochwaldes von angrenzenden Jägern Schwarzwild gefährdet (sic!). Ferner soll in der letzten Zeit (nach Aussagen von Jägern) außerhalb des Hochwaldes in einer Jagd im Bereich Uedemerbruch oder Uedemerfeld Schwarzwild vorgekommen sein. Auch zwischen Sonsbeck und Xanten soll, so wurde mir mitgeteilt, Schwarzwild gesehen oder gefährdet (sic!) worden sein. Man kann davon ausgehen, dass auch der Raum zwischen Uedem, Sonsbeck und Xanten von einzelnen Stücken Schwarzwild oder ggf. kleineren Rotten gelegentlich durchstreift wird. Es ist natürlich nicht auszuschließen, dass von diesen gelegentlichen (oder z. Z. eher noch sehr seltenen Streifzügen auch der Hochwald, der Tüschenwald oder die Hees betroffen sind". Es scheint also nur eine Frage der Zeit bis das Schwarzwild auch die Wälder rund um Xanten erobert hat …

Trotz erheblicher Verluste im Zweiten Weltkrieg findet man auch heute noch im Hochwald Relikte des alten Baumbestandes.

Eine der verheerendsten Schlachten am Niederrhein 1945 – zur „Operation Plunder" im Hochwald

Es ist heute kaum noch vorstellbar, dass das Gebiet des Uedemer und Marienbaumer Hochwaldes – wie der ganze Xantener Raum – am Ende des Zweiten Weltkriegs zu einem kriegsentscheidenden Schauplatz (militärischer) Weltgeschichte wurde. Bereits 1943 war es durch den Absturz eines englischen Bombers zu erheblichen Schäden am Baumbestand gekommen. Im Herbst 1944 bauten über 1.000 ausländische Zwangs-arbeiter den Hochwald mit Bunkern, Stellungen etc. „westwallmäßig" aus. Die Alliier-ten waren nach der Landung in der Normandie bereits auf dem Vormarsch Richtung Reichsgrenze. Ebenfalls hatte die Landung alliierter Luftlandetruppen nördlich von Kleve bei Arnheim im September 1944 (Operation „Market Garden") gezeigt, dass je-derzeit mit Kampfhandlungen am Niederrhein zu rechnen sei. Vor diesem Hintergrund wurde auch der Hochwald militärisch gesichert.

Anfang 1945 wurde auch unsere Region zum Hauptkampfgebiet. Eingeleitet wurde die Befreiung des Xantener Raumes durch verlustreiche Kämpfe westlich des eiszeitlichen Höhenzuges im Bereich Uedem. Die Wälder um Xanten herum boten zunächst für die Alliierten kaum ein Durchkommen, da die Topographie und die hartnäckige Verteidi-

Bereits vor der Schlacht im Hochwald wurde das westliche Vorland Uedemerbruch und die benachbarte Stadt Uedem sehr stark zerstört.

gung durch Wehrmachtseinheiten zu großen Zeitverzögerungen auf dem Weg zum Rhein führten. Schnell kam aber die Möglichkeit eines militärischen Durchbruchs durch eine Schneise zwischen Hochwald und Tüschenwald ins Visier des alliierten Oberkommandos. Sie wurde bereits im 19. Jahrhundert künstlich für eine Eisenbahntrasse geschaffen und von den Zügen der „Boxteler Bahn" durchfahren. Die Trasse der Eisenbahn bauten die kanadischen Truppen sofort nach ihrer Eroberung als Straße für den Nachschub aus. Die militärischen Ziele waren zum einen die Eroberung der „Siegfriedstadt Xanten" sowie das Erreichen der bis dahin noch unzerstörten Eisenbahnbrücke bei Wesel. Diesen entscheidenden Vorstoß in die Mitte des Deutschen Reiches führten die Alliierten unter dem Tarnbegriff „Blockbuster" durch. „Operation Blockbuster" gehört bis heute zu den vergessenen großen Schlachten des Zweiten Weltkriegs. Sie begann am 28. Februar 1945 um 5.15 Uhr. Deutsche Fallschirmjäger, die 116. Panzerdivision sowie 28 Jagdpanzer der „Panzerlehrdivision" wehrten sich verbissen, so dass es auf beiden Seiten zu hohen Verlusten kam.

Die deutsche Wehrmacht setzte hierbei auch starke Artilleriekräfte ein, die das gesamte Gebiet mit Granaten eindeckten und schwere Schäden am Baumbestand und in den angrenzenden Ortschaften Labbeck und Uedem anrichteten. Insgesamt dauerten die verlust- und materialreichen Kämpfe vier Tage und endeten mit dem Erreichen des Rheinufers zwischen Xanten und Ginderich durch alliierte Truppen. Der von deutschen Soldaten angelegte bzw. ausgebaute Verteidigungsring rund um Xanten, die sog. „Schliefen-Linie", konnte mit dem Durchbruch im Hochwald umgangen werden. Dennoch forderten die Kampfhandlungen zwischen Uedem und Xanten alleine auf kanadischer Seite über 1.100 Gefallene. Über 100 Panzer gingen verloren. Für die kanadischen Truppen war dies die verlustreichste Operation des Krieges überhaupt.

Noch heute kennen einige Einwohner aus Uedemer-Bruch versteckte und erhaltene Munitionsdepots im Wald, die von Wehrmachtseinheiten angelegt wurden. „Operation Blockbuster" trug also für die Alliierten entscheidend dazu bei, das Tor nach Berlin einen entscheidenden Spalt weit zu öffnen. Das Leid der ortsansässigen Zivilbevölkerung, die zum Teil bereits vor den Kämpfen geflohen oder evakuiert worden war, war

Es ist heute kaum noch vorstellbar, dass hier Anfang 1945 eine der entscheidenden Schlachten des Zweiten Weltkriegs auf deutschem Boden geschlagen wurde.

Abendstimmung am Hochwald in Labbeck.

ebenfalls unermesslich. Bis heute haben sich diese Ereignisse tief in das Bewusstsein der älteren Xantener eingegraben, auch wenn hier im Hochwald kaum noch etwas an die schrecklichen Tage im Februar/März 1945 erinnert. Aufmerksame Besucher werden in einigen Bereichen immer noch zahlreiche Bäume mit Granatsplittern sowie Teile ehemaliger Unterstände und Gräben sowie Bombentrichter vorfinden. An die Kampfhandlungen erinnern bis heute unter anderem der Ehrenfriedhof und das Ehrenmal beim Franziskanerkloster Mörmter.

Nach dem Krieg wurden im Hochwald große Teile der Munition, die aus der „Muna" in der Hees stammte, zielgerichtet gesprengt. Nachfolgend forstete man auf rund 500 Hektar Waldfläche vor allem Kiefern auf, um so zeitnah die enormen Kriegsschäden zu beseitigen. Noch Ende der 1950er Jahre waren Munitionsräumkommandos im Hochwald damit beschäftigt, Munitionsreste und Minen zu finden und zu sprengen. Im Jahr 2002 richtete auch im Hochwald der Orkan „Kyrill" enorme Schäden an – über 30.000 Festmeter Holz gingen verloren. Es mussten wieder enorme Aufforstungen vorgenommen werden, um die Schäden auszugleichen. In den letzten Jahren wurden, initiiert durch den Heimatverein Marienbaum, auf fünf Parkplätzen Informationstafeln mit einem neuen Wanderwegenetz aufgestellt. Nehmen Sie sich einmal Zeit und wandern Sie durch diesen wunderbaren Wald. Es lohnt sich!

2.4. Von Wildgänsen, Störchen und Seeadlern – die Bislicher Insel und der Altrhein

Über die Schönheit der weithin bekannten Flussauenlandschaft der Bislicher Insel ist schon viel geschrieben worden. Wer sich über die einzigartige Natur dieses Kleinods informieren möchte, ist im NaturForum Bislicher Insel am Eyländer Weg, das vom Kommunalverband Ruhrgebiet betrieben wird, richtig. Es bietet nicht nur umfangreiche und didaktisch gut aufbereitete Informationen zur Bislicher Insel, sondern auch eindrucksvolle Exkursionen in eines der wichtigsten deutschen Naturschutzgebiete. Nehmen Sie dort Kontakt auf, und lassen sich von der einzigartigen Schönheit der Natur begeistern. Die Bislicher Insel erhielt durch wiederholte Flusslaufveränderungen des Rheines seit dem Mittelalter ihr heutiges Gesicht. Der Bereich des heutigen „Altrheins" bei Birten entstand durch eine gezielte Maßnahme des preußischen Königs Friedrich des Großen. Neben der Schiffbarmachung der benachbarten Ruhr, um die Kohletransporte zum Ruhrorter Hafen zu erleichtern, wurde 1788 auch der bei Birten stark mäandrierende Verlauf des Rheines durchbrochen. Mit dem sogenannten Bislicher Kanal, der in etwa dem heutigen Rheinverlauf zwischen Bislich und der Beek entspricht, konnte

Das NaturForum Bislicher Insel bereitet informativ Ihren Besuch im Naturschutzgebiet vor.

Ein fast alltägliches Bild – Störche auf der Bislicher Insel.

der Flussverlauf entscheidend begradigt und die Schifffahrt gefördert werden. Dies bedeutete besonders für die damalige Treidelschifffahrt, wobei die Schiffe stromaufwärts noch vom Ufer aus gezogen wurden, eine enorme Erleichterung. Zurück blieben die alten Auelandschaften und unser wunderschöner Altrhein, der heute zu den am meisten fotografierten Ansichten des Niederrheins zählt.

Das Naturschutzgebiet Bislicher Insel stellt als eine der letzten geschützten Auelandschaften Deutschlands unter anderem die größte Kormoranbrutstätte in Nordrhein-Westfalen dar. Die Insel, die kein echtes Eiland ist, bietet auch bis zu 30.000 arktischen Gänsen und anderen Vogelarten ein Winterquartier. Hierzu gehören Grau-, Bläss-, Saat,- Nil-, Kanada-, sowie Brand- und Zwerggänse. Die Gesamtfläche der Bislicher Insel beträgt ca. 2.000 Hektar.

Seit dem Jahr 2001 ziehen auf der Bislicher Insel wieder Störche ihre Jungen auf, nachdem 1948 am Niederrhein die letzte Brut dokumentiert wurde. Eine erste Sichtung von Störchen war bereits 1994 erfolgt. Auch der Seeadler kann seit 1999 wieder regelmäßig über Xanten beobachtet werden. Eine ungewöhnlich große Pflanzenvielfalt bie-

Natur pur – Blick von der Bislicher Insel auf den Altrhein.

tet auch weiteren Tieren, wie zum Beispiel dem Biber und einer Vielzahl von Insekten einen geschützten Lebensraum. Der Biber wurde im Jahr 2004 hier wieder ziegelrichtet ausgewildert. Er war am Niederrhein seit 1877 ausgestorben. Darüber hinaus wurden auch bereits zahlreiche seltene Amphibien dokumentiert. In den ruhigen Gewässern des Altrheins konnten zudem seltene Fischarten, wie zum Beispiel das Neunauge und der Steinbeißer nachgewiesen werden.

Der Hauptbereich des Naturschutzgebietes Bislicher Insel stellt der Birtener Altrhein dar, der parallel zu einem Teilstück der B 57 verläuft. Er entspricht in der Hauptsache noch dem historischen Flussverlauf vor dem Durchstich im Jahr 1788. Auch die wertvollen Wasser- und Uferpflanzen und die hier noch häufig anzutreffenden Auenwälder sind zu erwähnen. Bedeutende Bereiche der heutigen Wasserfläche wurden auch durch den hier schon seit dem Beginn des 20. Jahrhunderts dokumentierten Kiesabbau geschaffen.

Bei den immer wieder vorkommenden Rheinhochwassern wird unser Naturschutzgebiet vollständig überflutet. Ansonsten ist der Birtener Altrheinarm, der in kalten Wintern von den Xantenern gerne auch als Eislauffläche genutzt wird, über den Kanal „Gö" und über Schleusen mit dem Rhein bei der Beek verbunden. Bis heute ist dieser Bereich bei extremen Hochwasserständen gefährdet. So kam es im Mai 1983 hier zu einem Deichbruch. In früheren Zeiten, so auch beim Jahrhunderthochwasser von 1955, waren in der Beek und in Lüttingen mehrere Tote zu beklagen. Die Einwohner

Impressionen von der Bislicher Insel im Winter – im Hintergrund der Fürstenberg.

von Birten musste, wie noch zu zeigen sein wird, den Standort des Dorfes im Laufe der Jahrhunderte wiederholt nach Südwesten verlegen, da es immer wieder von hohen Wasserständen zerstört wurde.

Auch der untertägige Salzabbau des Bergwerkes im benachbarte Borth trägt in Zukunft zu einer weiteren Veränderung des Naturschutzgebietes bei: Durch den Abbau des Steinsalzes (begonnen 1993) werden an der Tagesoberfläche bis in das Jahr 2025 Bergsenkungen von bis zu vier Metern auftreten und weitere Wasserflächen schaffen.

Das Befahren des Naturschutzgebietes ist streng verboten. Im Sommer dient es auch als Weideland für die Landwirte in der Umgebung.

Das bereits angesprochene Dokumentationszentrum befindet sich mitten im Natur-schutzgebiet auf einem früheren Bauernhof. In der informativen Dauerausstellung „AuenGeschichten" können Sie die historische und naturräumliche Entwicklung der Bislicher Insel hautnah erleben. Bitte informieren Sie sich im Internet über die aktuellen Öffnungszeiten. Die Bislicher Insel ist auch als außerschulischer Lernort sehr beliebt: Führungstermine für Gruppen und Schulklassen können ebenfalls im Besucherzen-trum vereinbart werden. Besuchen Sie unser wunderschönes Naturschutzgebiet doch einmal in den frühen Morgenstunden oder in der beginnenden Dämmerung. Der dorti-ge Sonnenauf- bzw. Untergang zählt mit zu den beeindruckenden Erlebnissen, die Sie in Xanten erleben können.

3. KAPITEL

„GESCHICHTE, DIE NIEMALS ÜBERBAUT WURDE" – DER ARCHÄOLOGISCHE PARK XANTEN (APX)

Der Archäologische Park hat mich schon seit frühester Kindheit begeistert. Ich kann mich noch sehr gut an meinen ersten Besuch im Sommer 1982 erinnern. Damals war der Park gerade einmal fünf Jahre alt und es gab neben einer alten Wasserleitung die für Kinder spannende Rekonstruktion des Amphitheaters und eines Teils der Stadtmauer zu sehen. Der Blick vom Befestigungsring der römischen Stadt reichte damals noch bis zum Rhein. Die benachbarte Südsee und die Bebauung am „Dombogen" in Lüttingen waren noch nicht vorhanden. Eine kleine Broschüre informierte auf wenigen Seiten über die Geschichte und Genese des römischen Xantens.

Vergleicht man heute diesen ersten Parkführer mit der Fülle an Forschungsliteratur, die in den letzten Jahren hinzugekommen ist, so wird deutlich, was von den Archäologen und Mitarbeitern des APX seit den 1970er Jahren geleistet wurde. Deshalb möchte ich im folgenden Kapitel diesen Publikationen keine Konkurrenz machen und „nur" einen Überblick über meine persönlichen Highlights im Archäologischen Park geben.

Der APX zählte 2012 insgesamt 619.000 Besucher. Heute gilt er als erfolgreichster archäologischer Freizeitpark Deutschlands. Die anfängliche Kritik, hier würde ein „Asterix-Land am Niederrhein" entstehen, ist mittlerweile verstummt. Ich bin immer wieder erstaunt, wie viele Gäste die Zeit der römischen Okkupation am Rhein als Teil Ihrer Geschichte verstehen. Es ist heute kaum vorstellbar, dass wenige Meter vom APX in der Spätantike die Grenze eines Weltreiches verlief. Sollten Sie mehrfach im Jahr im APX zu Gast sein, empfiehlt sich der Kauf einer Jahreskarte, die Ihnen ganzjährigen freien Eintritt garantiert.

3.1. Von Vetera bis zur Colonia – zur Entwicklung des römischen Xantens

Die Struktur des heutigen Stadtgebietes von Xanten lässt sich bis in die römische Zeit zurückverfolgen. Aus dem Flugzeug können die Luftbildarchäologen auf dem Fürstenberg noch gut die Grundrisse des römischen Legionslagers Castra Vetera (I) erkennen. Eine Lokalisierung des späteren Lagers Vetera II im Bereich des heutigen Altrheins bei Birten bzw. der Bislicher Insel gestaltet sich bei weitem schwieriger. Die ehemalige Colonia Ulpia Traiana wird im Moment nur zu Teilen vom Archäologischen Park bedeckt. Ihre Nachfolgesiedlung, die so genannte „Tricensimae", ist im Bereich des heutigen Römermuseums zu suchen. Im Frühmittelalter entstanden auf dem Gelände eines ehemaligen Gräberfeldes das Stift und der heutige Xantener Dom.

Dass sich in unserer Region überhaupt römische Legionäre und Bürger ansiedelten, ist mit der am Niederrhein einzigartigen topographischen Lage zu erklären: Die herausgehobene Position des Fürstenberges, gegenüber dem unbesetzten und feindlichen Germanien, begünstigte seit dem ersten Jahrhundert vor Christus eine Ansiedlung römischer Truppen in unserer Gegend. Hiermit war natürlich auch die Einführung der mannigfaltigen Errungenschaften der römischen Zivilisation verbunden, die sich mit dem wirtschaftlichen und kulturellen Austausch der Germanenstämme jenseits des Rheines mischte. Zu dieser Zeit bot unsere Landschaft ein vollkommen anderes Bild. Der Rhein mäandrierte stark, verschob wiederholt seinen Lauf und bildete verlanden-

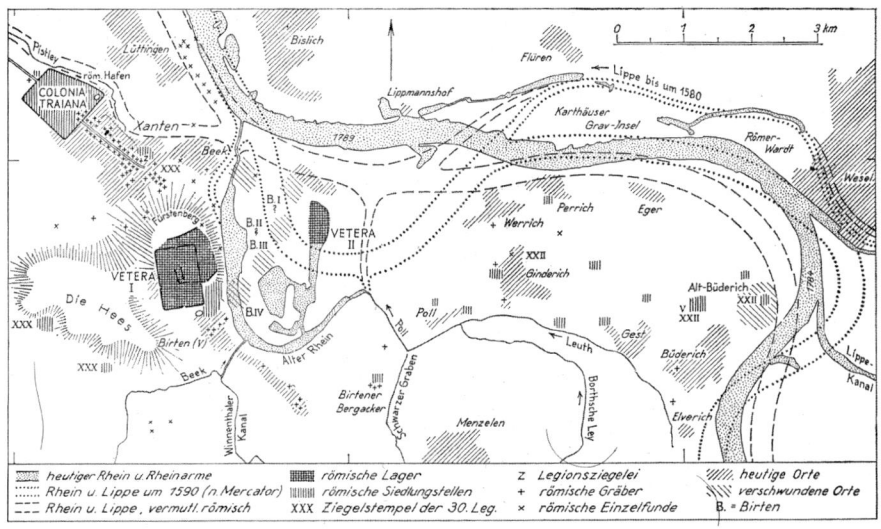

Die römischen Siedlungskerne und Lager im Xantener Raum.

de Altrheinarme. Unwegsame Sümpfe und undurchdringliche Wälder behinderten zunächst den Aufbau einer römischen Infrastruktur. Da für den Aufbau der Legionslager
Vetera I und II sowie für die spätere Colonia Ulpia Traiana enorme Holzmengen benötig
wurden, mussten die Römer weite Teile der Waldungen abholzen. Dies kam natürlich
auch dem Aufbau der Landwirtschaft zu gute. Der Rhein als „Limes", d. h. als Ostgren-
ze des römischen Reiches in Niedergermanien, so die römische Bezeichnung unserer
Gegend, wurde als Transportweg für die Einfuhr von Baumaterialien aus der Gegend
südlich von Köln und anderer Güter genutzt.

Das Lager Vetera I auf dem südlichen Fürstenberg bestand als Teil des niedergermanischen Limes von ca. 13/12 v. Chr. bis 70 n. Chr. Während der Offensive des Feldherren
Drusus, zur Zeit des Kaisers Augustus, diente das Lager Vetera I als Ausgangspunkt
für die verlustreichen Feldzüge in das rechtsrheinische Germanien. Seine Lage gegenüber der Lippemündung, die sich damals nördlicher befand als heute, war geradezu
optimal. So konnte man von hier aus weit in das Lippetal und somit in das feindliche
Gebiet hinein gucken. Im Jahr 9 n. Chr. befehligte der römische Befehlshaber Publi-
us Quinctilius Varus drei Legionen, darunter wahrscheinlich auch viele Legionäre aus
Vetera I, in das nicht unterworfene germanische Siedlungsgebiet einzumarschieren.
Kaiser Augustus plante den römischen Herrschaftsbereich weiter auszudehnen. Der
Feldherr Varus traf wahrscheinlich bei Kalkriese auf das von dem Cheruskerfürsten
Arminius geführte Heer verbündeter germanischer Stämme. Es gelang ihm, die zah-

Eine Kopie des bei Vetera gefundenen Caelius-Steins steht heute auf dem Birtener Dorfplatz.

lenmäßig weit überlegenen römischen Truppen in einem unwegsamen Gelände überraschend zu überfallen und vernichtend zu schlagen: Fast 15.000 Legionäre bzw. drei römische Legionen wurden von den Germanen aufgerieben und getötet. Varus und seine Offiziere nahmen sich angesichts der vernichtenden Niederlage das Leben. Der auf dem Fürstenberg gefundene Caelius-Stein erinnert an diese Katastrophe. Die Römer zogen sich nachfolgend auf ihre Verteidigungslinie am Limes entlang der Donau und des Rheins zurück. Somit blieb Vetera ein Militärposten an der römischen Nordostgrenze. Der auf dem Fürstenberg gefundene so genannte „Caelius-Stein" (vgl. Kapitel 5) stellt eine der wichtigsten Quellen der berühmten „Schlacht im Teutoburger Wald" dar. Einer der sicherlich spektakulärsten römischen Funde auf Xantener Boden ist der berühmte „Knabe von Lüttingen". Er wurde im Jahr 1858 zufällig von sechs Lüttinger Fischern im Rhein bei Niedrigwasser entdeckt. Der „Lüttinger Knabe" ist ein in Bronze gegossener Jüngling, der außerordentlich kunstvoll gearbeitet wurde. Das Original der lebensgroßen Statue wird heute im Berliner Pergamonmuseum ausgestellt. Zwei authentische Kopien können Sie im RömerMuseum im APX oder auf dem Lüttinger Dorfplatz besichtigen.

Nachdem das Militärlager Vetera I infolge des Bataveraufstandes 69 n. Chr. zerstört wurde, musste das bereits erwähnte Auxilliarlager Vetera II (71 bis 275/276) im Bereich der heutigen Bislicher Insel neu errichtet werden.

Zurzeit Kaiser Trajans erfolgte dann um das Jahr 100 n. Chr. die Gründung der Veteranensiedlung Colonia Ulpia Traiana. Diese Provinzstadt, in der bis zu 10.000 Menschen lebten, war die drittgrößte römische Stadt nördlich der Alpen und nach Köln die zweitgrößte civitas der römischen Provinz Niedergermanien. Sie gehörte zu den 150 größten Städten des römischen Reiches. Im 3. Jahrhundert wurden wiederholt weite Bereiche der Stadt, unter anderem durch fränkische Truppen (276 n. Chr.), zerstört. Es ist aufgrund fehlender schriftlicher und archäologischer Quellen bislang nicht geklärt, ob es auf heutigem Xantener Stadtgebiet auch noch im 3. Jahrhundert eine funktionierende römische Infrastruktur gegeben hat. Funde aus Wardt und Lüttingen legen aber nahe, dass sich wahrscheinlich noch im 5. Jahrhundert römische Soldaten hier aufgehalten haben. Das Gelände der ehemaligen Colonia wurde nachfolgend als Steinbruch genutzt. Da die Neugründung der Stifts- und Bürgerstadt seit dem Frühmittelalter weiter südlich „ad sanctos", d. h. über der römischen Nekropole und den (angenommenen) Gräbern des heiligen Viktors und seines Gefährten erfolgte, haben wir die in Deutschland einmalige Situation vor uns, dass eine bedeutende römische Provinzstadt, anders als z. B. in Köln, nicht mehr überbaut wurde. Von einzelnen Fabrik- und Wohngebäuden im 19. und 20. Jahrhundert einmal abgesehen,

Die alte Römerstraße führt noch heute von Birten aus in Richtung des ehemaligen Römerlagers Vetera I.

3.2. Von der Colonia zum APX

Zur Gründung der Colonia Ulpia Traiana (CUT)

Die bis zu 12.000 Legionäre aus dem Lager Vetera mussten natürlich versorgt werden. Hierzu entstand auf dem heutigen Xantener Stadtgebiet ein ausgeklügeltes System von Wasserleitungen, die aus den höher gelegenen Waldgebieten die Soldaten und Anwohner mit Trinkwasser versorgte und Verkehrswege, wie z. B. die Limesstraße. An einem Seitenarm des Rheines, östlich des heutigen APX gelegen, entstand zu Beginn des 1. Jahrhunderts ein Hafen zum Be- und Entladen der Güter. Es ist zu vermuten, dass sich in der Nähe des Hafens eine weitere Zivilsiedlung ausbildete. Zahlreiche Gasthäuser, Herbergen und Handwerksläden wurden zu dieser Zeit für die hier stationierten Soldaten und die Zivilangestellten errichtet. Auch Veteranen aus Vetera werden sich hier angesiedelt haben. Wahrscheinlich wurde auch diese Hafensiedlung während des Bataveraufstandes 69/70 n. Chr. zerstört.

Infolge des Wiederaufbaus kam es wohl am Ende des 1. Jahrhunderts zur Gründung der Colonia Ulpia Traiana (CUT). Die neue römische Provinzstadt hatte eine Ausdehnung von 73 Hektar. Das rechtwinklige Straßenraster zeugt von einer planmäßigen Anlage des Gemeinwesens. Nach dem Vorbild Roms entstanden auch hier zahlreiche Repräsentativ- und Großbauten – wie Tempelanlagen, ein Forum oder ein Amphitheater. Die Stadtmauer sollte nicht nur die germanischen Feinde jenseits des Rheines abhalten, sondern galt ebenfalls als baulicher Ausdruck römischer Macht in Niedergermanien.

Im Gegensatz zu den Einwohnern der früheren Zivilsiedlung südlich von Vetera hatten die Bewohner der CUT das volle römische Bürgerrecht. Die städtische Bürgerschicht setzte sich aus Menschen ganz unterschiedlicher kultureller und ethnischer Herkunft zusammen. Neben

Übersichtstafeln in der Nähe der ehemaligen Colonia informieren über die römische Topographie der Stadt.

Der archäologische Park vom Südturm des Domes aus fotografiert.

einheimischen und auswärtigen Germanen lebten hier Menschen aus fast allen Teilen des römischen Reiches. Hinzu kamen die ausgeschiedenen Legionäre der benachbarten Legionslager, die hier ihren Lebensabend verbrachten und alle Vorzüge einer großen römischen Provinzstadt genießen konnten. Wie in anderen römischen Gemeinwesen üblich, gab es auch hier eine Mischung von einfachen und repräsentativeren Wohngebäuden. Im heutigen APX werden gerade drei Wohnhäuser rekonstruiert, damit die Besucher sich ein Bild von den damaligen Wohnverhältnissen machen können.

Als Blütezeit der Colonia Ulpia Traiana können wir eindeutig das 2. Jahrhundert ansprechen. Wie uns die zu dieser Zeit errichteten Bauwerke zeigen, hatten Gewerbe und Wirtschaft Hochkonjunktur. Auch die im benachbarten Lager Vetera II stationierte 30. Legion brachte Wirtschaftskraft in die Stadt.

Der Archäologische Park Xanten (APX)

Das Gelände der ehemaligen Colonia Ulpia Traiana stellt für die archäologische Forschung ein Glücksfall dar. Sie ist die einzige römische Stadt nördlich der Alpen, die, bis auf wenige Teilbereiche, niemals überbaut wurde. Auf ihrem Gebiet finden nun schon seit Generationen Ausgrabungen statt, die uns Stück für Stück die Geschichte und Lebenswelt des römischen Xantens näher bringen.

Als Vater der Xantener Antikenforschung gilt der ehemalige Notar und Justizrat Phillipp Houben (1767-1855), der durch seine Forschungen den Aufbau der späteren Xantener Antikensammlung initiierte. Erst mit der Gründung des heute noch existierenden

Hier verlief bis vor einigen Jahren die viel befahrene Bundesstraße 57. Heute gehört das Gelände zum APX.

Niederrheinischen Altertumsvereins im Jahr 1877 begann eine Epoche systematischer Ausgrabungen auf dem Gelände der CUT. 1879 konnten hier erstmals große Mauerzüge freigelegt werden. In den 1930er Jahren führte das Rheinische Landesmuseum in Bonn umfangreiche Untersuchungen durch. Noch heute befinden sich viele Originale, die Zeugnis von der römischen Geschichte Xantens ablegen, in der Bonner Dauerausstellung. Nach dem Zweiten Weltkrieg wurden in einem Teilbereich der CUT Wohnhäuser und Gewerbe, unter anderem eine Stahlbetonfabrik, gebaut. Im Jahr 1973 konnte zwischen dem Landschaftsverband Rheinland und der Stadt Xanten ein Vertrag zur Einrichtung eines Archäologischen Parks abgeschlossen werden. Mit einem nachhaltigen Grunderwerb wollte man so das einmalige Bodendenkmal vor der Zerstörung bewahren. Im Jahr 2008 waren bereits 80 Prozent des früheren Stadtareals in den Besitz des Trägers übergegangen.

Im Juni 1977 wurde der APX eröffnet. Damals war eine sechs Hektar große Fläche im Südosten der römischen Stadt für die Besucher zugänglich. Ein gemauerter Stadtturm und das teilweise rekonstruierte Amphitheater stellten die ersten sichtbaren Ausstellungsobjekte dar. Parallel fanden große Ausgrabungen im Bereich des Hafentempels und der Herberge statt. In den 1980er Jahren standen die Rekonstruktion von Hafentempel, Stadtmauer und Herberge im Vordergrund; Ausgrabungen fanden nur noch vereinzelt statt. Die ehemaligen Straßen der CUT wurden mit Hecken und Wegen wieder sichtbar gemacht.

Durch die Verlegung der Bundesstraße 57, die das Gelände der Colonia viele Jahre in zwei Hälften getrennt hatte, konnten nun zu Beginn des neuen Jahrtausends auch die westlichen Bereiche der CUT in den APX mit einbezogen werden: Die Fläche des Parks verdoppelte sich im Mai 2009 auf rund 60 Hektar, ohne das die Eintrittspreise wesentlich erhöht worden wären. Als neuer Besuchermagnet im August 2008 war bereits das LVR-RömerMuseum eröffnet worden.

Auch in Zukunft wird der größte archäologische Freizeitpark Deutschlands weiter wachsen: So sollen die Stadtmauer erweitert, der Matronentempel westlich der Siegfriedstraße rekonstruiert werde und weitere Ausstellungseinheiten über das Leben in der ehemals zweitgrößten Stadt der römischen Provinz Niedergermanien berichten.

3.3. Zugänge zum APX

Den Archäologischen Park Xanten „APX" können Sie über drei Eingänge betreten: Zum einen kann man seine Tickets am Eingang in direkter Nähe zum Römermuseum erwerben. Der zweite, etwas stadtnähere Zugang befindet sich fußläufig zur Bundestraße 57 im Bereich des Nibelungenplatzes/Esso-Tankstelle. Natürlich ist es auch möglich den Kassenbereich im Osten zu nutzen. Dennoch stellt der derzeitige Haupteingang beim Römermuseum immer noch eine provisorische Lösung dar. 2014/15, d. h. nach der Drucklegung dieses Buches, soll hier aber Abhilfe geschaffen werden: Es ist geplant, durch

Zugang zum APX am LVR-RömerMuseum.

den Neubau eines schicken „Besucherzentrums Süd" einen neuen Haupteingang zum APX im Bereich Nibelungenplatz einzurichten. Der sich an dieser Stelle bislang befindliche Kassen-Container wird dann durch ein neues Eingangsgebäude mit Museumsshop ersetzt, das sich in naher Zukunft in eine weitere Rekonstruktion der römischen Stadtmauer einfügen soll. Somit erreicht der Neubau des neuen Haupteingangs eine bessere Verzahnung zwischen dem APX und der historischen Kernstadt. Die Zugänge im Oston des Archäologischen Parks und am Römermuseum bleiben als Nebeneingänge erhalten.

3.4. Die rekonstruierten Bauwerke der CUT

Stadtmauer und Tore

Schon von weitem ist die rekonstruierte Stadtmauer des APX zu sehen. Wie beeindruckend muss dieser Anblick zu römischer Zeit gewesen sein? Neben ihrer Schutzfunktion gegen die rechtsrheinischen „Barbaren" sollte dieses Bauwerk sicherlich auch die ganze Macht und Größe Roms symbolisieren. Es ist davon auszugehen, dass mit dem Bau der Stadtmauer bereits kurz nach der Stadtgründung um das Jahr 100 begonnen wurde. Ihre antike Gesamtlänge betrug 3,4 Kilometer. Sie bildete den äußeren Rahmen für das rechtwinklige Straßennetz der Colonia. Nur im Nordosten weicht der Mauer-

Die rekonstruierte Stadtmauer der CUT wurde in den späten 1970er Jahren errichtet.

verlauf von einem rechteckigen Grundschema ab. Da in der Antike hier ein schiffbarer Altrheinarm lag, musste sich der Bau der Stadtmauer an den natürlichen Verhältnissen orientieren. Der Hafenbereich war durch Tortürme bzw. durch das Hafentor zugänglich. Am Ende der Hauptstraßen baute man große und repräsentative Toranlagen. Das in den 1980er Jahren rekonstruierte Burgnatium- oder Nordtor gibt hiervon einen guten Eindruck. Insgesamt wurden bislang drei große Toranlagen ausgegraben und dokumentiert. 22 Türme stellten die Bewachung der städtischen Außengrenze sicher. Bis heute hat man neun dieser Türme rekonstruiert. Der Stadtmauer waren Spitzgräben vorgelagert. Das mächtige Mauerwerk gründete auf ausgedehnten Fundamenten, die wiederum auf Eichenphälen ruhten. Eine wissenschaftliche Untersuchung ergab, dass die Bäume für den Bau der östlichen Mauer in den Jahren 105/106 n. Chr. gefällt wurden.

Erste archäologische Untersuchungen an der Stadtmauer der CUT wurden bereits im Jahr 1828 im Bereich des Burgnatium-Tores durchgeführt. Die besten Hinweise, wie das ausgedehnte Fortifikationsbauwerk einmal ausgesehen haben könnte, ergaben weitere Ausgrabungen im Nordosten der römischen Stadt. Leider sind weite Bereiche der Fundamente dem Steinabbau im Mittelalter und in der Frühen Neuzeit zum Opfer gefallen. Über die Bauzeit der Stadtmauer liegen bislang keine fundierten Erkenntnisse vor.

Das Burgnatiumtor muss für die Germanen sehr imposant ausgesehen haben.

Neben den wuchtigen Türmen waren auch die Stadtzugänge über drei große Tore gesichert. Hiervon ist bislang nur das Burgnatium-Tor vollständig dokumentiert worden. Weitergehende Ausgrabungen am Vetera- und Maas-Tor stehen noch aus. Wie die Archäologen am Beispiel des kleinen Hafentors nachgewiesen haben, wurden auch an der römischen Stadtmauer während der Antike immer wieder Ergänzungen und Umbauten vorgenommen.

Betrachtet man heute im APX die Rekonstruktion des Burgnatium-Tores, so wird der repräsentative Charakter der Anlage deutlich. Es ist 28 Meter hoch und sieben Meter breit. Der Aufstieg zur Aussichtsplattform ist nicht jedermanns Sache: über steile Holztreppen, die sich in den jeweiligen Türmen befinden, erreicht man einen der schönsten Aussichtspunkte in Xanten. Unterhalb des Tores befindet sich ein über dreißig Meter langes Teilstück eines Abwasserkanals. Bei einer Führung können Sie dort sogar hinuntersteigen.

Kurz nach der Eröffnung des Archäologischen Parks im Jahr 1977 begann man mit dem Wiederaufbau der südöstlichen Stadtmauer. Ein Spaziergang über den Wehrgang ist ein einmaliges Vergnügen und erlaubt schöne Aussichten auf die Südsee, Lüttingen und die historische Innenstadt. Bei der Rekonstruktion wählte man Baumaterial, das so auch schon von den Römern benutzt wurde. Die Stadtmauer besteht aus zwei gemauerten Schalen aus Steinquadern. Der hierdurch entstandene Zwischenraum wurde mit einem Gemisch aus Kalkmörtel und Bruchsteinen angefüllt. Auch die Römer wussten schon beim Baumaterial zu sparen. Durch einen äußeren Wall konnte das Bauwerk zusätzlich gestützt werden.

Auch ein Besuch der rekonstruierten Mauertürme lohnt sich. Auf der östlichen Seite konnte man durch einige Türme, die ebenfalls die Funktion eines Tores besaßen, den Hafen oder das Innere der CUT betreten. Einer dieser Türme ist heute ein wichtiger Zugang für die Besucher des APX.

Das Amphitheater

Das Amphitheater im APX hat mich schon als kleiner Junge fasziniert. Dort konnte man so wunderbar in den Gängen und in der Manege Gladiator spielen. Das passende Asterix-Heft zur Hand, verbrachten wir hier schöne Stunden. Später dann, als wir auf der Abiturreise das Kolosseum in Rom besuchten und ich meine Mitschüler über das Forum Romanum führte, verblassten die Erinnerungen an den APX ein wenig. Natürlich sah man auch in Duisburg die Plakate zu den Sommerfestspielen, die mit Aufführungen von „Aida", „My Fair Lady" und anderen Stücken die Besucher nach Xanten locken sollten. Dennoch gehört das rekonstruierte Amphitheater im Archäologischen Park bis heute zu meinen Xantener Lieblingsorten.

Die Bewohner der CUT haben sich an diesem Ort für die uns heute so fremden Kämpfe zwischen Mensch und Tier, die fast immer auf Leben und Tod geführt wurden, begeistert. Schon in der Antike stellten diese Kampfstätten einen wichtigen touristischen Faktor für das Wirtschaftsleben der römischen Stadt dar. So werden auch in Xanten die Besucher aus der ganzen Region, wahrscheinlich auch teilweise von der anderen, d. h. germanischen Rheinseite, in das Amphitheater geströmt sein. Es ist zu vermuten, dass im unteren Bereich kleine Geschäfte die Versorgung der Besucher mit Essen und Trinken sowie mit anderen Gütern sicherstellten.

Bereits in der Colonia Ulpia Traiana scheint der Lärmschutz für die Bewohner der Stadt wichtig gewesen zu sein. So befand sich das Amphitheater nicht im Zentrum der Stadt, sondern im südöstlichen Bereich in der Nähe der Stadtmauer.

Bis zu 10.000 Besucher, so haben die Archäologen berechnet, fanden in der Arena Platz. Somit stand für (fast) jeden Einwohner ein Sitzplatz zur Verfügung.

Vom Dom aus gut zu erkennen: Das rekonstruierte Amphitheater lag früher am Rande der römischen Stadt.

Das Amphitheater der CUT hatte eine Ausdehnung von 99 Metern Länge und 87,5 Metern Breite. Es war teilweise unterkellert. Bis heute sind drei Bauphasen nachgewiesen. Der obere Ausbau war zweigeschossig. Über die Datierung der Anlage lassen sich, aufgrund fehlender Quellen, kaum fundierte Aussagen treffen. Die Forschung vermutet, dass mit dem Bau kurz nach der Gründung der Colonia im 1. Jahrhundert begonnen wurde. Eine letztmalige Nutzung lässt sich für die Zeit Kaiser Konstantins belegen. Zu dieser Zeit war das Amphitheater wohl bereits zu Wohnzwecken umgebaut worden.

Auch die übertägigen Reste der gigantischen Anlage wurden nach dem Auflassen der letzten römischen Siedlung nach und nach abgetragen. Im Jahr 1887 kamen die Grundmauern erstmals wieder zu Tage. Umfangreiche Untersuchungen in den 1930er Jahren folgten. Dabei wurden zwei ringförmig umlaufende Reihen mit massiv gemauerten Fundamentblöcken ausgegraben, die im Rahmen von Führungen zugänglich gemacht wurden. Die Pläne zur heutigen Rekonstruktion, die in den späten 1970er Jah-

Ein Modell des Amphitheaters befindet sich neben dem SiegfriedMuseum in der Innenstadt.

ren begonnen wurde, stammen aus dem Jahr 1940. Bis heute wurden etwa ein Viertel aller früheren Zuschauerplätze wieder aufgebaut. Über zwölf Mundlöcher gelangten die Bürger in den Innenraum. Desto tiefer man saß, umso höher war der soziale Rang des Besuchers. Da hier vor allem Reste von Bären gefunden wurden, ist davon auszugehen, dass vor allem Bärenjagden in der Arena stattfanden. Diese mächtigen Tiere waren in der Antike noch in den umliegenden Wäldern heimisch.

Seit 1982 fanden im Amphitheater des APX die weithin bekannten Sommerfestspiele statt. Zu Gast waren hier auch Weltstars wie Lucia Aliberti, José Carreras und die Sopranistin Montserrat Caballé. Leider hat der Veranstalter aus verschiedenen Gründen im April 2013 Insolvenz anmelden müssen. Die zahlreichen Gäste der Sommerfestspiele werden der Stadt Xanten in Zukunft fehlen. Auch die großen Open-Air-Konzerte mit Peter Maffay, Herbert Grönemeyer und Joe Cocker gehören wohl der Vergangenheit an. Zwischenzeitlich wurden in der Arena immer mal wieder Fernsehshows produziert. So fand Im Juni 1991 die erste Außen- bzw. Sommershow von „Wetten Dass" mit Thomas Gottschalk im APX statt. Als Wettpaten waren unter anderem Dagmar Berghoff, Rudi Carell, Michael Schanze und Wolfgang Lippert zu Gast. Auch im Juli 2012 wurden bei der ARD-Show „Brot und Spiele" mit Henry Maske und Christine Neubauer zahlreiche Stars aufgeboten.

Wer sich ein authentisches Bild von den Kämpfen und Veranstaltungen in der antiken Arena machen möchte, sollte unbedingt das alljährlich stattfindende Römerfest „Schwerter, Brot und Spiele" besuchen. Auch die römischen Wochenenden im Sommer sind sehr beliebt. Somit wird das Amphitheater der CUT, wenn auch nicht mehr so häufig wie früher, immer noch durch Veranstaltungen bespielt.

Die römische Herberge

Bei einem Besuch des APX ist besonders ein längerer Aufenthalt in der ebenfalls rekonstruierten römischen Herberge zu empfehlen. Wer seine Lateinkenntnisse überprüfen möchte, kann hier sogar die Speisekarte auf lateinisch lesen! Lassen Sie sich doch einmal zu einer kulinarische Reise in die Römerzeit verführen. Es lohnt sich.

Sicherlich kann man dieses Bauwerk nicht als die frühere erste „Hotel"-Adresse der römischen Stadt ansprechen. Wahrer Luxus wurde im Hafenviertel nicht geboten. Es ist davon auszugehen, dass hier vor allem Handwerker, Händler und normale Reisende Unterkunft fanden. Hier gab es vor allem Mehrbettzimmer. Diese Herbergsräume wurden in den 1980er Jahren wieder möbliert rekonstruiert. Vom Vorraum der römischen Küche aus, die zu ausgewählten Terminen für „historical cooking" genutzt wird, gelangt man in den historischen Keller. Hier sind die großen Gefäße, die früher der

Die römische Herberge im Hafenviertel der CUT von Osten.

Vorratshaltung und Kühlung dienten, besonders beeindruckend. Auch der benachbarte Kräutergarten ist bei den Besuchern sehr beliebt. Heute werden hier wieder diejenigen Gewürze und Kräuter gezüchtet, die die Römer nach Niedergermanien importierten.

Eine neue Dauerausstellung mit dem Thema „Kaiser, Senat und Volk" zeichnet in der Herberge anhand moderner Medien das Leben von ausgewählten Persönlichkeiten der römischen Gesellschaft nach. Darüber hinaus laden bei den beliebten römischen Wochenenden die Werkstätten der Schuhmacher und Knochenschnitzer zu einem Besuch ein. Gerne lassen sich diese bei ihrer Arbeit über die Schulter schauen. Somit kann man im APX an vielen Stellen „Geschichte zum Anfassen" erleben.

Wer sich in den etwas verwinkelten Innenhof der Herberge begibt, wird schnell den Zugang zu einer rekonstruierten antiken Therme finden. Das Badehaus kann heute wie zu Zeiten der römischen Bürger befeuert und genutzt werden. Damit ist diese Anlage weltweit einzigartig.

Der Hafentempel

Die rekonstruierte Ruine des großen Tempels im Osten des APX gehört seit einigen Jahren zu den am häufigsten fotografierten Bauwerken in Xanten. Bei seinem Anblick fühle ich mich immer auf das Forum Romanum des antiken Roms versetzt. Auch von der Bundesstraße aus sind die hoch aufragenden Säulen eine weithin sichtbare Landmarke. Sie gehören mittlerweile zum Stadtbild wie die Türme unseres Domes. Aufgrund seiner Nähe zum römischen Rheinhafen wird er heute als „Hafentempel" bezeichnet.

Der größte Tempel der römischen Stadt wurde leider bislang noch nicht rekonstruiert. Er stand weiter westlich, im Stadtzentrum der Colonia, und wurde als Kapitol bezeichnet. Wahrscheinlich waren seine übertägigen Reste noch in der Frühen Neuzeit zu sehen. Dieser Bereich wurde im Zehntatlas des Stiftes als „capitulum xantense" oder als „alte borgh" bezeichnet. Hier suchte man früher auch die sagenhafte Burganlage, wo dem Nibelungenlied nach der Held Siegfried geboren sein soll. Durch diesen Bereich führt heute die Siegfriedstraße. Bereits in den 1930er Jahren wurden beim Kapitol erste archäologische Grabungen durchgeführt. So kann man aufgrund von Münzfunden den Bau in die Zeit zwischen 118 und 136 n. Chr. datieren.

Es ist bis heute nicht bekannt, welcher Gottheit der Hafentempel geweiht war. Auffällig sind auf jeden Fall seine Größe und die aufwändige frühere Gestaltung. Eine heute farbig bemalte Säule soll die einstige Pracht der Kultstätte verdeutlichen. Als Baumaterial wurden von den Römern Kalksteine aus Lothringen importiert. Alleine

Der Hafentempel im APX.

der rekonstruierte Sockel des Tempels ist über drei Meter hoch. Aufgesetzt ist ein so genannter Ringhallentempel, der in den nördlichen Provinzen Roms eher selten nachgewiesen wurde. Erste Ausgrabungen fanden hier bereits im 19. Jahrhundert durch den örtlichen Altertumsverein sowie in den 1930er Jahren durch das Regionalmuseum Bonn statt.

Über eine eindrucksvolle Treppe erreichen Sie das Podium und nachfolgend die „Cella" – den ehemaligen Kultraum. Zur Zeit der römischen Colonia durften nur ausgewählte Personen diesen heiligen Bereich betreten. Das Allerheiligste war mit besonders kostbaren Materialien, wie zum Beispiel Marmor, ausgestattet. Der Hafentempel hatte eine Gesamthöhe von fast 27 Metern. Die Forschung nimmt an, dass die Gesamtanlage im 2. Jahrhundert, wahrscheinlich zu Lebzeiten der Kaiser Hadrian oder Antonius, gebaut wurde.

Der Hafentempel vom südlichen Domturm aus gesehen.

Wahrscheinlich fanden auch viele Steine und Bauteile des Hafentempels im Mittelalter und in der Frühen Neuzeit in den Gebäuden der näheren Umgebung Verwendung. Sicherlich sind diese auch im Xantener Dom verbaut worden. Der Leiter der Dombauhütte, Johannes Schubert, ist seit einigen Jahren diesem antiken Baumaterial auf der Spur. Einige Bruchstücke der reich verzierten Marmorplatten und bemalten Lothringer Steine sind heute im Römermuseum ausgestellt. Sie wurden nach 1977 bei Ausgrabungen gefunden.

Darüber hinaus können Sie die historische Fundamentanlage unterhalb der Rekonstruktion des Hafentempels besichtigen. Wie eine Halle wurde der „neue" Hafentempel über den originalen Bauteilen errichtet und gewährleistet somit auch eine dauerhafte Konservierung der Originalteile. Mit der Rekonstruktion der Säulen und des Sockels begann man im Jahr 1982. Fünf Jahre später konnten die Giebelfragmente aufgesetzt werden. Der Zugang auf der Nordseite liegt ein wenig versteckt, so dass nicht jeder Besucher auf Anhieb diesen eindrucksvollen Bereich findet. Hierzu zählt auch die historische Baugrube. Abdrücke ehemaliger Holzpfosten (ca. 1,5 Meter hoch) und von Ästen im Mauerwerk legen Zeugnis von der fortschrittlichen Bauweise der Römer ab. Sie dienten zur Stabilisierung und Befestigung des Untergrundes. Diese war hier besonders wichtig – baute man doch auf zum Teil instabilen Ablagerungen des Rheines.

Der Hafentempel wurde wohl kurz nach dem Überfall der Colonia durch fränkische Truppe (275/276 n. Chr.) abgetragen, um im östlichen Bereich der teilweise zerstörten Stadt ein freies Sichtfeld zu schaffen und potentiellen Angreifern keine Möglichkeit zu bieten, sich zu verschanzen.

Das LVR-RömerMuseum und die römischen Thermen

Seit dem Jahr 2008 hat Xanten ein neues Wahrzeichen. Das LVR RömerMuseum gehört zu den modernsten seiner Art in Europa. Die gelungene und transparente Architektur sorgt bei den Besuchern des APX immer wieder für Begeisterung. Das im Inneren barrierefreie Museum wurde über den Grundmauern der Eingangshalle der städtischen Thermen errichtet. Die moderne Architektur entspricht in ihrer Dimension und äußeren Gestaltung dem antiken Vorbild. Verantwortlich für die Bauplanung waren die Kölner Architekten Gatermann und Schossig. Das gesamte Gebäude wird von 14 Stahlrahmen getragen. Das Museum besitzt, wie sein römischer Vorgänger, keine

Das LVR-RömerMuseum stellt eine der Hauptattraktionen Xantens dar.

durchgehenden Etagen. So soll gewährleistet werden, dass der Besucher die enorme Höhe des früheren antiken Innenraums hautnah erleben kann. Die Funktion dieser gewaltigen Halle in römischer Zeit ist unklar. Wahrscheinlich fanden hier viele Veranstaltungen, wie z. B. Versammlungen und Theateraufführungen, statt.

Ich kann mich noch gut an einen Besuch im alten Regionalmuseum am Dom erinnern. Anfang der 1990er Jahre wurden in Xanten nur sehr wenige originale Funde aus der CUT oder vom Fürstenberg ausgestellt. Die damalige Dauerausstellung arbeitete vor allem mit Kopien. Wer die originalen Antiken aus unserer Stadt sehen wollte, musste damals bis zum Rheinischen Landesmuseum nach Bonn fahren. Seit dem Jahr 2008 hat sich dies grundlegend geändert: Heute können Sie auf einem abwechslungsreichen und spannenden Rundgang im modernen RömerMuseum die wechselvolle römische Geschichte in unserer Region erleben. Von Cäsar bis zum Frankenüberfall – eine Zeitreise, die mit modernsten museumsdidaktischen Methoden und über 2.500 Objekten spannend inszeniert wird. Sicherlich benötigt man mehrere Tage, um die Vielfalt der Dauerausstellung ganz aufnehmen zu können. Meine persönlichen Highlights im RömerMuseum sind die Überreste des römischen Schiffes, das bei der Auskiesung der Nordsee und der Wardter Förde gefunden wurde sowie ein sehr gut erhaltenes römisches Geschütz. Besonders erwähnenswert ist, dass die Museumskonzeption auch die Bedürfnisse der kleinen Besucher mit aufgenommen hat. So gibt es an verschiedenen Stellen Mitmachangebote für kleine (und große) Forscher.

Vom RömerMuseum aus besteht ein direkter Zugang zu den ausgegrabenen Fundamenten der ehemaligen städtischen Thermen. Die Informationstafeln erklären dem interessierten Besucher den Aufbau und die Funktion des antiken Badehauses. In der Antike gab es hier unter anderem ein Heiß- sowie ein Warm- und Kaltbad.

Die großen Thermen der CUT wurden bereits im Jahr 1879 in Teilen ausgegraben. Eine endgültige Dokumentation erfolgte in den Jahren 1984-1993. Das römische Badehaus wurde in der Regierungszeit Kaiser Hadrians um 175 n. Chr. erbaut und hundert Jahre nach seiner Eröffnung durch die Franken zerstört. Auch die städtischen Thermen gehörten zu den großen Monumental- und Repräsentationsbauten der Stadt. Das heutige Schutzgebäude über den Grundmauern ist älter als das Römermuseum. Es wurde bereits im April 1999 eingeweiht.

Für den Besuch des archäologischen Parks und des RömerMuseums benötigen Sie nur eine Eintrittskarte. Bitte achten Sie darauf, dass Sie deshalb Ihre Zugangskarte

Die ehemaligen Straßen der römischen Stadt wurden durch Baumplanzungen wieder sicht- und erlebbar gemacht.

zum APX nicht im Park wegwerfen, da beim Zutritt zum Museum diese noch einmal kontrolliert wird. Im Kassenbereich lädt ein ausgedehntes Buch- und Medienangebot zur römischen Geschichte zum Stöbern ein.

Vor dem Museumseingang fällt die Ansammlung römischer Großquader auf. Diese Steine wurden im Mittelalter und in der Frühen Neuzeit aus den Ruinen der CUT entwendet und im Jahr 2008 wieder hier aufgestellt. Es ist kaum vorstellbar, dass die Römer diese Steinquader aus der Eifel oder Süddeutschland nach Xanten transportieren mussten, da dieser Baustoff in unserer Region nicht verfügbar war.

Es bleibt für die Zukunft zu hoffen, dass der Landschaftsverband Rheinland seine erfolgreiche Forschungsarbeit fortsetzen und den APX weiter ausbauen kann. Ein derartiges römisches Freilichtmuseum ist in Deutschland und Nordeuropa einzigartig. Nicht von ungefähr zählt unser Archäologischer Park mit dem RömerMuseum zu den Top-Sehenswürdigkeiten in Nordrhein-Westfalen.

4. KAPITEL

DIE „VIKTORSTADT" – DER DOM ST. VIKTOR UND DIE IMMUNITÄT

U nser Dom ist aus der Ferne aus jeder Himmelsrichtung zu sehen und scheint die kleine Stadt um ihn herum regelrecht zu erdrücken. Können Sie sich das heutige Xanten ohne Dom vorstellen? Für mich ist das undenkbar. Beinahe hätten die Zerstörungen des Zweiten Weltkrieges das große Kirchenbauwerk für immer aus dem Stadtbild verschwinden lassen. Prof. Walter Bader, dem damaligen Propst Köster und weiteren engagierten Bürgern ist es zu verdanken, dass dieses einmalige Bauwerk bis in die 1970er Jahre hinein wieder aufgebaut werden konnte. Heute gehört unser Dom zu den herausragenden Sehenswürdigkeiten der Spätromanik und Gotik im Rheinland. Folgen Sie mir in diesem Kapitel zu einer etwas anderen Besichtigungstour durch über 1.000 Jahre Dom- und Stiftsgeschichte.

Der Name Xanten leitet sich aus dem lateinischen Begriff „ad sanctos", d. h. „bei den Heiligen" ab.

4.1. Von Stiftsherren, Kanonikern und dem Martyrium eines römischen Soldaten namens Viktor

Die Literatur zum Xantener Dom ist fast unüberschaubar. Zahlreiche Standardwerke, wie zum Beispiel die heute in weiten Teilen noch gültige Monographie von Stefan Beissel aus dem späten 19. Jahrhundert, die zahlreichen Arbeiten von Prof. Walter Bader bis hin zum aktuellen Domführer von Hilger/Grote beleuchten die wechselvolle Baugeschichte des Xantener Wahrzeichens aus (fast) allen denkbaren Perspektiven. Deshalb ist hier auch nicht der Ort, diesen Werken Konkurrenz zu machen. Trotzdem möchte ich unseren wundervollen Dom und die Immunität aus meiner Perspektive darstellen und einige eigene Schwerpunkte setzen. Für eine moderne und fundierte Darstellung des gesamten Innenraumes mit seinen Altären, Fenstern und Kunstwerken möchte ich Ihnen das Buch „Xantener Dom – 750 Jahre Gotik" empfehlen, dass ebenfalls im Anno-Verlag erschienen ist.

Zunächst einmal stellt sich die Frage, warum Xanten überhaupt einen Dom besitzt und warum dieser als solcher bzw. auch als „Stiftskirche" bezeichnet wird.

Das Xantener Stift

Das Kanonikerstift St. Viktor war eines der bedeutendsten Stifte im Erzbistums Köln und vom Rang nur mit dem Kölner Domstift vergleichbar. Als Stift bezeichnet man übrigens eine Institution, die von der Gemeinschaft der Kanoniker gebildet wird und durch potente Stiftungen mit einem umfangreichen Grundbesitz ausgestattet wurde. Das Xantener Stift war zeitweise sehr reich und besaß Höfe und Landbesitz am ganzen Niederrhein, im heutigen Ruhrgebiet und im Süden der heutigen Niederlande. Ohne diese wirtschaftliche Potenz wäre der Bau der prächtigen Stiftskirche St. Viktor (bzw. Viktorsdom) im Mittelalter nicht möglich gewesen. Oder anders gesagt: Der Xantener Dom spiegelt den Reichtum des Stiftes und der Kanoniker zu dieser Zeit baulich wieder. Anders als Mönche, die überwiegend fernab aller weltlichen Angelegenheiten in den Klöstern in strenger Klausur lebten, waren die Xantener Kanoniker oder Stiftsherren als Mitglieder des Dom- bzw. Stiftskapitels so genannte „Weltgeistliche" und somit nicht an ein Gelübde gebunden. Mit den Mönchen verband sie ein eheloses Leben. Der Besitz von Privateigentum war ihnen aber genauso gestattet wie eine eigene Haushaltsführung. Die Teilnahme an den Gottesdiensten gehörte zu ihren täglichen Pflichten. Nur bis zum 12. Jahrhundert lebten die Kanoniker, die nur die niederen Weihen empfangen hatten, in gemeinschaftlichen Gebäuden, d. h. in einer „vita communis" (lat. „gemeinsames Leben"). Später bauten sich die Stiftsherren rund um den Dom zahlreiche repräsentative Wohnhäuser. Dieser Bereich wird als Immunität oder Kapitel bezeichnet und ist bis heute auf einzigartige Weise erhalten geblieben. Der Reichtum des Stiftes ermöglichte den bis zu 44 Kanonikern im Mittelalter ein sorgenfreies Einkommen („Benefizien").

Vermutlich wurde das Xantener Stift bereits im 8. Jahrhundert von Klerikern, die am angenommenen Grab des heiligen Viktors für das Seelenheil großzügiger Stifter beteten, gegründet. Es ist zu vermuten, dass sie vom damaligen Erzbischof von Köln hierhin entsandt wurden. 863 wird es erstmals in den „Xantener Annalen" urkundlich erwähnt. Bereits zu dieser Zeit bestand hier eine fränkische Saalkirche. Der heutige Dom, der in seinen wesentlichen Teilen zwischen 1184/90 bis 1550 errichtet wurde, steht auf den Fundamenten zahlreicher Vorgängerbauten (unter anderem aus römischer, fränkischer und ottonischer Zeit), die bis ins 3. Jahrhundert zurückreichen. Sie wurden vor dem Bau des heutigen Domes entweder abgerissen oder fielen einem Brand zum Opfer.

Das Matyrium des heiligen Viktor

Ohne das Martyrium des heiligen Viktors, über dessen Grab – so die Legende – später dieses wundervolle Bauwerk errichtet wurde, sind die Motive der mittelalterlichen Bauherren, die fast 400 Jahre an dieser Kirche bauten, nicht zu verstehen. Viktor war

ein römischer Soldat christlichen Glaubens, der mit seinen ebenfalls hingerichteten Gefährten im 4. Jahrhundert in der so genannten „Thebäischen Legion" diente. Dies soll auf Befehl des römischen Kaisers geschehen sein. Viktor und seine Kameraden hatten den heidnischen Brauch, den römischen Göttern Opfer zu bringen, verweigert. Ebenso wollten sie nicht ihrem christlichen Glauben abschwören. Der Legende nach soll dieses Martyrium im heute noch erhaltenen Amphitheater in Birten stattgefunden haben. Mittlerweile wird aber angenommen, dass der Schauplatz der Hinrichtung im Bereich des heutigen Xantener Gewerbegebiets, im Niederbruch, zu suchen ist. Ebenso lässt sich die Geschichte, dass die römische Kaiserin Helena, die Mutter Konstantin des Großen, die Gebeine Viktors und seiner Kameraden im Bereich des heutigen Domes hätte bestatten lassen, in das Reich der Legenden verweisen. Helena ist vermutlich niemals in Xanten gewesen. Die Diskussion hierüber füllt bis heute ganze Bücherregale und ist in der Forschung immer noch aktuell.

Die Statue des heiligen Viktor in einer Nische des Klever Tores.

Fest steht aber, dass bereits im 3. Jahrhundert über dem Grab zweier gewaltsam getöteter Männer, das 1933 durch Walter Bader unter dem Dom entdeckt wurde, ein eigener Grabbau („cella memoriae") errichtet wurde. Zu dieser Zeit hatte an dieser Stelle ein Gräberfeld, welches sich schon vor der römischen Besiedelung hier befand, bereits eine jahrhundertelange Tradition. Unser heutiger Dom wurde also über einem Friedhof errichtet, der ursprünglich unter anderem auch die Toten der nördlich gelegenen Römerstadt Colonia Ulpia Traiana aufgenommen hatte. Das angesprochene Doppelgrab ist heute in der Krypta des Domes zugänglich. Es handelt sich hierbei aber wohl nicht, wie Archäologen und Historiker nachgewiesen haben, um die historischen Gebeine Viktors und eines Kameraden. Wahrscheinlicher ist, dass Teile seiner Gebeine

Eine bislang noch nie in einem Buch über Xanten veröffentlichte Aufnahme zeigt die Gebeine des heiligen Viktor anlässlich der Öffnung des Schreins zur Viktortracht 2013.

seit 1129 im so genannten Viktorschrein im Hochaltar des Xantener Domes ruhen. Nur zu besonderen Anlässen, d. h. während der nur sehr unregelmäßig stattfindenden Viktortrachten (zuletzt 1991 und 2013) wird der älteste Reliquienschrein des Rheinlandes außerhalb des Domes bei einer Prozession durch die historische Innenstadt bis zum Fürstenberg präsentiert.

Vor dem Hintergrund der Ereignisse um das Martyrium des Heiligen Viktor in Xanten entstand wohl seit dem 8. Jahrhundert das geistliche Stift Xanten mit eigener Kirche und Stiftsbauten. Deshalb möchte ich in diesem Buch auch einen alten Begriff des den Dom umgebenden Stiftsbezirks, wo die Kanoniker durch Mauern und Tore geschützt, lebten und arbeiteten, wieder einführen: „Die Viktorstadt". Er wurde unter anderem in der ersten Hälfte des 20. Jahrhunderts von Richard Klapheck begründet, der in der damaligen Zeit bedeutende Monographien über den Xantener Dom und die Bauwerke am Niederrhein vorgelegt hat. Ja, das Stift erfüllte als sakrale Einrichtung mit eigener Kirche, Mauern, Tore und geistlicher Gerichtsbarkeit alle Charakteristika, die als wesentliche Grundlagen für die Definition einer Stadt zu benennen sind. Sicherlich standen die Kanoniker, wie wir aus den Urkunden wissen, jahrhundertelang in Konkurrenz zur „benachbarten" Bürgerstadt Xanten. Ihre Autonomie wurde von den Erzbischöfen von Köln, später auch von den jeweiligen weltlichen Landesherren, garantiert. Erst Napoleon machte mit der Säkularisation, d. h. mit der Aufhebung der Klöster und Stifte in seinem Herrschaftsbereich 1802 dieser jahrhundertelangen geistlichen Institution ein Ende. Die Stiftskirche sank in ihrer Bedeutung nachfolgend zur „normalen Pfarrkirche" einer niederrheinischen Kleinstadt herab. Dies sollte sich erst wieder, gefördert durch den Papst, im 20. Jahrhundert ändern.

4.2. „Die größte Kirche zwischen Köln und der Nordsee" – zur Begrifflichkeit des Xantener Doms

Es gibt kaum einen Ort am Niederrhein, der so von einem weithin sichtbaren Gebäude beherrscht wird, wie Xanten durch seinen Dom. Er ist unzweifelhaft der Mittelpunkt der Stadt. Seine beiden Türme sind d a s Wahrzeichen des Niederrheins! Kein Sakralbauwerk bis zur Nordsee kann es mit „unserem" Dom aufnehmen.

Der Dom zu Xanten ist bis heute nicht nur ein bedeutendes touristisches Highlight am Niederrhein, sondern auch d a s Zentrum des christlichen Glaubens und d e r Sehnsuchtsort für viele Familien, die hier seit Generationen leben, aber auch für tausende Touristen und Pilger aus nah und fern. Das 750-jährige Jubiläum des Domes im Jahr 2013, d. h. der gotischen Bereiche, die nach 1263 errichtet wurden, hat dieses Bauwerk in unserer Zeit noch mehr in den Blickpunkt gerückt. Und das ist gut so! Fast hätte die Apokalypse des letzten Krieges dieses wunderbare und einzigarte Manifest spätromanischer und gotischer Baukunst für immer vernichtet! Professor Bader, dem Retter des Xantener Doms, ohne den es nach dem Krieg wohl einen Abriss der Kriegsruine gegeben hätte, sei Dank! Was wäre die Silhouette Xantens heute ohne den Dom? Hier fällt es mir sehr schwer, weiter zu schreiben oder sich eine Stadtansicht Xantens ohne die markanten Domtürme vorzustellen …

Definieren wir den Begriff „Dom" (von lat. „domus", d. h. „das Haus"), wie in allen Lexika üblich, als eine Kathedralkirche mit Bischofssitz, so dürfen wir eigentlich nicht von einem Xantener Dom sprechen. Der „Dom" war de facto seit dem Hochmittelalter zu beiden Teilen Stadt- und Stiftskirche gewesen. Auch wenn Xanten mit zwei Päpsten der Frühen Neuzeit in Verbindung gebracht werden kann – das Gotteshaus war und ist bis heute niemals Bischofssitz und/oder Kathedralkirche gewesen. Kurz zu den Fakten: Bis 1802 war es Stiftskirche, danach Pfarrkirche, heute Propsteikirche und seit 1936 von

Die mächtige Westfassade unseres Domes.

Der schwer beschädigte Dom 1945.

Papst Pius XI. in den Stand einer „Basilica Minor" unter dem Patronat des heiligen Viktor erhoben. Warum sprechen wir aber seit Generationen vom Xantener Dom? Einzig und alleine aufgrund seiner einzigartigen und das Umland bestimmenden Architektur und der Tatsache, dass es sich hier um das größte Kirchbauwerk zwischen Köln und der Nordsee handelt. Interessant ist auch, dass die Bezeichnung „Dom" in Xanten erst seit dem 19. Jahrhundert verwendet wird. Der Xantener Dom trägt diesen Titel also quasi ehrenhalber. Es haben vor diesem Hintergrund bereits Autoren vorgeschlagen, den Xantener Dom mit Anführungszeichen zu schreiben … Das muss aber nicht sein! Auch der Komponist Engelbert Humperdinck, der zeitweise in Xanten lebte, nennt das Bauwerk in seinen Briefen der 1870er Jahre nur die „große Kirche" oder „die Stiftskirche". Im 18. Jahrhundert wird sie in den Quellen auch oft als „Collegiatskirche" bezeichnet.

Die oben genannten Anmerkungen mögen manchen Leser, da bislang nie gehört, verschrecken, das Buch verdammen, an sich und Xanten zweifelnd, zu tiefst beunruhigend fragen: „Darf ich jetzt noch vom Xantener Dom sprechen? Ja! Sie dürfen! Sie müssen geradezu!

Dieser Ehrentitel ist in den letzten 200 Jahren nicht nur in Xanten Allgemeingut geworden. Deshalb: Xanten hat einen Dom! Genau wie Köln, Aachen und Essen! Essen? Ja, in Essen war es übrigens anders: Die dortige Stiftskirche wurde 1957 Kathedralkirche und Sitz des neuen Ruhrbischofs von Essen. Die ehemalige Stiftskirche der Fürstäbtissinnen von Essen wurde damals vom Papst in den Rang einer Kathedralkirche, d. h. eines richtigen Doms erhoben! Ohne Anführungszeichen und mit voller kirchenrechtlicher Legitimation des Vatikans. Deshalb: Xanten hat einen Dom – ohne „Anführungszeichen". Und was für einen! Begleiten Sie mich auf den folgenden Seiten zu einem bis heute faszinierendes Bauwerk, das unter anderem nach dem Vorbild Kölner und Trierer Kirchen erdacht und gebaut wurde.

4.3. Du mein Xantener Dom

Zur Baugeschichte

Xanten feierte im Jahr 2013 ein besonderes Jubiläum. Unter dem Motto „Xantener Dom – 750 Jahre Gotik" fanden zahlreiche Veranstaltungen und nach 22 Jahren auch wieder eine Viktorstracht statt, die aufgrund von Dauerregen diesmal nicht bis zum Fürstenberg durchgeführt wurde, sondern innerhalb des Domes vollzogen wurde. Wie bereits erwähnt, ist unser Dom eine so genannte Grabeskirche, welche in ihrer heutigen Form seit dem Ende des 12. Jahrhunderts über einer spätantiken Nekropole erbaut wurde. Das Domjubiläum von 2013 bezieht sich somit nicht auf den Baubeginn der ältesten erhaltenen Bereiche unseres Domes, sondern auf die Grundsteinlegung des gotischen Hochchores. Die ältesten erhaltenen Teile der früheren Stiftskirche, der romanische Westbau mit den beiden wuchtigen Türmen und der strengen Fassade, wurden bereits um 1180/90, d. h. in staufischer Zeit, errichtet.

Am 25.08.2013 fand der feierliche Festgottesdienst zum 750-jährigen Jubiläum des gotischen Domes statt.

Ein um 967 eingeweihter ottonischer Vorgängerbau des heutigen Domes brannte im Jahr 1109 nieder. 1165 wurde das wiederaufgebaute romanische Langhaus der Stiftskirche durch den Kölner Erzbischof Reinald von Dassel geweiht. Betrachtet man heute die Proportionen des romanischen Westbaus im Vergleich mit dem gotischen Langhaus und dem Hochchor, so wird deutlich, dass es sich bei unserem Dom um ein wichtiges Zeugnis für den architekturgeschichtlichen Wandel von der Romanik zur Gotik im Rheinland handelt.

Die dreigeschossige Fassade des Westbaus wurde um das Jahr 1213 vollendet. In der Mitte des 13. Jahrhunderts ergänzte man den Südturm um zwei Geschosse. In den Jahren 1378-1380 erhielt er durch den Baumeister Kornrad von Kleve ein sechstes Geschoss. Interessant ist, dass im 14. Jahrhundert die bereits veraltete Form der Spätromanik gewählt wurde. Bis zum Jahr 1389 wurde der heute noch existierende spitze Turmhelm des Südturms errichtet. Erst im Jahr 1531 konnte auch der baugleiche Nordturm der Stiftskirche vollendet werden. Beide Türme sind bis heute mit ihren fast 80 Metern Höhe eine unverwechselbare Landmarke in der Niederrheinischen Landschaft. Es ist sicherlich kein Zufall, dass der Südturm zuerst seine heutige Höhe erhielt. Auch im späten Mittelalter war das Stift auf eine gute Außendarstellung bedacht. Näherte sich der geistliche Oberhirte des Stiftes, der Erzbischof von Köln mit seinem Gefolge der Stadt, so sah man zunächst den wuchtigen Südturm, das Marstor und die kölnische Bischofsburg. Der Herzog von Kleve, dessen gleichnamige Residenz sich nördlich von Xanten befand, war seit 1392 „nur" der weltliche Landesherr der Bürger und der Stadtverwaltung von Xanten. Innerhalb des Stiftsbezirks hatte er bis zum Jahr 1528 kaum bis keinen Einfluss. Erst seit dieser Zeit durfte der weltliche Landesherr über die Besetzung der Kanonikate mitbestimmen. Vor diesem Hintergrund kann vermutet werden, dass die Vollendung des Nordturmes drei Jahre später infolge eines seit Beginn des 16. Jahrhunderts stetig wachsenden Einflusses der Herzöge von Kleve im Stift Xanten erfolgte.

Auch die Epoche der Gotik hat ihre Spuren in der Westfassade des Domes hinterlassen: Das große Westfenster wurde erst im Jahr 1517 in die staufische Fassade eingebrochen. Im 19. Jahrhundert stiftete der damalige Kaiser Wilhelm I. ein neues Fenster, das im letzten Krieg zerstört und durch eine moderne Variante ersetzt wurde. Auch der aufgesetzte Giebel stammt aus dem frühen 16. Jahrhundert. Der Baubeginn der gotischen Teile des Xantener Domes lässt sich exakt datieren: Am 22. August 1263 legte der damalige Propst von Xanten, Friedrich von Hochstaden, den Grundstein für einen fünfschiffigen Kirchenbau ohne Querhaus. 15 Jahre zuvor hatte der Bruder des Propstes, der Erzbischof von Köln, den ersten Grundstein des

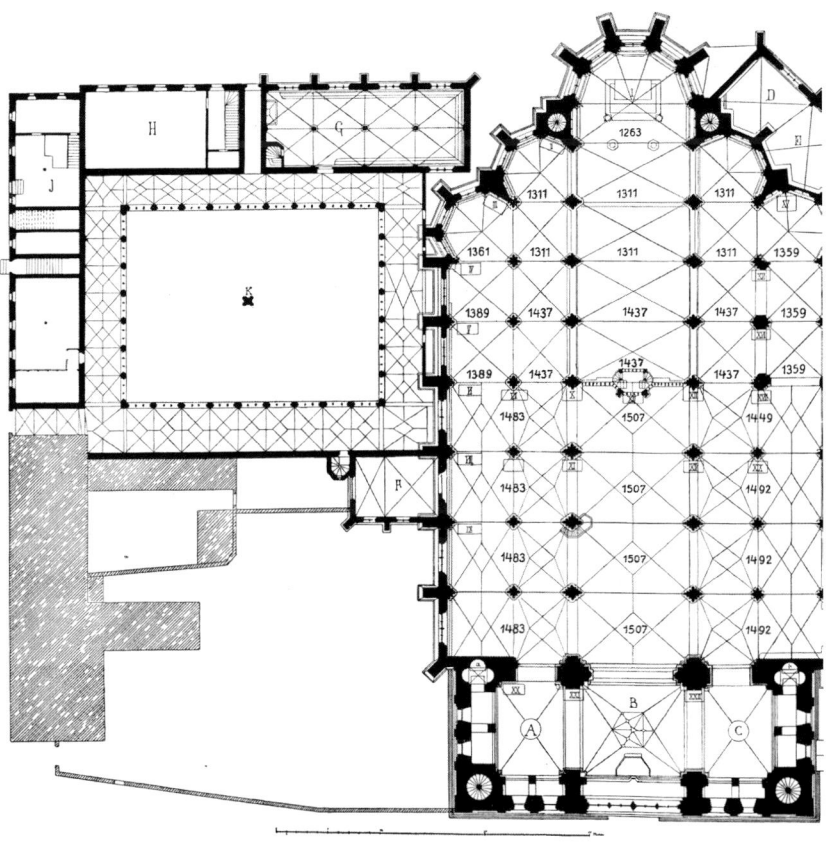

A—C Romanischer Westbau begonnen 1190   G Sakristei, früher Kapitelsaal 1528
D—E Paramentenkammer, früher Sakristei   H Stiftsschule 1537—1540 wiederhergestellt
        D 1475—1480. E 1519—1522   J Kellerei 1440
    F Heilige·Geist·Kapelle geweiht 1544   K Kreuzgang 1543—1546
Gotisches Langhaus: Die arabischen Zahlen = Baudaten

Übersicht über die verschiedenen Bauphasen des Domes nach R. Klapheck.

Kölner Domes geweiht. Wie auch in Köln begann man zunächst mit dem Bau des Hochchores. Ab 1483 folgte – unter konsequenter Beibehaltung des Bauplans – das gotische Langhaus bzw. der Bereich der städtischen Pfarrkirche. Bereits 1493 konnte das nördliche Seitenschiff vollendet werden. Das besonders kunstvoll gestaltete Südportal, bis heute der Hauptzugang zur Kirche, wurde zwischen 1493 und 1509 aus-

geführt. Es ähnelt dem Petersportal des Kölner Domes. Die Figuren des Christus Salvator, der Apostel, des heiligen Viktors und der heiligen Helena an den Stirnseiten wurden mittlerweile durch Abgüsse ersetzt.

Der Xantener Dom, der im Sinne des religiösen Verständnisses seiner Erbauer als Abbild der „civitas deii", d. h. des Himmlischen Jerusalems verstanden wurde, gliederte sich in zwei voneinander getrennte Bereiche: Der früheren Stifts- und Bürgerkirche. Dieser Bereich wurde durch einen so genannten Lettner getrennt. Westlich hiervon wurde am Kreuzaltar durch den Pleban, dem Ortsgeistlichen, der Gottesdienst für die bürgerliche Gemeinde abgehalten. Dieser war Mitglied des Stiftes oder musste von ihm finanziert werden.

Der Xantener Dom ist immer noch ein wichtiger Ort des Glaubens am Niederrhein.

Nicht ohne Grund wurde im Jahr 1263 zunächst mit dem Bau des Ostchores begonnen. Somit konnten Teilbereiche des Vorgängerbaus, wie zum Beispiel das Langhaus und der staufische Westchor, wo zu dieser Zeit auch die Reliquien des heiligen Viktors aufbewahrt wurden, weiter genutzt werden. Durch einen Glücksfall haben sich die alten Baurechnungen im Stiftsarchiv erhalten, so dass wir über die einzelnen Fortschritte in der fast 300-jährigen Bauzeit des Domes seit dem Jahr 1356 weitgehend informiert sind. Im Gegensatz zum Kölner Dom hatte man in Xanten fast immer ausreichend finanzielle Mittel, um den Bau voranzutreiben. Zum Vergleich: Die Errichtung der Kölner Kathedrale dauerte, mit teilweise jahrhundertelang währenden Unterbrechungen, über 600 Jahre. Um das Jahr 1520 war der Neubau der Xantener Stiftskirche im Wesentlichen abgeschlossen. Zu Beginn verbauten die Handwerker auch zahlreiche Steine aus der benachbarten römischen Colonia Ulpia Traiana. Später verwendete man „frisches" Baumaterial, das über den Rhein mit Schiffen nach Xanten transportiert werden musste. Finanziert wurde der gewaltige Sakralbau durch kirchliche Ablässe und Memorialstiftungen. Testamentarisch verpflichteten sich die Kanoniker, nach der Gewährung einer gewissen Summe, Gebete zum Gedächtnis des Stifters nach seinem Tod zu sprechen. Hiermit sollte unter anderem die Zeit des Toten im Fegefeuer begrenzt und/oder ihm ein Platz im jenseitigen Paradies gesichert werden. Auch in den stürmischen Zeiten von Reformation und Gegenreformation können wir am und im Dom eine Vielzahl von Neubauten und Stiftungen nachweisen. So wurden große Bereiche der Stiftsgebäude zu dieser Zeit um- oder neugebaut und zahlreiche Kunstwerke und Altäre in der Kirche durch großzügige Spenden finanziert. Auch der Anbau der Sakristei und der Heilig-Geist-Kapelle wurde Mitte des 16. Jahrhunderts vollendet. Man kann also durchaus festhalten, dass nach der Weihe des Domes das Umfeld und der Innenraum der Kirche modernisiert und reich ausgestattet wurden. Dies stellt ein wichtiger Beleg für die Bedeutung und wirtschaftliche Potenz des Xantener Stiftes in der Frühen Neuzeit dar. Die Bilderstürme der Reformation und die französische Besatzung im 18. Jahrhundert hat der Xantener Dom glücklicherweise schadlos überstanden.

Der gotische Chor 1945.

Architekturgeschichtlich lassen sich bei unserem Dom neben der Synthese von romanischer und gotischer Architektur einige weitere Besonderheiten feststellen: Zunächst einmal fehlt ein Querschiff, wie es normalerweise bei gotischen Kathedralen üblich ist. Durch die fünfschiffige Bauart des Xantener Gotteshauses fällt diese Tatsache bei einem Besuch im Inneren zunächst nicht auf. Darüber hinaus besitzt St. Viktor keinen Chorumgang. Wie bei der Trierer Liebfrauenkirche und vergleichbaren Kirchbauten in

Impression vom Ostchor des Domes.

Ein seltener Blick in die Dachkonstruktion des Mittelschiffs.

Frankreich sind dem Hochchor zwei Kapellenpaare angeschlossen. Beim Bauprogramm der Xantener Stiftskirche gibt es also deutliche Unterschiede zum „großen Bruder" – dem Kölner Dom.

Im 18. Jahrhundert und insbesondere nach der Aufhebung des Stiftes durch Napoleon im Jahr 1802 verfiel der Xantener Dom zunehmend. Der preußische König Friedrich Wilhelm IV. und sein bekannter Baumeister Karl Friedrich von Schinkel setzten sich für eine Sicherung der Kirche ein. Zwischen 1857 und 1868 wurden umfangreiche und sensible Restaurierungsmaßnahmen durch den Kreisbaumeister Carl Cuno durchgeführt. Eine Verfremdung des Innenraums oder der äußeren Gestalt des Domes im Stil des Historismus fand nicht statt. Seine schwärzesten Stunden erlebte unser Gotteshaus während der verheerenden Bombenangriffe am 10. und 21. Februar 1945. Niemand konnte sich damals vorstellen, dass der Dom einmal in alter Pracht wieder erstehen könnte. Das Obergeschoss des Nordturmes und die Dächer des Langhauses sowie des Chores wurden vollständig zerstört. Von der gesamten Gebäudesubstanz waren nur etwa 20 Prozent erhalten geblieben. Der Fotograf Otto Drese hat zwischen

1946/47 eindrucksvolle Bilder der Kriegsruine angefertigt, die bis heute wertvolle Fotoquellen für die Restauratoren der Dombauhütte darstellen. Ein Glücksfall ist, dass die Innenausstattung des Domes bis auf wenige Skulpturen rechtzeitig ausgelagert werden konnte und somit den Zweiten Weltkrieg überstanden hat. Dank des Engagements von Prof. Walter Bader, dem damaligen Propst Köster und zahlreicher Bürger der Stadt konnte 1947 mit dem Wiederaufbau des Domes begonnen werden. Dieser wurde im Jahr 1966 weitgehend abgeschlossen.

Im Dom

Das Innere unseres Domes fasziniert mich bei jedem Besuch. Innerhalb weniger Sekunden fühlt man sich in eine andere Welt versetzt – die Hektik des Alltags hinter sich lassend. Durch das Entzünden einer Kerze oder durch das Genießen der einmaligen Atmosphäre innerhalb der Kirche kann man für wenige Minuten innehalten und den Geist der jahrtausendealten Geschichte des Ortes spüren. Auch nach 30 Jahren fallen mir immer noch Dinge und Details im und am Dom auf, die ich bis dato noch gar nicht wahrgenommen hatte.

Zum Ausstattungsprogramm

Trotz einer Bauzeit von fast 300 Jahren und der Kombination mehrere Baustile wirkt die ehemalige Stiftskirche im Inneren wie aus einem Guss. Man benötigt einige Mi-

Die historische Postkarte zeigt uns das Innere des Domes in den 1920er Jahren.

Der in den 1970er Jahren wiedererrichtete Lettner.

nuten, um den ersten Gesamteindruck auf sich wirken zu lassen. Hohe Wandflächen, durchbrochen von großen Fenstern, verleihen dem Kirchenraum einen einzigartigen Charakter. Für die künstlerische Ausstattung verpflichtete das Xantener Stift während der Bauzeit einige der besten und bekanntesten Künstler im Rheinland. Wie im Mittelalter üblich, wurde auch die Stiftskirche ausgemalt. Bei dem Wiederaufbau nach 1948 wurde deutlich, dass die farbliche Gestaltung von Osten nach Westen, d. h. mit dem je-

weiligen Bauabschnitt, erfolgte. Das Innere des Domes mit seiner umfangreichen
künstlerischen Ausstattung ist insgesamt
ein Zeugnis eines jahrhundertelangen
christlichen Bekenntnisses an diesem Ort.
Als Grabeskirche hält St. Viktor bis heute
das Martyrium des gleichnamigen Heiligen und somit auch die Genese des Chris-
tentums am Niederrhein lebendig. Um
alle Details der vielen Kunstwerke auf sich
wirken zu lassen, benötigt man Stunden.
Auf dem Weg durch den vorderen Bereich
der Kirche, der früher den Bürgern der
Stadt vorbehalten war, durch den im Jahr
1400 geschaffenen und dem nach 1975
wiederaufgebauten Lettner, erreicht man
den prächtigen Hochchor – den ältesten
Teil der gotischen Kirche. Er war nur den
Stiftsherren, den Kanonikern, vorbehalten.
Im Chor des Domes wird die religiöse Bedeutung Xantens als bedeutender Pilger-
ort am Niederrhein besonders deutlich.

**Blick von Süden in den ältesten Teil der goti-
schen Kirche.**

Die Reichhaltigkeit der überlieferten Ausstattung des Innenraumes unseres Domes soll
hier nur anhand von Einzelbeispielen angedeutet werden. Viele Kunstwerke stammen
aus der Zeit zwischen dem frühen 13. und dem 18. Jahrhundert – nur wenige aus den
folgenden Jahrhunderten. Eine in Süddeutschland übliche ganzheitliche Barockisie-
rung des Innenraums fand wohl aufgrund der schlechten finanziellen und politischen
Lage des Stiftes zu dieser Zeit nicht statt. Eine aus dem Barock stammende Kanzel
wurde 1945 zerstört. Der heutige Gemeindealtar vor dem Lettner stammt aus dem Jahr
1975 und passt sich sensibel in das gesamte Ausstattungsprogramm des Domes ein.

Besonders wertvoll ist das in der ersten Hälfte des 13. Jahrhunderts gefertigte Chorgestühl, in dem früher die Kanoniker bei ihren täglichen Gebeten und Messfeiern Platz
nahmen. Es stammt noch aus dem Vorgängerbau des heutigen Domes und ist das
älteste seiner Art in Deutschland. Im Holz haben die Kanoniker über Jahrhunderte zahlreiche geschnitzte Sprüche und Initialen hinterlassen. Die kunstvoll geschnitzten Teu-
felsdarstellungen, Fratzen und Affen sollten den Teufel von den Kanonikern fernhalten.

Das Chorgestühl der Stiftsherren stand wohl schon im Vorgängerbau des heutigen Domes.

Insgesamt waren hier früher 58 Plätze für die Stiftsherren vorhanden. Die wertvollen Gobelin-Teppiche wurden im 15. und 16. Jahrhundert gefertigt. Insgesamt 17 Altäre, die vor allem von den Stiftsherren, den Bruderschaften und Gilden der Stadt gestiftet wurden, sind, dank der Auslagerung im Zweiten Weltkrieg, vollständig erhalten geblieben. Vor der Zerstörung besaß der Dom 20 Altäre. Sie stammen aus unterschiedlichen Zeitepochen. Hier wurden nicht nur Messen gelesen, sondern auch weltliche Rechtsgeschäfte abgeschlossen und Verträge verhandelt. Meistens waren diese Altäre nach dem Patron der jeweiligen Stifterkooperation benannt. Die etwa 30 Steinskulpturen im Bereich des Mittelschiffs blieben dank Ihrer Baldachine bei den Bombenangriffen im Jahr 1945 fast unbeschädigt. In der Apsis des Chores stehen die ältesten dieser Kunstwerke unseres Domes – die zwölf Apostel. Darüber hinaus findet man auch figürliche Darstellungen der heiligen Helena, des heiligen Viktor, des heiligen Martin oder von Antonius.

Im Chor des Domes
Der absolute Höhepunkt des Chores stellt für mich der prächtige Hochaltar dar. Er wurde im Jahr 1529 vom Xantener Stift in Auftrag gegeben und 1534 fertiggestellt.

Der Kölner Künstler Wilhelm von Roermond lieferte nach dem Vorbild niederländischer Renaissancealtäre die Entwürfe. Die wertvollen Büsten stammen aus der Werkstatt von Heinrich van Holt aus Kalkar. Die acht Tafelbilder der Altarflügel, die nach den Stationen des Kirchenjahrs unterschiedlich geöffnet waren, wurden von Barthel Bruyn d. Älteren gemalt. Auf seiner Darstellung des Viktormartyriums ist eine historische Stadtansicht Xantens von Süden mit dem Anfang des 19. Jahrhunderts abgebrochenen Marstor und der ebenfalls nicht mehr erhaltenen Bischofsburg zu sehen. Heute bleiben die Altartafeln auch während der Passionszeit geöffnet, um einen ganzjährigen Blick auf die Reliquiare zu ermöglichen.

Der wunderschöne Hochaltar mit dem Viktorschrein.

Im Zentrum des Altares befindet sich der älteste Reliquienschrein des Rheinlandes. Hier werden Knochen des heiligen Viktors aufbewahrt. Darüber hinaus befinden sich im Viktorschrein auch 17 Urkunden; eine 18. Urkunde wurde anlässlich des Domjubiläums 2013 hinzugefügt. Zudem konnte der wertvolle Schrein zu diesem Anlass aufgrund von Spenden aus der Bürgerschaft restauriert und konserviert werden. Der Viktorschrein stammt aus der Stilepoche der Romanik und wurde zwischen 1129 und 1150 geschaffen. Er gehört zu den wichtigsten Beispielen der Goldschmiedekunst im Rheinland zu Beginn des 12. Jahrhunderts. Leider hat er die Stürme der Zeit und die zahlreichen Viktortrachten nicht schadlos überstanden. So fehlen heute Teile des ursprünglichen Schmucks und der aufgesetzten Edelsteine. Weitere Reliquien, unter anderem von Viktors Gefährten und der heiligen Ursula, sind ebenfalls in den 20 Köpfen des Altarretabels enthalten.

Unterhalb des Reliquienschreins des heiligen Viktors war bis zum Ende des 18. Jahrhunderts die im Mittelalter berühmte und aus dem 12. Jahrhundert stammende „Goldene Tafel" eingelassen. Sie ging 1795 verloren und wurde vermutlich eingeschmolzen. Wahrscheinlich musste das Stift dieses wertvolle Kunstwerk veräußern, um die Kontributionszahlungen der damaligen französischen Besatzung am Niederrhein bedienen zu können. Seit 1814 befindet sich an ihrer Stelle ein Triptychon aus der Renaissance.

Der große Leuchterbogen im Chor des Domes hat eine Breite von fast zehn Metern. Er wurde um 1500 in Maastricht gefertigt und bezieht sich in seiner Ikonographie unter anderem auf die Darstellung der Wurzel Jesse und somit auf die menschliche Herkunft Jesus Christus. Dies wird von der wunderbaren Darstellung der Mutter Gottes mit dem jungen Heiland unterstrichen. Ein großer Teil der erhaltenen Glasfenster des Xantener Domes stammt aus der Zeit des 14. bis 16. Jahrhunderts. In der nördlichen Seitenkapelle hat sich ein Fenster aus dem Jahr 1290 erhalten. Auch die Glasfenster des Domes wurden im Krieg ausgelagert. In den letzten Jahren konnte die historische Chorverglasung durch die Mitarbeiter der Dombauhütte restauriert und langfristig gesichert werden.

Der Viktorschrein im Hochaltar wurde 2013 letztmalig restauriert.

Besonders gut erhalten sind die spätgotischen Malereien und Fenster in der 1530 fertiggestellten Sakristei. Laut Hilger stellt sie ein „authentisches Bild eines spätgotischen Kirchenraums am Niederrhein dar". Da das Gebäude bis heute als Vorbereitungsraum zur kirchlichen Liturgie genutzt wird, ist eine Besichtigung nur im Rahmen von Führungen möglich.

Die Krypta

Ein geheimnisvoller Ort ist die Krypta unter dem Chor des Domes. „Plötzlich wird man von einer Stille umgeben, abgeschirmt von der Außenwelt und man kann ungestört nachdenken", so oder ähnlich empfinden diesen Ort viele Besucher unseres Domes. Die Krypta des Xantener Domes hat keine jahrtausendealte Tradition. Sie wurde erst im Jahr 1936 durch den Erzbischof von Münster, Kardinal von Galen, geweiht. Drei Jahre zuvor hatte Prof. Walter Bader hier ein spätantikes Doppelgrab entdeckt, das er wohl fälschlicherweise als Grablege des heiligen Viktors und eines Gefährten identifizierte. Gesichert ist, dass die beiden Toten hier im 4. Jahrhundert beigesetzt wurden. Die so genannte „archäologische Zone" zeigt darüber hinaus Grundmauern von Vorgängerbauten des gotischen Domes. Die Krypta wurde im Jahr 1966 nach Westen erweitert. Heute sind hier ebenfalls Widerstandskämpfer gegen den Nationalsozialismus beige-

In der Sakristei.

Die Krypta wurde erst in den 1930er Jahren angelegt.

Sie ist heute ein wichtiger Erinnerungsort für die Opfer des Nationalsozialismus.

setzt. Die von Heinrich Bücker geschaffene Westwand beinhaltet heute die Grabstätten von Gerhard Storm und Heinz Bello. Darüber hinaus wird hier das Andenken an Wilhelm Frede, Maria Verweyen und Nikolaus Groß, der 2001 von Johannes Paul II. selig gesprochen wurde, durch Bilder und biographische Tafeln sichergestellt. Im Süden der Krypta befindet sich zudem der Sarkophag Karl Leisners. Er wurde im Jahr 1944 in Dachau zum Priester geweiht und später ermordet. Seit 2006 wird hier auch eine Reliquie des als „Löwe von Münster" im Dritten Reich bekannt gewordenen Kardinals von Galen aufbewahrt. Von Galen hatte sich im Dom zu Münster wiederholt in mutigen Predigten vor allem gegen das Euthanasieprogramm der Nationalsozialisten ausgesprochen. Auch bei der Predigt zur Einweihung zur Krypta fand er durchaus regimekritische Worte. Mit dieser modernen Gedenkstätte knüpfte man nach dem Zweiten Weltkrieg an die jahrhundertelange Tradition des Xantener Doms als Grabeskirche an.

Es ist unzweifelhaft, dass die tradierte Innenausstattung des Xantener Domes eine überregionale Bedeutung besitzt. Somit zählt das Gotteshaus zu den bedeutendsten mittelalterlichen Sakralbauwerken in Deutschland und Nordeuropa. „Du mein Xantener Dom" wird hoffentlich noch viele Jahrhunderte der Mittelpunkt unserer Stadt bleiben und von der Botschaft Jesus Christus Zeugnis ablegen. „Kommt zu ihm, dem lebendigen Stein" (Petrus I 2,4) möge auch in Zukunft das Motto für einen Besuch im Xantener Dom sein.

In der Immunität rund um den Dom spürt man kaum noch etwas von der Hektik in der Innenstadt.

4.4. In der Immunität

Die ehemalige Viktorstadt wird bis heute auch als Immunität bezeichnet. Diese Bezeichnung für den ehemaligen Stiftsbezirk leitet sich vom lateinischen Wort „immunitas", d. h. „Befreiung von einer öffentlichen (Steuer)Last", ab. Wie bereits oben erwähnt, stellte dieser Bereich einen eigenen Rechts- und Gerichtsbezirk innerhalb der Xantens dar. Somit lebten die Kanoniker hier als eine Gemeinschaft mit eigenen Rechten und Regeln. Die Immunität war deshalb auch lange von einer eigenen Mauer und einem zwölf Meter breiten und acht Meter tiefen Graben umgeben, die in der Frühen Neuzeit zu großen Teilen niedergelegt und verfüllt wurden. Als einzige Zugänge zur Immunität fungierten die heute noch erhaltene Michaelskapelle mit dem gleichnamigen Tor im Süden und das nicht mehr existierende Nord- oder Brücktor in der Nähe der Brückstraße. Es wurde erstmals im Jahr 1392 als „porta versus pontem" erwähnt und beherbergte im 18. Jahrhundert das Propsteiarchiv. Eine bildliche Darstellung ist nicht überliefert. Zeitweise gab es auch einen dritten Zugang, welcher im frühen 14. Jahrhundert als „Kulengat" bezeichnet wird.

Trotz der Zerstörungen im letzten Krieg haben sich in der Immunität noch viele der alten Kanonikerhäuser erhalten. Vom Neubau des „Drei-Giebel-Hauses" einmal abgesehen, wurden fast alle Gebäude wieder aufgebaut und liebevoll restauriert. Ein derart gut erhaltener und in seiner Topographie kaum veränderter Stiftsbezirk ist in Nordrhein-Westfalen einzigartig.

Beginnen wir unseren kleinen Rundgang durch die Immunität vor dem Westportal der ehemaligen Stiftskirche. An dieser Stelle befand sich bis zum 19. Jahrhundert ein aus dem Hochmittelalter stammender Friedhof, auf dem bis zur Neugründung der städtischen Begräbnisstätte am Holzweg, die Bürger der Stadt bestattet wurden. Hier werden im Sommer unter freiem Himmel neuerdings auch wieder Theaterstücke wie der Jedermann von Hugo von Hofmannsthal aufgeführt. Ähnlich wie in Salzburg bieten die Fassade des Xantener Domes und die Stille des Ortes eine beindruckende Kulisse.

Ein Mauerrest der ehemaligen kölnischen Bischofsburg im Westen der Immunität.

Die Reste der ehemaligen Bischofsburg

Auf der südlichen Seite des Domvorplatzes befinden sich Mauerreste der ehemaligen Burg der Erzbischöfe von Köln. Die Geschichte dieser Anlage wurde dank der Initiative eines Xantener Bürgers vor einiger Zeit neu aufgearbeitet und soll in Zukunft unter anderem in Form eines Modelles der Öffentlichkeit präsentiert werden. Der einst ca. 25 Meter hohe und stark befestigte Wohnturm wurde im Jahr 1096 erstmals erwähnt, als hier anlässlich eines Pogroms verfolgte Juden Unterschlupf fanden. Sicherlich sind die Ursprünge der Burganlage älter. Erhalten gebliebene Stadtansichten zeigen uns auf der Südseite wenige Schlitzfenster, die den militärischen Charakter der Burg unterstützen. Der Wohnturm war zudem von einer hohen Schutzmauer umgeben. Die Xantener Bischofsburg diente vor allem als Ort der Kontrolle des Stiftes durch die Erzbischöfe von Köln und zum anderen als sicherer Zufluchtsort an der Grenze zu den verfeindeten Herzögen von Kleve. Im Norden, so haben archäologische Grabungen ergeben, schloss sich bereits im Hochmittelalter eine Pfalz mit Aula, eigener Kapelle und einem Doppelhaus an. Hiervon ist nur noch der so genannte romanische Turm an der Ecke Klever Straße und Rheinstraße erhalten geblieben. Die Bischofsburg war zudem über das Mitteltor und einen Wehrgang mit dem ebenfalls stark befestigten Meerturm verbunden. In der Mitte des 15. Jahrhunderts gelangte die Anlage schließlich in den Besitz der Herzöge von Kleve. Im Jahr 1692 zerstörten französische Truppen, die damals am Niederrhein an kriegerischen Auseinandersetzungen beteiligt waren, die Bischofsburg bis auf wenige Grundmauern. Nachfolgend wurde die Ruine als Steinbruch genutzt. Ein von Uwe Strauch produzierter Kurzfilm, den man im Internet abrufen kann, zeigt eindrucksvoll die einstige Größe und Bedeutung der Bischofsburg.

Der von Napoleon gestiftete Obelisk des Kanonikers Cornelius de Pauw.

Der Obelisk de Cornelius de Pauw

Auf dem Platz vor dem Westwerk des Domes steht auch ein etwas isoliert wirkender und ägyptisch anmutender Obelisk, der dem bedeutenden Xantener Kanoniker und Aufklärer Cornelius de Pauw gewidmet ist.

Wer war aber dieser Cornelius de Pauw, der zu seinen Lebzeiten in ganz Europa und später auch in Nordamerika berühmt war? Eine Antwort gibt uns die Inschrift auf dem Obelisken, die in französischer Sprache und in Versalien verfasst ist. Im Deutschen lautet die Inschrift wie folgt: „Hier ruht Cornelius de Pauw, geboren zu Amsterdam am 19. August 1739. Der Verfasser der Forschungen über die Ägypter, die Chinesen, die Griechen, die Amerikaner, gestorben zu Xanten am 5. Juli 1799. Dieses einfache Monument wurde auf Kosten der Stadt Xanten im Jahre 1811, dem achten Jahr der Herrschaft Napoleons des Großen, errichtet. Graf von Mantalivet, Minister des Inneren, Baron de Ladoucette, Präfekt des Ruhrdepartements, Gruat, interimistischer Unterpräfekt von Kleve, und Eickmann, Bürgermeister von Xanten".

Tatsächlich war der Kaiser der Franzosen – das linke Rheinufer gehörte ja seit 1794 zum französischen Herrschaftsbereich –, mit seiner Frau Marie-Louise am 31. Oktober 1811, auch in Xanten zu Besuch. Der Kaiser höchstpersönlich gab den Anstoß zum Bau des fünf Meter hohen Obelisken, der zu den wenigen baulichen Zeugnissen der französischen Besatzung am Niederrhein zählt und deshalb von großer Bedeutung ist. Das Material hierfür stammt wahrscheinlich aus dem Siebengebirge bei Bonn. Die Verehrung des Xantener Aufklärers durch den Korsen ging sogar so weit, dass Napoleon 1811 die Umbettung der sterblichen Überreste de Pauws aus dem Kreuzgang des Xantener Doms auf den Friedhof vor dem Westwerk des Domes befahl. Der Obelisk soll der Überlieferung nach direkt über seinem Grab errichtet worden sein.

Cornelius de Pauw, oder Corneille de Pauw, gehörte zu den einflussreichsten Aufklärern, Publizisten und Philologen des späten 18. Jahrhunderts. Heute ist sein Werk weitgehend vergessen. Leider ist der Obelisk im Moment in keinem guten Zustand. Die Patina der Zeit hat sichtbar an ihm genagt. Kritisch anzumerken ist, dass de Pauw auch einige Schriften, z. B. über die Ureinwohner von Amerika verfasst hat, die zum Teil rassistische Grundzüge aufweisen. Leider wird dieser Teil der Biographie des Xantener Kanonikers in der lokalen Bewertung bis in die Gegenwart nicht oder nur unzureichend erwähnt. Eine kritische Auseinandersetzung mit dem Leben und Werk de Pauws – auch in Xanten – wäre für die Zukunft wünschenswert.

Die Dombauhütte

Neben dem Nordturm des Domes befindet sich der Eingang zur Dombauhütte. Sie wird von dem im Jahr 1923 gegründeten „Verein zur Erhaltung des Xantener Domes e. V." getragen. Die Ursprünge der Dombauhütte lassen sich bis in das Hochmittelalter zurückverfolgen. Im Jahr 1931 musste sie aufgrund von anstehenden Restaurierungsarbeiten wieder einmal neu gegründet werden. Die damaligen Mitarbeiter der Dombauhütte waren maßgeblich dafür verantwortlich, dass unser Dom, nachdem dieser im Zweiten Weltkrieg zu 80 Prozent zerstört wurde, zwischen 1947 und 1966 wieder aufgebaut werden konnte. Strenggenommen ist die komplette Rekonstruktion immer noch nicht abgeschlossen. Unser „Dombaumeister", Johannes Schubert, erneuert mit seinem engagierten Team bis heute im Krieg zerstörte Skulpturen oder andere Kunstwerke. Finanziert werden diese Arbeiten vor allem durch private Spenden, Mittel des Bistums, des Dombauvereins und des Landes NRW. Eine durch das Land geplante Etatkürzung konnte im Sommer 2013 erfolgreich abgewendet werden. Schauen Sie den Restauratoren in der Dombauhütte oder im Dom doch einmal

Der Leiter der Dombauhütte, Johannes Schubert, mit einem Mitarbeiter bei Restaurierungs-arbeiten im Kapitelsaal.

über die Schulter. Sie werden Ihre Fragen freundlich und kompetent beantworten. Schließlich sind der Dom und seine Umgebung für sie kein normaler Arbeitsplatz, sondern eine Lebensaufgabe.

Die südliche Bebauung – Drei-Giebel-Haus und Michaelskapelle

Die südliche Bebauung des Domvorplatzes bildet das in den frühen 1970er Jahren erbaute so genannte „Drei-Giebel-Haus. Es zählt sicherlich nicht zu den besonderen Glanzleistungen der Nachkriegsarchitektur in der Innenstadt von Xanten. Bis 2006 war in diesem Gebäude das Regionalmuseum untergebracht. Neben einer Dauer-ausstellung zur römischen Geschichte Xantens konnte man hier auch Exponate zur mittelalterlichen und frühneuzeitlichen Stadtgeschichte sehen. Heute befinden sich im Drei-Giebel-Haus unter anderem die Stadtbibliothek, Räume der Dommusikschu-le, eine ständige Ausstellung zum Leben und Werk des Xantener Keramikkünstlers Josef Hehl, die LVR-Ausstellung „Rheinblick" sowie eine moderne Kunstgalerie, die vom Verein für Stadtkultur betrieben wird. Somit gilt das Drei-Giebel-Haus als kultu-reller Mittelpunkt der Stadt.

Das Drei-Giebel-Haus beherbergt u. a. die Stadtbücherei und die Dommusikschule.

Am gegenüberliegenden Südeingang des Domes, der besonders prächtig gestaltet wurde, fällt die Kreuzigungsgruppe auf, die nach ihrem Stifter, dem Kanoniker Gerard Berendonck, benannt ist. Im 16. Jahrhundert wohnte er in einem der benachbarten Kanonikerhäuser. Der Stifter, dessen Kurie sich im Bereich des gegenüberliegenden Hauses Michael befand (im Krieg zerstört), wurde in der Kreuzigungsgruppe verewigt. Er kniet zu Füßen des Kreuzes und hat seine Hände zum Gebet aneinandergelegt. Zudem wurde er hier beerdigt. Michael Lammers hat ausgerechnet, dass die ganze Kreuzigungsgruppe nach heutiger Währung in etwa ein Viertelmillionen Euro gekostet haben dürfte.

Auch bei dieser wunderschönen steinernen Passionsdarstellung, die von einem unbekannten Bildhauer zwischen 1525-1536 geschaffen wurde, sind aufgrund erheblicher Kriegsschäden noch nicht alle Stationen rekonstruiert worden. Bis heute fehlt der Bereich „Christus am Ölberg", der sich bis in das Jahr 1945 westlich des Südportals befand. Die Gruppen „Grablegung und Auferstehung" (östlich des Domeingangs) und „Vorführung Christus durch Pilatus" (westlich des Portals) wurden nach

Die stark beschädigte Passionsdarstellung 1945.

dem Krieg, unter anderem mit Hilfe von Sponsoren und Spenden aus der Bürgerschaft, restauriert und rekonstruiert. Ein Wiederaufbau der südwestlichen Gruppe ist in Planung. Hierfür wurde eine eigene „Berendonck-Spethmann-Stiftung" gegründet. Einige der nach dem Krieg geborgenen Originalteile dieser Station werden heute in der Dombauhütte aufbewahrt. Die Stiftung der gesamten Gruppe, wie auch der Neubau einiger benachbarter Stiftsgebäude zu Beginn des 16. Jahrhunderts sind sicherlich im Zusammenhang mit der Reformation und mit der Fertigstellung der Stiftskirche zu dieser Zeit zu sehen.

Gegenüber dem heutigen Haupteingang des Domes befindet sich der südliche

Blick von Westen auf die Passionsdarstellung am Südportal.

Die im Krieg stark zerstörte Michaelskapelle vom Markt aus.

Zugang zur Immunität – die Michaelskapelle mit dem gleichnamigen Tor. Streng genommen handelt es sich hierbei in weiten Teilen heute nur um eine Rekonstruktion des im Zweiten Weltkrieg zerstörten Originalbaus. Als Folge eines originalgetreuen Wiederaufbaus der Michaelskapelle und des gleichnamigen Tors kann man heute noch die wehrhafte Funktion dieses Bauwerks erkennen. Ein erster romanischer Vorgängerbau stammte aus dem 11. Jahrhundert. Zwischen 1472 und 1479 wurde das Bild des Gebäudes durch einen Umbau zu einer gotischen Kapelle mit schlankem Glockenturm verändert. Östlich des Durchgangs befand sich früher eine zweite Kapelle, die dem heiligen Dionysius geweiht war. Westlich gab es einen weiteren Raum, welcher der Legende nach dem Heiligen Norbert von Xanten als Zelle diente. Hieran erinnert noch die historische Inschrift im Tordurchgang. Der heilige Norbert soll hier eine Zeit lang, so die Überlieferung, gepredigt und wie ein Mönch gelebt haben. Später wurde er als Gründer des Prämonstratenserordens und als Erzbischof von Magdeburg europaweit bekannt. Der Unterbau der Michaelskapelle wurde im Kern bereits um das Jahr 1000 errichtet. Heute finden hier Vorträge und Konzerte statt. Leider konnten die romanischen Reliefs auf der Südseite des Gebäudes und die Wandmalereien aus dem 11. Jahrhundert, die sich bis zum Februar 1945 in der Dionysiuskapelle befanden, nach dem Krieg nicht rekonstruiert werden. Die beiden Soldatendarstellungen auf der Marktseite wurden von einem ungarischen Künstler in den 1950er Jahren entworfen. Das Michaelstor war im Mittelalter mit einem Eisenrost und einer Gittertüre gesichert. Nachts war der Stiftsbezirk nicht zugänglich, da alle Tore fest verschlossen wurden. Trotzdem berichten die Quellen wiederholt über Klagen der Kanoniker, dass Betrunkene in der Immunität lautstark ihr Unwesen trieben. Verantwortlich hierfür war wohl der Wirt der Weinstube, der es mit dem Verschließen des Brücktores nicht so genau nahm.

Die Kanonikerhäuser

Wenige Meter weiter östlich, im weiteren Verlauf der Straße „Kapitel", haben sich noch einige historische Wohnhäuser der früheren Kanoniker erhalten. Diese sind seit dem 12. Jahrhundert belegt. Bis zu diesem Zeitpunkt wohnten die Kanoniker in Gemeinschaftsräumen, der so genannten „vita communis". Seit dem 14. Jahrhundert können wir Privathaushalte in der Immunität nachweisen. Die erste urkundliche Erwähnung stammt aus dem Jahr 1173. Seit dem Mittelalter wurden die Kanonikerhäuser immer wieder aus- und umgebaut. Sie konnten zudem privat angekauft und mussten von den Stiftsherren mit Eigenkapital unterhalten werden. Häufig kam es zu testamentarischen Streitigkeiten, weil manche Immobilie privat, d. h. an Laien, vererbt wurde. Die Bebauung der Immunität war im Mittelalter und in der Frühen Neuzeit bedeutend dichter als heute. Da sich die Kanoniker selber versorgten, gab

es zahlreiche Obst- und Ziergärten, sowie Ställe für das Klein- und Federvieh. Eine eigene Bäckerei existierte im Norden der Immunität. Zahlreiche Um- und Neubauten sorgten über Jahrhunderte immer wieder für juristische Auseinandersetzungen. Besonders empfindlich reagierte mancher Kanoniker auf offene Abwassergräben, die über das eigene Grundstück die Fäkalien aus dem Stiftsbezirk Richtung Markt ableiteten. Die Lektüre der erhaltenen Akten ist zum Teil sehr amüsant. Man hat den Eindruck, dass die christliche Nächstenliebe der Kanoniker an der eigenen Gartenmauer aufhörte. Trotzdem traf man sich mindestens einmal am Tag im Dom zu einem gemeinsamen Gebet.

Eine historische Tafel erinnert im Durchgang der Michaelskapelle an die Zelle Norberts von Xanten.

Ein schönes Beispiel für ein erhaltenes Kanonikergebäude stellt das Haus Kapitel Nr. 10 (Haus Thomas) dar, das nach dem Zweiten Weltkrieg, von 1946 bis 1986, dem heutigen Xantener Ehrenbürger Prof. Walter Bader als Wohnhaus diente. Als erster Bewohner wird ein Scholaster Hermann von Ratingen (gestorben vor 1293) erwähnt. Einer der prominentesten Bewohner der Kurie zu Stiftszeiten war der Humanist und Dechant Arnold Heymerick (um 1424-1491). Der in der Mitte der 1990er Jahre restaurierte Rokokosaal aus der Mitte des 18. Jahrhunderts im Erdgeschoss ist heute ein beliebter Ort für Hochzeiten. Der zweigeschossige Bau stammt im Kern aus dem Mittelalter und erhielt seine heutige Form in den 1750er Jahren. Walter Bader hat bei Untersuchungen am Mauerwerk festgestellt, dass Teile des Kellers und der Wände mit Tuffsteinen bereits im 10. und 11. Jahrhundert errichtet wurden. Um- und Ausbauten sind für das Spätmittelalter, die Jahre 1662 und 1698 und für die Zeit um 1750 nachgewiesen. Heute befinden sich im Haus Thomas die Geschäftsräume des Xantener Dombauvereins sowie Räume der Lokalredaktion einer überregionalen Tageszeitung. Der zum Grundstück gehörende Gartenpavillon wird im Kapitel 5 näher vorgestellt.

Haus Thomas ist eines der schönsten Wohnhäuser im ehemaligen Stiftsbezirk.

Auch das benachbarte Kanonikerhaus mit der Hausnummer 11 ist ein interessantes Gebäude. Es stammt wohl im Kern aus dem späten Mittelalter und wurde, wie uns die Jahreszahl 1627 an der Wetterfahne des Turmes zeigt, im 17. Jahrhundert grundlegend umgebaut. Man nimmt an, dass es bis zum Jahr 1699 mit dem Haus Kapitel Nr. 10 eine Kurie, d. h. eine Einheit, bildete.

Haus Kapitel Nr. 11.

In direkter Verlängerung des Domchores befand sich im Bereich des Hauses Kapitel Nr. 9 die frühere Propstei. Hier wohnte und arbeitete der Dompropst. Er war im Mittelalter zunächst als Leiter des Stiftes für alle Rechts- und Verwaltungsangelegenheiten zuständig. Zudem fungierte der Propst als einer der höchsten Würden-

Historischer Rokokosaal im Haus Thomas.

träger des Erzbistums Köln. Während des Hochmittelalters verlor er zunehmend an Macht und Einfluss. Ab 1296 oblag die Verwaltung ausschließlich dem Kapitel und dessen neuen Leiter, dem Dechanten. Seit Beginn des 14. Jahrhunderts wurde der Propst nicht mehr gewählt, sondern direkt vom Papst bestimmt. Zu diesem Amt gehörte auch eine reiche Ausstattung mit Geldmitteln, so dass dieses Amt sich bei der Kurie großer Beliebtheit erfreute. Heute ist Klaus Wittke, der im Haus Kapitel Nr. 9 lebt, als Dompropst der oberste katholische Seelsorger innerhalb des Xantener Stadtgebietes.

Kegelbahn und Bannita

Folgt man der Straße Kapitel Richtung Norden, so entsteht schnell der Eindruck, dass man sich auf einem Dorfplatz befindet. Dieser Bereich wurde seit dem Spätmittelalter als Versammlungs- und Festplatz genutzt. Bereits im Jahr 1300 wird für das Xantener Stift eine Kegelgilde erwähnt. Sie gilt als die älteste Europas. Besonders im Sommer und zu Ostern wurde wahrscheinlich auch an dieser Stelle gerne „open air" gekegelt. Zu diesem Vergnügen waren nicht nur die Kanoniker, sondern auch städtische

126

Bürger mit ihren Frauen zugelassen. Die Mitgliedsbeiträge kamen dem Weiterbau des Domes zu gute. Leider haben sich keine Spielregeln erhalten. Im Jahr 1561 wurde diese Freizeitbetätigung durch das Kapitel verboten. Es ist zu vermuten, dass es beim Kegeln oftmals viel zu weltlich zugegangen sein muss, so dass ein Verbot notwendig wurde. Zu Zeiten der Reformation besann man sich also auch im Xantener Stift auf die alten Traditionen des klerikalen Lebens.

Platz vor dem Ostchor/Zugang Bannita.

Wenige Meter weiter nördlich fällt an der Gebäudeecke die viel fotografierte und bemalte Statue des heiligen Viktors auf. Hier befand sich bis zur Auflösung des Stiftes im Jahr 1802 die so genannte „Bannita". Sie war der Ort, wo Gericht abgehalten wurde. Die Gerichtsbarkeit des Stiftes war, wie oben bereits angesprochen, von der städtischen Rechtsprechung vollkommen autonom. Die wunderbare spätgotische Figur wurde von Heinrich von Blankenbyl aus Wesel im Jahre 1468 geschaffen. Die Konsole stammt aus dem frühen 13. Jahrhundert. Auch die Viktorstatue wurde im Zweiten Weltkrieg stark beschädigt.

Auf der nördlichen Seite der Immunität, in direkter Nachbarschaft zum nicht mehr vorhandenen Brücktor, steht das für mich schönste Gebäude in der ehemaligen Viktorstadt. Das Haus Kapitel Nr. 1 beeindruckt mit seiner schönen spätbarocken Fassade. Es wurde bereits im 14. Jahrhundert erstmals urkundlich

Die Figur des heiligen Viktors in der Bannita.

erwähnt. In der Mitte des 18. Jahrhunderts erhielt das Gebäude sein heutiges Aussehen. Fast könnte man von einem Palais sprechen. Es ist erstaunlich, dass zu einer Zeit, wo das Xantener Stift erheblich finanzielle Probleme hatte, in der Immunität derart luxuriös gebaut wurde. Obwohl das Haus im Krieg zerstört wurde, erstrahlt es wieder im alten Glanz.

Die Stiftsgebäude und der Kreuzgang

Neben den Kanonikerhäusern haben sich auch noch zahlreiche Stiftsgebäude erhalten, die teilweise vom neuen Stiftsmuseum für eine Besichtigung erschlossen wurden. Fast alle ehemaligen Stiftsgebäude stammen aus dem 15. und 16. Jahrhundert bzw. mussten zu dieser Zeit ausgebaut und modernisiert werden. Wie Johannes Schubert nachgewiesen hat, stammen große Teile der verbauten Steine aus der benachbarten römischen Colonia Ulpia Traiana.

Ein Postkartenblick in den Kreuzgang mit Stiftsgebäude.

Das Zentrum der Stiftsgebäude stellt der wunderschöne Kreuzgang dar. Auch er wurde zu Beginn des Jahres 1945 von alliierten Bomben fast vollständig zerstört. Diese spätgotische Oase der Ruhe ist in den Jahren 1543-1546 erbaut worden. Besonders beeindruckend ist das einheitliche Netzgewölbe des Kreuzgangs. Zahlreiche Grabplatten und Epitaphe erinnern unter anderem an die hier bestatteten Kanoniker. In der Mitte des Binnenhofes erhebt sich ein beeindruckendes Hochkreuz. Es wurde um 1370 unter der Leitung des Dombaumeisters Jakob errichtet. Teile des Originals, die aus dem späten 14. Jahrhundert stammen, werden heute in Bonn aufbewahrt. Bereits im Jahr 1903 musste das Kreuz durch eine originalgetreue Kopie ersetzt werden. Auch diese wurde 1945 durch Bomben vernichtet. Die Wiederherstellung benötigte viele Jahre. Im Jahr 2012 konnte die Rekonstruktion bis auf drei Engeldarstellungen, die durch private Sponsoren finanziert werden sollen, abgeschlossen werden.

Der zerstörte Kreuzgang 1945.

Über dem südwestlichen Teil des Kreuzgangs befinden sich die historische Stiftsbibliothek und das gleichnamige Archiv. Das Gebäude wurde im Jahr 1548 fertiggestellt. Leider gingen große Teile der Bestände der Einrichtungen mit der französischen Besetzung Xantens am Ende des 18. Jahrhunderts verloren. Viele Handschriften, die früher im Stift von den Kanonikern und ihren Mitarbeitern geschaffen wurden, werden seit dieser Zeit in Paris, Berlin, Bonn oder Düsseldorf aufbewahrt. Heute umfasst die Stiftsbibliothek über 20.000 Werke. Diese gelangten aber erst infolge der Aufhebung benachbarter Klöster durch Napoleon im Jahr 1802 in dieses Gebäude. Heute sind die Xantener Stiftsbibliothek und das angeschlossene Archiv weithin anerkannte Forschungseinrichtungen.

Im östlichen Bereich des Kreuzgangs hat ein wahres Kleinod überlebt – der ehemalige Kapitelsaal. Die östliche Außenfassade des Gebäudes erinnert aufgrund seiner Maßwerkfenster an einen Kirchenbau.

Er wurde zu Beginn des 16. Jahrhunderts umgebaut und geht auf ein wesentlich älteres Gebäude zurück. In diesem Saal versammelten sich seit dem Spätmittelalter

Der Kapitelsaal während der Restaurierungsarbeiten 2012.

regelmäßig die Kanoniker. Ein zunächst eingeschossiger Raum wurde um 1360 erheblich umgestaltet. Der darüber liegende frühere Gemeinschaftsschlafsaal der Stiftsherren („dormitorium") konnte, da er bereits lange überflüssig geworden war, ausgebaut werden. Bereits 1286 diente der Schlafsaal als Zelle für verurteilte Straftäter und später als Kornspeicher. Seit der Mitte des 14. Jahrhunderts erstreckt sich der Kapitelsaal, der bis vor einigen Jahren als Sakristei genutzt wurde, über zwei Etagen. Seit 2012 konnte er von der Dombauhütte umfassend untersucht, dokumentiert und restauriert werden. Hierbei wurden Fensteröffnungen aus der Zeit um 1050, um 1120, 1360 sowie 1540 bestimmt. Es konnten sogar Farbreste an einer Fensterleibung aus der Mitte des 11. Jahrhunderts aufgefunden und dokumentiert werden.

Weiter nördlich schließt sich das beeindruckende Gebäude der ehemaligen Stiftsschule an. Als Bauzeit kann man die Jahre 1537 und 1540 ansprechen. Wie bauhistorische Forschungen ergeben haben, wurden hierbei Außenmauern von älteren Gebäuden mit in den Neubau einbezogen. Eine Stiftsschule wird in den Quellen bereits im Jahr 1176 erwähnt. Hier wurden vor allem die jungen Kanonikeranwärter ausgebildet, welche oft aus angesehenen Xantener Bürgerfamilien oder aus dem regionalen Adel stammten. Für das Jahr 1510 sind 200 Schüler belegt, die Schulgeld zahlen mussten. Die als „schola latina" bezeichnete Stiftsschule war bis zum Ende des 15. Jahrhunderts die einzige derartige Bildungseinrichtung in Xanten.

Hinter der Straßenbiegung steht bis heute das ehemalige Vorratsgebäude des Stiftes – die Kellnerei. Sie erstreckt sich über den ganzen Nordflügel des Kreuzganges. Hier wurden vor allem Getreide, Bier und Weine gelagert. Beim genauen Hinsehen kann man sogar noch die historischen Ladeöffnungen sehen. Die östlichen Teile der Gebäudemauern stammen noch aus dem 11. Jahrhundert. Die Kellnerei erhielt ihr heutiges Aussehen ebenfalls in den 1530er Jahren. Im Obergeschoss gab es ein weithin be-

Nördliche Immunität mit dem Gebäude der Stiftsschule (links.]. Im Hintergrund die Viktor-statue.

kanntes Weinlokal, das auch gerne von Xantener Bürgern und Reisenden aufgesucht wurde. Besonders attraktiv war die Gaststätte für die Kanoniker und Mitarbeiter der Viktorstadt. Sie bekamen hier steuerfreien Wein ausgeschenkt. Das es früher in der Immunität häufiger, wie bereits berichtet, zu Ruhestörungen kam, ist verständlich. Über den Durchgang können Sie den Kreuzgang und den Dom erreichen.

Das Stiftsmuseum
Im ehemaligen Kellnereigebäude befindet sich seit 2010 der Haupteingang des Stifts-museums, der Stiftsbibliothek und des Archivs. Das Stiftsmuseum präsentiert zahlrei-che wertvolle Originalobjekte des Xantener Domschatzes, der zu den bedeutendsten seiner Art nördlich der Alpen zählt. Bei einem Rundgang durch über 1.000 Jahre Xan-tener Stiftsgeschichte, den ich Ihnen sehr empfehlen kann, können Sie neben den über 400 Exponaten in zehn Schauräumen, auch einige historische Bereiche der ehemali-gen Kellnerei und der früheren Stiftsschule besichtigen. Die Dauerausstellung stellt die Legende um den Heiligen Viktor und ihre Auswirkung für den Xantener Raum in den Mittelpunkt. Berücksichtigt werden aber auch Objekte aus der römischen Vergangen-

Die Schauräume des Stiftsmuseums erzählen über 1.000 Jahre Kirchengschichte in Xanten.

heit Xantens. Liturgische Geräte, Reliquiare, Skulpturen, Paramente und liturgische Bücher bilden den Kern der neuen Dauerausstellung. Sehr interessant ist auch der Themenraum zur Baugeschichte des Domes. Ein anschaulicher Animationsfilm berichtet über die verschiedenen Bauphasen der früheren Stiftskirche. Im Vordergrund der Ausstellungspräsentation stehen immer Originalobjekte. Es wird dankenswerterweise weniger mit „Flachware", d. h. mit Kopien und Faksimiles, gearbeitet. Unterstützt werden die musealen Objektinszenierungen durch eine besondere Lichtatmosphäre, die dem Stiftsmuseum eine fast spirituelle Stimmung verleiht. Wer sich über die Geschichte und Entwicklung des Xantener Stiftes und der kulturgeschichtlichen Bedeutung unseres Domes informieren möchte, ist hier am richtigen Ort. Sehr beliebt sind auch die Sonderführungen zu ausgewählten Themen der Dauerausstellung, die sich großer Beliebtheit erfreuen. Das Stiftsmuseum präsentiert auch immer wieder interessante Sonderausstellungen. Der Träger des Museums ist die katholische Propsteigemeinde St. Viktor. Weitere Informationen, auch zu den Öffnungszeiten, erhalten Sie im Internet unter www.stiftsmuseum-xanten.de.

Westlich des Nordausgangs der Immunität steht ebenfalls ein historisches Gebäude, das von den Nachbarhäusern aus jüngerer Zeit eingerahmt wird. Es handelt sich um ein Teilstück der um 1523 errichteten neuen Propstei. Sie diente bis zur Auflösung des Stiftes als Verwaltungszentrum des Stiftes. Das Gebäude gehört heute

Gegenüber dem Stiftsmuseum ist das Haus Kapitel Nr. 1 aus der Mitte des 18. Jahrhunderts ein Hingucker.

zum weitläufigen Areal der katholischen Marienschule. Auch eine Jugendberatungsstelle ist hier untergebracht. Das benachbarte ehemalige Krankenhaus, erbaut im historistischen Stil, wird ebenfalls seit 1948 als Schulgebäude genutzt. Vor dem Haupteingang der Marienschule angekommen, haben wir den Dom einmal umrundet und somit einen guten Überblick über die Struktur und Geschichte des ehemaligen Stiftsbezirkes erhalten.

Die neue Propstei und die heutige Marienschule von der Rheinstraße aus.

5. KAPITEL

EINE REISE IN DAS MITTELALTERLICHE XANTEN

GESCHICHTE UND GESCHICHTEN AUS DER HISTORISCHEN KERNSTADT

Als „Kernstadt" definiere ich in diesem Buch alle Gebäude und Straßen, die sich innerhalb der zwischen 1389 und dem 15. Jahrhundert ausgebauten Stadtbefestigung befinden. Sie entspricht in etwa der heutigen Innenstadt, die sich seit dem 19. Jahrhundert auch jenseits der mittelalterlichen Stadtmauer ausdehnte. Bis heute ist die mittelalterliche Topographie Xantens, trotz erheblicher Zerstörungen im Zweiten Weltkrieg, im Verlauf der Straßen und Wälle ablesbar.

Freizeitzentrum
Recreatiecentrum
Leisure Centre

DJH Xanten

Hafen Xanten
Haven van Xanten
Xanten harbour

RVR Na

B57 Kleve

Varusring

Varusring

Am Rheintor

Varusring

Nibelungen Platz

P₂₂

33 LVR-Archäologischer Park – APX
LVR-Archeologisch park – APX
LVR-Archaeological Park – APX

Rheinstr.

Polizei
Politie
Police

Ostwall

P₂₃

P₁₂

P₁₂

P₁₃

31

Karthaus

Rathaus
Stadhuis
Townhall

Niederstr.

Hühnerstr.

P₁₉

Scharnstr.

Kriemhildstr.

Bemmelstr.

P₁₀

32

Kapitel

11

Markt

30

6

P₁₈

5

Post
Postkantoor
Post Office

P₁₇

Guntherstr.

12

13

8

10

Ziegel-
hof

7

Markt

4

2

26

P₃

15

Brückstr.

Rheinstr.

14

Nordwall

9

1

TIX 21

3

De Beyer

Brunhildstr.

19

P₉

20

Kurfürstenstr.

23

Westwall

Antoniusstr.

16

Klever Str.

18

str.

17

22

24

Bahnhof

P₄

Siegfriedstr.

P₈

P₇

Siegfriedstr.

Europa Platz

25

Poststr.

34 LVR-RömerMuseum/Große Thermen
LVR-Romeins museum/grote thermen
LVR-Roman Museum/Roman baths

P₆

Radverleih
Fietsverhuur
Bike rental

35 Siegfriedmühle
Siegfriedmolen
Siegfried Windmill

St.-Beissel-Str.

Hagenbuschstr.

DB Bahnhof
Station

Busterminal

Park & Ride

Bahnhofstr.

Gewerbepark
Bedrijfsgebied
Commercial park

TIX Ausgangspunkt für den Stadtrundgang ist die Tourist-Information
Beginpunt voor de stadswandeling is het VVV-kantoor
The departure point for a sightseeing tour is the Tourist Information

P₂₁

P₅

P₂ PKW Parkplätze

P₆ Mit Parkscheibe

P₁₈ Mit Parkschein

Für Busse

Für Wohnmo

Anders als zum Beispiel in Duisburg, wo nach dem Krieg das Bild der alten Stadt zum Teil nachhaltig zerstört wurde, ist es in Xanten weitgehend gelungen, die Struktur und den Charakter der historischen Stadt „intra murros", d. h. „innerhalb der Mauern, zu bewahren. Die Gesamtfläche der Kernstadt beträgt ca. 25 Hektar. Im Mittelalter geht die Forschung von ca. 3.000 Einwohnern aus. Heute leben in der Innenstadt ca. 2.000 Bürger – also etwa zehn Prozent der Gesamtbevölkerung.

1	Ehemalige Bischofsburg
2	Evangelische Kirche
3	Gotisches Haus
4	Marktpumpe
5	Norbertbrunnen
6	Renaissance Erker
7	Michaalskapelle
8	Dom St. Viktor
9	Obelisk de Pauw
10	Stiftsmuseum
11	Viktorstatue
12	Buttermarktpumpe
13	Arme Mägde Haus
14	Gotischer Treppengiebel
15	Kriemhildmühle
16	KleverTor
17	Mauerturm Westwall
18	Hotel van Bebber
19	Romanischer Turm
20	Mitteltor
21	Museum Nibelungen(h)ort ab 2009
22	Meerturm
23	Konditoreimuseum
24	Rundturm am Westwall
25	Pesthäuschen
26	Rokokogiebel
27	Alte Kornbrennerei
28	Fürstenberg Kapelle
29	Schweineturm
30	Barocker Pavillon
	Rathaus
31	Ehem. Kartäuserkloster
32	Rundturm am Nordwall
33	Archäologischer Park – APX
34	RömerMuseum/Große Thermen
35	Siegfriedmühle

Insgesamt bietet Xanten heute immer noch das typische Bild einer preußischen Klein- bzw. Provinzstadt des 19. Jahrhunderts. Die vielen kleinen und oftmals historischen Gebäude lassen gegenwärtig noch erah- nen, wie eng aneinandergeschmiegt viele

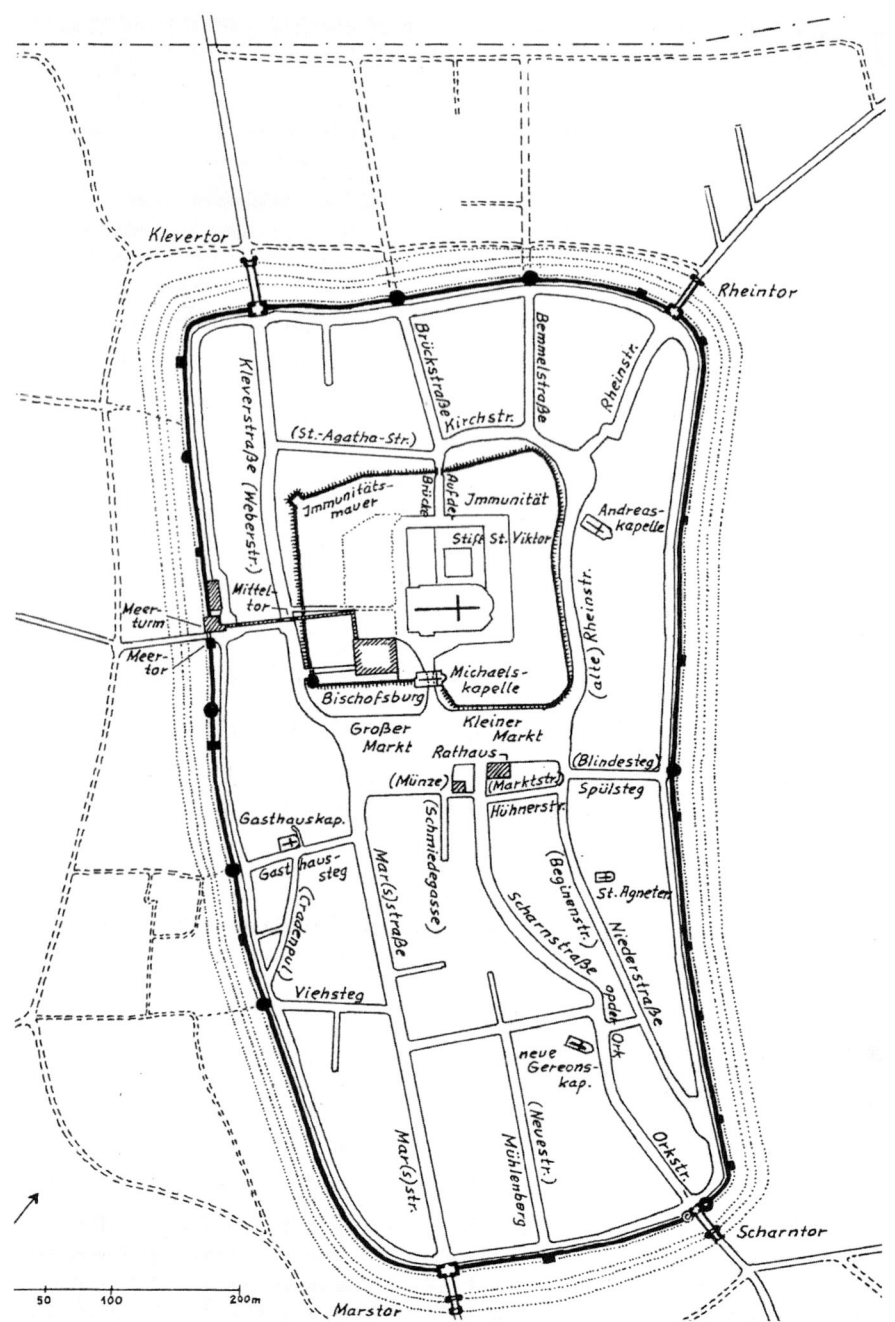

Die Zeichnung von D. Kastner zeigt die mittelalterliche und frühneuzeitliche Topographie der Kernstadt.

Seit dem Hochmittelalter finden im Zentrum der Innenstadt Wochenmärkte statt.

Häuser im Mittelalter an den Straßen- bzw. Gassenfronten standen. Folgen Sie mir in diesem Kapitel einmal rund um den Markt, durch die historischen Straßen und Kirchen, aber auch zur ehemaligen Stadtmauer mit ihren Türmen, Toren und Wällen. Die ungewohnt ausführliche Darstellung der Innenstadt beruht auf einer neuen und umfangreichen Auswertung aller verfügbaren Quellen und Darstellungen.

Für eine ausführliche Besichtigung aller Bauwerke und Straßen müssen Sie einen ganzen Tag einplanen. Nehmen Sie sich Zeit und folgen Sie mir in diesem Kapitel zu einer Zeitreise durch über 1.000 Jahre Xantener Stadtgeschichte – vom Frühmittelalter bis zur Gegenwart.

5.1. Einmal rund um den „großen und kleinen Markt" – das Zentrum der Kernstadt

„Xantens gute Stube" – der Kleine und Große Markt

Beginnen wir unseren Rundgang durch das mittelalterliche und frühneuzeitliche Xanten im Zentrum der Kernstadt – dem Marktplatz. Die vielen außengastronomischen Bereiche laden bei gutem Wetter zum Verweilen ein. Nehmen Sie sich Zeit und lassen Sie das Treiben auf diesem wunderbaren Areal einmal auf sich wirken. Sicherlich hören Sie nun auch das Glockenspiel am Rathaus oder die Domglocken, die zu jeder vol-

Die zerstörte Nordseite des Marktes 1946.

len, halben und viertel Stunde schlagen. Versuchen Sie sich jetzt einmal vorzustellen, was für ein geschäftiges Treiben hier im Laufe der vielen Jahrhunderte auf dem Markt herrschte. Unvorstellbar ist für die jüngere Generation das Geräusch der fallenden Bomben, die Anfang 1945 die Innenstadt zu fast 85 Prozent in Schutt und Asche legten. Wer weiß schon, dass sich hier im Zweiten Weltkrieg, direkt unter unseren Füßen, ein großer Luftschutzbunker befand, der bei einem der verheerenden Bombenangriffe am Ende des Krieges einen Volltreffer abgekommen hat. Ein Gedenkstein im Straßenpflaster aus dem Jahr 2002 erinnert hinter der Plattform beim Eiscafé Santin an diese unheilvolle Zeit.

Zunächst einmal beeindruckt die große Fläche des Xantener Marktes die Einwohner und Besucher der Stadt bis heute. Die benachbarten Straßen wirken im Vergleich eng und klein. Eine Besonderheit ist, dass sich der Markt in zwei unterschiedliche Bereiche gliedert – den großen und den kleinen Markt. Schaut man auf Stadtkarten oder Luftbilder, so wird schnell deutlich, dass die Fläche des gesamten Marktareals fast identisch mit der Ausdehnung der benachbarten Immunität ist. Diese war, wie bereits erwähnt wurde, seit dem frühen Mittealter vom bürgerlichen Bereich der Stadt Xan-

140

ten durch eine eigene Mauer und Graben abgetrennt. Hier finden wir also nebeneinander zwei Gerichts- und somit auch Herrschaftsbereiche, die in der aktuellen Topographie der „modernen" Stadt immer noch deutlich ablesbar sind.

Interessant ist, dass die Flächen des Marktes seit Gründung der Stadt bzw. einer ersten Handwerkersiedlung im Hoch- bzw. Frühmittelalter niemals überbaut worden sind. Bei archäologischen Grabungen, die 2009/2010 infolge der Umgestaltung des Marktes durchgeführt wurden, traten deutlich ablesbare „Zeithorizonte" mit mehreren übereinanderliegenden Marktplasterungen zu Tage. Ebenso wurden Skelette und Reste der römischen Wasserleitung ausgegraben. Ähnlich gut dokumentiert ist am Niederrhein nur der „Alte Markt" in Duisburg. Leider hat man bei der Neugestaltung, anders als in Duisburg, keine Informationstafel aufgestellt, die über die Funde berichtet.

Über die unterschiedlichen Nutzungsbereiche der Marktfläche im Mittelalter sind wir durch eine gute Quellen- und Forschungslage informiert: Weithin bekannt waren die beiden Jahrmärkte zu den Patronatstagen des Heiligen Viktor und Heiligen Thomas. Zu diesen beiden Anlässen wurde der so genannte „Burgfriede", d. h.eine besondere Rechtssicherheit für die Bürger, ausgerufen. Die Verletzung des Burgfriedens wurde mit dem Verlust der rechten Hand bestraft. Später konnte

Die gute Stube der Stadt Xanten lädt zu einem Verweilen ein.

Überregional bekannt ist der Xantener Weihnachtsmarkt, der als einer der schönsten der Region gilt.

man diese harte Bestrafung durch die Überlassung von bis zu 4.000 Steinen an die Stadt verhindern. Im Jahr 1142 werden erstmals auswärtige Kaufleute erwähnt, die in Xanten Handel treiben. Für 1236, also wenige Jahre nach der Stadterhebung Xantens (1228), ist ein eigenes Marktprivileg überliefert. Der Kölner Erzbischof Heinrich von Müllenark förderte somit nach der Stadterhebung auch die Freiheit der Stadt, Wochenmärkte mit Abgabepflichten aller Händler an den Rat abzuhalten. So befanden sich zum Beispiel vor der Michaelskapelle, am Zugang zur Immunität, Verkaufsräume in der „camerae institorum". Hier boten die Kaufleute vor allem Tuche feil. Zusätzlich gab es am südöstlichen Ende des kleinen Marktes Verkaufshallen und -stände für Waren des täglichen Bedarfs, wie zum Beispiel Fisch, Fleisch und Brot. Wir dürfen uns den mittelalterlichen und frühneuzeitlichen Markt nicht wie heute als große Freifläche vorstellen. Überall befanden sich dauerhafte Verkaufsstände, kleine Holz- und Steinbuden, die Stadtwaage, der Marktbrunnen sowie der berüchtigte Pranger, wo Bürger, die mit dem Gesetz in Konflikt gekommen waren, öffentlich zur Schau gestellt und gedemütigt wurden. Hinrichtungen fanden vor allem am Galgenplatz, der im Bereich des heutigen Schützenhauses am Fürstenberg lag, statt. Zusammengefasst kann man sagen, dass hier schon immer, d. h. wahrscheinlich schon seit dem 9. und 10. Jahrhundert, als sich erste Händler und Kaufleute neben dem Stift ansiedelten, die „gute Stube" der Stadt lag. Bis heute wird hier montags, donnerstags und samstags Wochenmarkt abgehalten. Ebenso findet hier einmal im Jahr die traditionelle Kirmes an Fronleichnam statt. Bereits im Mittelalter gab es zu diesem Fest einen besonderen Jahrmarkt.

Festzuhalten ist, dass die historische Bebauung rund um den großen und kleinen Markt erhebliche Baulücken aufgrund der Kriegszerstörung und eines mangelhaften Wiederaufbaus in der Nachkriegszeit aufweist. Bis 1945 gab es an unserem Markt eine Vielzahl teils gotischer Häuser, die sich seit dem Beginn der Frühen Neuzeit kaum verändert hatten. Besonders der Bereich am kleinen Markt hat im letzten Krieg stark gelitten. So ging zum Beispiel das alte historische Rathaus Anfang 1945 im Bombenhagel unrettbar verloren. Die heutige Wohnbebauung, die an derselben Stelle steht und aus den 1970er Jahren stammt, wirkt aus heutiger Sicht unvorteilhaft. Wenig schmückend ist auch die Reklame eines großen Textildiscounters, der nicht so recht in das Stadtbild passt.

Teilweise umstritten in der Bevölkerung war auch die jüngste Umgestaltung des gesamten Marktareals, die länger dauerte und mehr Gelder „verschlang" als geplant (Gesamtkosten über 1,6 Millionen Euro). Nach über 13 Monaten Bauzeit, verantwortlich gemacht wurden hierfür die vorgeschalteten archäologischen Grabungen, konnte der „neue" Marktplatz im Oktober 2010 eingeweiht werden. Kritisiert wurden unter anderem der Bau einer Bühne, die die Sicht auf das gotische Haus versperre und die Verlegung

Die Südostseite des kleinen Marktes wird von einer eher gesichtslosen Bebauung der 1970er Jahre dominiert.

des Parkplatzes auf den kleinen Markt (braucht man ihn wirklich an dieser Stelle?). Auch in Xanten kam eine lebhafte Diskussion über den Einsatz von öffentlichen Mitteln auf. Welcher Besucher erkennt schon, dass Teile der Pflasterung ein begehbares Labyrinth darstellt? Welcher Sinn ist hiermit verknüpft? Das mögen Sie, verehrte Leser, individuell für sich beantworten.

Trotz aller Kriegsverluste sind aber noch einige, zum Teil bedeutende, Baudenkmäler rund um den Xantener Markt erhalten geblieben. Diese möchte ich Ihnen, beginnend mit der evangelischen Kirche, und endend mit dem gotischen Haus am nordwestlichen Ende, im Uhrzeigersinn näher vorstellen und in den Zusammenhang der Stadtgeschichte einordnen. Zum Teil ergaben sich anhand der Recherchen zu diesem Buch neue Erkenntnisse zur Bau- und Nutzungsgeschichte, wie zum Beispiel zum Rathaus, die hier erstmals publiziert werden.

Beginnen wir unseren Rundgang mit einem, im Vergleich zum Dom, eher unscheinbaren, aber dennoch hübschen Gebäude – der evangelischen Kirche.

Eine Kirche ohne Namen – die evangelische Kirche am Markt
„Klein, aber fein" oder „ganz in Weiß" – so könnte man die evangelische Kirche in Xanten beschreiben. Für mich verkörpert dieses Bauwerk aufgrund seiner barocken Architektur ein Stück süddeutscher Atmosphäre am Xantener Markt. Schauen wir genau hin, so können wir bei diesem Gotteshaus keinen verschwenderischen Barock, sondern einen für die damalige Zeit sehr gemäßigten Baustil feststellen. „Barock light" sozusagen, ganz der Idee einer reformierten Gemeinde verpflichtet.

Von unseren Balkonen an der Ecke Holzweg/Viktorstraße aus sehen wir jeden Tag die so unterschiedlichen Proportionen der kleinen evangelischen Kirche im Gegensatz zum riesigen, alles dominierenden Dom. Architektonisch werden hier die Zahlenverhältnisse der beiden christlichen Konfessionen in Xanten quasi auf den Punkt gebracht: Bis zum 20. Jahrhundert betrug das Verhältnis der Protestanten an der Gesamtbevölkerung nur fünf Prozent. Nach dem Zweiten Weltkrieg steigerte sich ihr Anteil auf ca. 20 Prozent. Der wunderschöne barocke Turm mit seiner abends illuminierten Haube ist gerade einmal halb so hoch wie die beiden Domtürme. Dennoch ist auch dieser Sakralbau nicht aus dem Xantener Stadtbild wegzudenken. Neben der evangelischen Kirche im benachbarten Alpen, der ersten reformierten Kirche in Deutschland (eröffnet 1604), ist das Xantener Gotteshaus ein wunderbares Beispiel für die nach dem Dreißigjährigen Krieg vom protestantischen Landesherren auch am Niederrhein besonders geförderte evangelische Konfession.

Die evangelische Kirche am Markt gehört zu den ältesten reformierten Kirchen am Niederrhein.

Die evangelische Kirche fügt sich wunderbar in die nordwestliche Bebauung des Marktes ein.

Trotzdem steht das protestantische Gotteshaus noch heute gleichberechtigt am Markt. Ohne jedoch architekturgeschichtlich dem Dom Paroli bieten zu wollen. Man legte in Xanten wohl immer schon Wert auf ein gutes Miteinander zwischen Katholiken und Protestanten, ohne es aber mit der Ökomene zu übertreiben ... Vor dem Bau der Kirche sollen sogar Mitglieder der Gemeinde mit einer Besetzung des Domes gedroht haben. Die Jesuiten, Träger der Gegenreformation wussten dies zu verhindern und somit auch eine Bedrohung des Stiftes abzuwehren. Eine engere Zusammenarbeit zwischen beiden Konfessionen gibt es in Xanten erst seit der Mitte der 1970er Jahre. Protestanten lassen sich in Xanten aber bereits seit 1572 nachweisen. Damals wurden die evangelischen Christen im Zuge der Gegenreformation verfolgt und mussten fliehen. Erst als die Stadt 1614 durch den Vertrag von Xanten zum protestantischen Brandenburg (seit 1701 Königreich in Preußen) kam, wurde der reformierte Glauben vom jeweiligen Landesherren in Berlin auch hier geschützt.

Schon im Jahr 1546 war durch die Herren von Mörmter vor den Toren der Stadt, in Düsterfeld, ebenfalls eine reformierte Gemeinde gegründet worden (vgl. Kapitel „Rund um Xanten"). Erst 1811 wurden beide Gemeinden durch ein gemeinsames Pfarramt miteinander verbunden. Die seelsorgerische Betreuung übernahm nun der Xantener Pfarrer. Es existierten aber weiterhin zwei Presbyterien.

146

Was lässt sich über die Baugeschichte der evangelischen Kirche in Xanten berichten? Als Stifter des Barockbaus fungierte kein Geringerer als der damalige Landesherr, der sog. „Große Kurfürst" Friedrich Wilhelm von Brandenburg (1620-1688). Er wählte eine Zeit lang Kleve als Residenz und war somit auch Xanten verbunden. Berühmt ist das Reiterstandbild des „Großen Kurfürsten" von Andreas Schlüter, das bis zum Zweiten Weltkrieg auf der Schlossfreiheit des Berliner Stadtschlosses stand und nach dem Krieg seinen Platz vor dem Schloss Charlottenburg in Berlin gefunden hat. Ein weiteres Denkmal Friedrich Wilhelms steht noch heute zwischen Marstall und Schwanenburg im benachbarten Kleve.

Zitat aus Psalm 46 über dem Südportal der evangelischen Kirche.

Kurz vor dem Ende des Dreißigjährigen Krieges (1647) veranlasste der „große Kurfürst", das die stetig wachsende reformierte Kirchengemeinde vom katholischen Stift Xanten ein Baugrundstück am Markt zugwiesen bekam. Hier befand sich seit dem Mittelalter der Graben der Immunität. Nachdem dieser trockengelegt wurde, konnte auch hier Bauland ausgewiesen werden. Kurfürst Friedrich Wilhelm stiftete für den Bau „seiner" Kirche wertvolles Bauholz aus dem zu seinem Privatbesitz zählenden Hochwald in Marienbaum. Außerdem durfte die Xantener Gemeinde kostenlos Backsteine und weiteres Baumaterial aus dem von spanischen Truppen einige Jahre zuvor gesprengtem Kastell im nahegelegenen Sonsbeck verwenden. Somit konnte die Gemeinde entscheidend ihre Baukosten senken.

Einweihung und Baugeschichte

Am 15. August 1649 wurde die barocke Saalkirche am Markt geweiht. Anwesend waren beim Festgottesdienst auch der Stifter und seine Frau Luise Henriette. Das kurfürstliche Paar befand sich gerade auf der Durchreise von Kleve nach Berlin. Der Tag ist als „Kurfürstensonntag" in die Geschichte Xantens eingegangen. Dieses Datum wurde von der Gemeinde alljährlich noch weit bis nach dem Zweiten Weltkrieg begangen. Erst zum 360-jährigen Jubiläum der Kirche knüpfte man 2009 mit einem Veranstaltungsprogramm an diese alte Tradition an. Noch heute erinnert die benachbarte Kurfürstenstraße (früher Weberstraße) an den Tag der Kirchweihe. Somit kann man das Bauwerk als wichtiges

Das Innere der Kirche nach Norden.

Denkmal der brandenburgisch-preußischen Epoche am Niederrhein ansprechen. Anders als die katholischen Kirchen im Xantener Umland ist die evangelische Kirche, wie auch ihre kleine Schwester in Mörmter-Düsterfeld, ganz in weißer Farbe gestrichen. Der heute das Bauwerk prägende Turm mit seiner barocken Haube und der wunderschönen Laterne wurde erst 1662 eingeweiht. Die beiden oberen Geschosse scheinen sich mit ihren baulichen Zitaten der Romanik an die Architektur des Westwerks des Domes anzulehnen. Auch in der reformierten Kirche erfolgt, wie im benachbarten Dom, der Hauptzugang über ein Südportal. Normalerweise betritt man eine Kirche von Westen aus. Haben wir hier etwa ein (bauliches) Manifest für eine gute Nachbarschaft zwischen evangelischen und katholischen Christen vor uns? Es ist zu vermuten.

Da das Baugrundstück nicht für einen Kirchhof bzw. Friedhof ausreichte, errichtete man unterhalb der Kirche eine Gruft für die verstorbenen Gemeindemitglieder. Die letzte Bestattung wurde 1777 vorgenommen. Am 25. Juni 1785 musste das Gewölbe ganz verschlossen werden, da Wasser durch das Kirchdach bis in den Totenkeller tropfte und an warmen Tagen erhebliche Leichengerüche nach außen drangen, die einen regulären Gottesdienst undenkbar machten. Erst 1934 öffnete man den „Toten-

keller" anlässlich des Einbaus einer Hei-
zung bzw. vor dem Hintergrund der kurz
zuvor durchgeführten Domgrabung durch
Prof. Bader wieder. Die durcheinander
liegenden Gebeine der Toten wurden in
einem gemeinsamen Grab beigesetzt.
Zeitgenossen berichten in den Akten der
Kirchengemeinde anschaulich von einem
grauenvollen Anblick. Das Gewölbe unter
der Kirche diente nach dem Umbau zunächst als Ort der Totenerinnerung. Es
wurde ein Gedenkstein mit der Inschrift
„Hier ruhen unsere Väter" aufgestellt.
Nach dem Krieg diente der früher so gru-
selige Ort unter anderem als Raum für die
Jugendarbeit der Gemeinde (!).

**Die bekannte Barockorgel in der evangeli-
schen Kirche am Markt.**

Doch zurück ins 18. Jahrhundert: Zu Anfang der 1780er Jahre war die Kirche bereits
stark renovierungsbedürftig. Mit Spenden, die wohl auf Vermittlung Friedrich des Großen eingenommen wurden und zum Teil aus Einnahmen des Stiftes stammten, konnte
das Gotteshaus Mitte 1786 wieder neu eröffnet werden. Bei dieser Gelegenheit wurde
auch die Orgelempore mit der wunderbaren Orgel der Firma König aus Köln eingebaut
(2002 restauriert). Bis heute sind namhafte Organisten begeistert vom unverwechselbaren Klang der „Königin der Instrumente". Während der Renovierungsarbeiten ge-
währte das Stift der Gemeinde fünf Jahre Asyl in der benachbarten und katholischen
Michaelskapelle. Damit es zu keiner Auseinandersetzung zwischen Protestanten und
Katholiken beim gemeinsamen Weg zur Messe bzw. Gottesdienst kam, wurden die
evangelischen Predigten in der Kapelle am Nachmittag gehalten.

Friedrich II. konnte an der erneuten Einweihung der Marktkirche aber nicht mehr teilnehmen. Er war kurz vor der Wiedereröffnung verstorben. So geriet der Festgottesdienst von 1786 zu einem Trauergottesdienst für den greisen König. Hier wird wieder
die enge Verbundenheit der damaligen evangelischen Gemeinde Xantens mit den
Hohenzollern deutlich. Auch zur Kaiserzeit galt die Gemeinde als besonders „kaiser-
treu". So stiftete Kaiserin Auguste Viktoria, die Gattin Wilhelm II., im Jahr 1899 zum
250-jährigen Gemeindejubiläum eine Bibel mit eigenhändiger Widmung. Auf Seiten der
Gemeinde hatte man sich eine größere Stiftung erwünscht, aber immerhin nahm die
Kaiserin die kleine Gemeinde in Xanten wahr. Eine Nähe der evangelischen Kirche

Das Innere der Marktkirche biete das typische Bild eines reformierten Gotteshauses.

Xanten zum Nationalsozialismus ist ebenfalls nicht übersehbar. Die Kirche am Markt stellte kein Zentrum der evangelischen Resistenz gegen das Regime dar. Leider ist eine genaue Aufarbeitung dieser Zeit kaum noch möglich, da alle Akten der besagten Zeit mit Kriegsende verloren gingen bzw. vernichtet wurden. Das Gotteshaus am Markt wurde ebenfalls – bis auf den Turm – im Zweiten Weltkrieg stark zerstört. Noch Mitte der 1975er Jahre wurde bei Sanierungsarbeiten ein großer Bombentreffer in der Westwand ausgebessert. Das barocke Zugangsportal mit dem Engelskopf und der Jahreszahl „1648" konnte originalgetreu rekonstruiert werden. Auch bei Sanierungsarbeiten, die in den Jahren 2007 und 2009 durchgeführt wurden, mussten an Dach und Turm immer noch Kriegsschäden ausgebessert werden. Der erste Nachkriegsgottesdienst konnte im Dezember 1948 gefeiert werden.

Der Innenraum

Das Innere der Kirche entspricht der Konzeption einer schlichten lutherischen Predigtkirche. Reformierte Protestanten schmücken Ihren Gottesdienstraum nicht mit liturgischen Bildern aus. Dennoch finden auch hier immer wieder Ausstellungen unter dem Titel „KunstKulturKirche", wie zum Beispiel mit Werken von Käthe Kollwitz oder lokaler Künstler, statt. Das schlichte Kreuz auf dem Altar soll den Blick auf das wesentliche lenken – die Leidensgeschichte Jesus Christus. Im Zentrum des Raumes steht die eindrucksvolle Kanzel als Symbol für die Predigt, die im Mittelpunkt des evangelischen Gottesdienstes steht. Der atmosphärisch schöne und schlichte Kirchenraum wird heute noch gerne für Orgel- und andere Konzerte genutzt. Im Untergeschoss des Turmes wurden, nach dem Zweiten Weltkrieg, die Reste eines Grabmals sichtbar gemacht, das an dem beim Vormarsch der preußischen Truppen gegen Frankreich im Jahr 1814 bei Xanten tödlich verunglückten Leutnant Werner erinnert. Die ursprüngliche Gedenkstätte wurde im letzten Krieg zerstört und befand sich früher an zentraler Stelle in der Kirche.

Die evangelische Kirche am Markt vom Südturm des Domes aus fotografiert (1946).

Seit Generationen ist die Gaststätte am Markt eine der ersten Adressen der Stadt.

Aus der Geschichte der evangelische Kirche in Xanten gibt es eine Legende zu berichten: Einer alten Tradition folgend, läuten die fünf Glocken der Kirche, neben den Gottesdienstzeiten, jeden Abend kurz nach 21 Uhr. Warum? Im 19. Jahrhundert hatte sich ein Mädchen bei Nebel in den Sümpfen westlich der Stadt – heute Gewerbegebiet – verirrt. Dank des Glockenklanges konnte sie ihren Weg unversehrt zurück in die Stadt finden. Eine Geschichte, die man ansonsten nur aus der Sagenwelt der ost- oder nordfriesischen Inseln kennt.

Bitte beachten Sie, dass die evangelische Kirche nicht täglich zu besichtigen ist. Normalerweise haben Sie donnerstags und samstags zwischen 10.00 und 12.00 Uhr sowie an ausgewählten Montagen zwischen 15.00 Uhr und 18.00 Uhr die Möglichkeit für einen Besuch. Es lohnt sich.

In direkter Nachbarschaft, am Markt Nummer 8, steht das liebevoll restaurierte Gebäude der „Hirsch-Apotheke". Sie befindet sich seit 1730 in diesem Haus. Wie durch ein Wunder überstand das Gebäude den Zweiten Weltkrieg fast unbeschädigt.

„Komm wir gehen zu Opel" – die historische Gaststätte „Zur Börse"

Wenige Meter weiter, am Zugang zur Immunität und zum Dom, stehen Sie vor einer Traditionsgaststätte – „Zur Börse". Diese wurde nach längerer Schließung im Mai 2013 wieder eröffnet. Die Xantener bezeichnen dieses Traditionshaus nur als „Opel". Mit der bekannten Automarke hat dies weniger zu tun, als mit einem früheren Gastwirt gleichen Namens. Auch der Name Willy Stevens ist in Xanten als Wirt der Börse vielen noch ein Begriff. Betrachtet man alte Aufnahmen aus der Vorkriegszeit, so fällt sofort auf, dass die „Börse" nach 1945 stark vereinfacht und ohne ein zweites Obergeschoss wieder aufgebaut wurde. Eigentümer Ulrich Gerstner träumt, so äußerte er im Dezember 2012 gegenüber einer großen Lokalzeitung, von einem historischen Wiederaufbau. Diese Nachricht ließ alle Xantener, deren Herzen an den historischen Gebäuden der Stadt hängen, aufhorchen.

Über das genaue Baudatum des Gebäudes schweigen sich die Quellen aus. Sicherlich ist das Gebäude lange vor dem 18. Jahrhundert errichtet worden. Wahrscheinlicher stammt der Kern des Gebäudes noch aus dem 15. Jahrhundert. Ein Indiz hierfür sind die spätgotischen Fenster- und Schlagläden, die auf Vorkriegsaufnahmen zu sehen sind. Sicherlich ist das Gebäude auch im zu Beginn der Frühen Neuzeit und im 18. Jahrhundert umgebaut worden. Von der ursprünglichen Bausubstanz haben die Zerstörungen des letzten Krieges kaum etwas übrig gelassen. Nach und nach wurde die Gaststätte nach 1945 wieder vereinfacht aufgebaut. Seine heutige Form erhielt das Gebäude Anfang der 1950er Jahre. Vermutet wird, dass hier früher Waren oder Korn eingelagert wurden. Hierfür sprechen die Speicherräume, die früher im heute nicht mehr erhaltenen Obergeschoss untergebracht waren. Der Name „zur Börse" bezieht sich sicherlich auf einen Getreidehandel, der früher auf dem Markt ausgeübt wurde.

Zur Börse" ist eine der Traditionsgaststätten Xantens.

Die Nordseite des Marktes mit dem ehemaligen Domkaufhaus und heutigem Restaurant „Teatro".

Manche behaupten auch, dass eine Getreidebörse in den Räumen der heutigen Gaststätte existiert habe. Dies lässt sich aber nicht mit Sicherheit belegen. Vor dem Zweiten Weltkrieg trug die Gaststätte zum Beispiel auch den Namen „Zum Schöölgen" oder „Zur Waage". Letzterer Name nahm eindeutig Bezug auf die seit Jahrhunderten auf dem Markt vorhandene Stadtwaage. „Zur Börse" war schon immer ein beliebter Treffpunkt des öffentlichen Lebens in Xanten. Manch ein Ratsbeschluss wurde hier, so hört man, vorab ausgehandelt und manches Geschäft getätigt. Auch der Verfasser hat früher so manche gesellige Stunde hier verbracht.

Ein Stück Italien in Xanten – das ehemaliges Domkaufhaus

Wenige Meter weiter östlich hat sich mit dem italienischen Restaurant und Eiscafé „Teatro" (Markt 14-15) ein Pächter in den im letzten Krieg nur teilweise zerstörten Räumlichkeiten des früheren Domkaufhauses eingemietet. Wie durch ein Wunder blieb dieses Gebäude wie ein „Phönix aus der Asche" fast unbeschädigt im Trümmerfeld des Marktes stehen. In stilvoller Atmosphäre kann man heute hier wunderbar speisen. Im Mittelalter befanden sich an dieser Stelle die bereits oben erwähnten Verkaufshallen der Kaufleute. Ein Theater, wie der Name vermuten lässt, hat es hier nie gegeben. Obwohl: Am Kleinen Markt existierte bis zum Krieg das „Volksspielhaus" (oder auch „Volksspieltheater") – ein Kino.

Die Geschichte des heutigen Restaurant-
gebäudes lässt sich bis 1911 zurückverfolgen: In diesem Jahr richtete Peter Dell-
mann hier das vor dem Krieg bekannte
„Dom-Café" Dellmann-Friese ein. Neben
Konditoreiwaren stellte man auch eigenen Likör her. 1963 wurde das Traditionshaus geschlossen und das gut erhaltene
Gebäude im Stil des Neoklassizismus
zum „Kaufhaus am Dom" umgebaut". Dieses wurde wiederum 2002 geschlossen.
Nachfolgend zog hier das Teatro ein.

Das westliche Wohnhaus wurde durch
Bomben zerstört. Im Nachfolgebau kann
man heute die Spezialitäten des Eiscafés
genießen. Es wurde ebenfalls bis 1963
als Anbau des Dom-Cafés genutzt. Mit
dem Umbau des alten Domkaufhauses
zu einer gastronomischen Einrichtung (ab
2002) knüpfte der Eigentümer wieder an
alte Traditionen an. Gerade im Sommer
vermittelt die Außenterrasse mediterra-
nes Flair in Xanten und man findet kaum
einen freien Platz.

**Wie durch ein Wunder wurde das spätere
Domkaufhaus und heutige Restaurant bei den
Luftangriffen Anfang 1945 nur leicht beschä-
digt.**

Den Markt im Blick – der Fenstererker aus der Renaissance
Nebenan fällt ein etwas kurios anmutender Fenstererker auf, der augenscheinlich an
eine moderne Mauer nachträglich angebaut wurde. Hierbei handelt es sich um den
aus der Renaissance stammenden und nach dem Krieg rekonstruierten Erker des Kanonikers C. van Ulft. Nachdem der alte Immunitätsgraben an der Nordseite am Ende
des Mittelalters zugeschüttet worden war, dehnte sich die Bebauung, wie wir schon
am Beispiel der evangelischen Kirche gesehen haben, im 17. Jahrhundert auch auf
die Nordseite des Marktes aus. Nachdem die alte Verkaufshalle der Kaufleute verschwunden war, baute sich hier der Kanoniker und Dechant, d. h. der Richter des
Stiftes, Kaspar (oder Capar) van Ulft vor sein bestehendes Haus in der Immunität im
Jahr 1634 einen Anbau bzw. ein Gartenhaus. Dieses war mit einem vergitterten (!)
Erker nach Süden zum Markt hin ausgerichtet. Unter dem mittleren Fenster können

Der Fenstererker des Kanonikers C. van Ulf und die nur teilweise rekonstruierte Inschrift.

wir noch heute das Familienwappen derer zu Ulft erkennen. Eine nur rudimentär erhaltene Inschrift im Giebel des Erkers bezieht sich auf das Martyrium des heiligen Viktors. Kaspar van Ulft ist in den Quellen kein Unbekannter: So bekam er 1624 das Haus Kapitel 10 zugesprochen. Ebenso ist der Dechant auf einem erhaltenen Gobelin aus dem Jahr 1640 bildlich dargestellt. Sein Erker an der Nordseite des Marktes bewahrt ihn in Xanten bis heute vor dem Vergessen. Auch das Haus aus dem Jahre 1634 wurde durch Bomben bis auf die rückwärtige Mauer zerstört und im Gegensatz zum Erker, der 1952 rekonstruiert wurde, nicht wieder stilgerecht aufgebaut. Früher befanden sich in dem modernen Gebäude Räume der 1970 gegründeten „Dom-Musikschule Xanten". Heute sind hier die Mitarbeiter der lokalen Caritas untergebracht Das sich anschließende Möbelhaus stellt ebenfalls einen eher gesichtsloser Neubau aus der Nachkriegszeit dar.

**Ein architekturgeschichtliches Kleinod des 18. Jahrhunderts – der „Rokokopavillon"
eines Kanonikers**

Ein besonders schönes Beispiel für die Rokokoarchitektur am Niederrhein, die im Schloss Benrath bei Düsseldorf ihren Höhepunkt erreichte, finden wir mit dem Pavillon bzw. Gartenhaus, dessen Errichtung bislang dem Kanonikers Wilhelm Oswald Leopold de Raeht zugeschrieben wurde, an der Ecke „Kleiner Markt" und „Karthaus". Ist er wirklich, wie in der älteren Literatur zu lesen ist, auch der Erbauer des Pavillons? Architekturgeschichtlich sind hier Zweifel angebracht, auch wenn im Inneren sein Wappen mit einem geschwungenen „E.R" zu sehen ist. Dies könnte auch bei einem Umbau/Zukauf angebracht worden sein.

Das im Sommer benutzte Gartenhaus ist in der damals üblichen Form eines Achteckes errichtet worden. Das Gebäude ist unterkellert. Hier wurden im Sommer wahrscheinlich Weine, Getränke und Speisen gekühlt gelagert. Der oder die Erbauer scheinen neugierige Menschen gewesen zu sein – so konnte man das Marktgeschehen von drei Fenstern aus gleichzeitig beobachten. Hiermit demonstrierte der Besitzer seine Stellung im Stift und nicht zuletzt seinen Wohlstand. Wir dürfen aber nicht vergessen, dass das Stift, als der Gartenpavillon errichtet wurde, sich in einer stetigen Phase des Niedergangs befand und von seiner einstigen Bedeutung viel verloren hatte. Aber wie wir auch aus anderen Epochen der Geschichte wissen wird in schlechten Zeiten gerne repräsentativ gebaut.

Der Kanonikerpavillon am Kleinen Markt.

Auf der Webseite der Stadt wird als Baustil des Pavillons „Barock" angegeben. Dem kann ich nicht folgen, zudem der Spätbarock bereits um 1750 seine letzte Blüte fand. In der älteren Literatur wird als Baujahr „um 1789", in der letzten Auflage des Nachlagewerkes zu den Baudenkmälern im Rheinland sogar die Zeit um

Blick auf den marktseitigen Dreiecksgiebel.

1800 (!) angegeben. Ein 1975 angebrachtes Schild an der Außenfassade folgt dieser Datierung („nach 1789"). Wolfgang Richard Müller bezieht sich in seiner Darstellung der historischen Bauten in der Innenstadt auf die Datierungen von Werner Böcking aus dem Jahr 1989, ohne eine weitere Quelle hierfür anzugeben. Der neueste (kleine) Stadtführer Xantens nennt als Bauzeit nur das 18. Jahrhundert. Der Name eines Erbauers wird hier interessanterweise nicht genannt. Laut einer Auskunft der Unteren Denkmalbehörde Xanten vom April 2013 an den Verfasser wurde das Gebäude in der Denkmalbegründung des am 18.12.1981 eingetragenen Baudenkmales „Kapitel 10" wie folgt geführt: „[…] Zugehörig das am Markt gelegene Gartenhaus aus dem späten

Im Inneren des Kanonikerpavillons kann man standesamtlich heiraten.

18. Jh.". Eine Nachfrage bei der obersten Denkmalbehörde des Landes NRW in Pulheim bestätigte diesen Befund. Als „spätes 18. Jahrhundert" kann somit auch eine Datierung vor 1789, also auch die Zeitspanne zwischen 1760 und 1789 gelten. Unterlagen zur Baugeschichte haben sich weder im Stadtarchiv, noch im Stifts- und im Hauptstaatsarchiv Düsseldorf finden lassen. Ebenso ist nicht eindeutig belegt, dass das Gartenhaus, wie im Urkataster von 1821 verzeichnet, schon immer zum Haus Immunität Nr. 10 gehört hat. Weder Wilkes (1951) noch Heckes und Schiffler (1999) haben eine eindeutige, dauerhafte topographische Zuordnung des Pavillons im 18. Jahrhundert zum Grundstück Immunität Nr. 10, auch Haus Thomas genannt, nachgewiesen bzw. thematisiert.

Fassen wir oben genannte Quellen- und Forschungslage zusammen, so stellt sich mir eine grundlegende, aber für die Darstellung des architekturgeschichtlichen Kleinods entscheidende Frage: Ist eine Bauzeit „nach 1789" angemessen? Ich habe hier meine Zweifel, die mittlerweile auch vom staatlichen Denkmalschutz sowie von Johannes Schubert, dem Leiter der Dombauhütte, geteilt wird.

Argumente zu einer Neubewertung der Baugeschichte des Pavillons
Bei dem erhaltenen „Lusthaus" handelt es sich eindeutig um ein Gebäude aus dem gemäßigten Spätrokoko bzw. Spätbarock. Seine Vorbilder sind zunächst in der Formensprache François de Cuvilliés zu suchen, dem bekannten Architekten von Schloss Falkenlust bei Brühl. Dennoch grenzt man in der Kunstgeschichte die Begriffe des Rokoko und des Spätbarock nicht ganz so streng voneinander ab, so dass hier sicherlich beide architekturgeschichtlichen Einordnungen ihre Berechtigung haben können bzw. sich ihre Stilelemente vermengen. Für mich erscheint eine Bauzeit um 1789, vergleicht man das Gebäude z. B mit anderen Häusern, die in Xanten zeitgleich in der damals modernen Bauform des Klassizismus entstanden sind, als nicht plausibel. Warum? Spätbarock und Rokoko hatten 1789 bereits viele Jahre ihren Höhenpunkt überschritten bzw. waren schon lange aus der Mode. Bereits einige Jahre zuvor wurde zum Beispiel das

Blick von Haus Thomas in den Garten und zum Pavillon.

Hotel van Bebber bzw. andere Häuser in der Klever Straße im Stil des Klassizismus erbaut. Warum sollten wir an der Südostecke des Marktes also vergleichsweise konservative Architektur vorfinden? Die Quellen lassen uns hierüber leider im Unklaren. Was spricht aber für eine Neubewertung der Baugeschichte dieses Kleinods?

Naheliegend ist es, beim Betrachten des Gartenpavillons an die Architektur des in unserer Region bekannten Architekten Conrad von Schlaun zu denken, dessen Spätwerk auch Elemente des Rokoko beinhaltet. Dies würde für eine Mischform der beiden Architekturstile im Kanonikerpavillon sprechen. Hier wird es interessant: Das Gartenhaus gehört heute zum Haus Nr. 10 der Immunität. Am 14. Februar 1789 erwarb der Kanoniker von Raeht das Haus Nr. 10 samt Garten für 1.600 Thaler. Im benachbarten Haus Nr. 11 wohnte nachweislich seit 1769 ein „Fräulein von Schlaun" mit ihrem Bruder, dem Kanoniker Theodor Arnold von Schlaun. Dieser stammt aus Schermbeck und galt kurz vor seinem Tod als geisteskrank und extrem geltungssüchtig. Weitere Mitglieder der Familie von Schlaun bewohnten ebenfalls seit dem Beginn des 18. Jahrhunderts die Hausnummer 1 auf der Nordseite der Immunität. Das Gebäude, das um 1760 im spätbarocken Stil errichtet wurde, ist nach dem Krieg wieder aufgebaut worden.

Im Jahr 1778 verkaufte Madame Schlaun, der Bruder war bereits verstorben, die Kurie Nr. 11 weiter. Sollte die Angabe des Baudatums „um 1789" in der bisherigen Literatur nicht zutreffend sein und das Gebäude, was aufgrund seiner Architektur naheliegt, bereits einige Jahre früher entstanden sein, so liegt aufgrund der Tatsache, dass bis 1778 hier Mitglieder der Familie von Schlaun wohnten, die Möglichkeit nahe, dass es sich bei dem Gartenhaus um eine bislang unbekannte Arbeit des berühmten Architekten von Schlaun (gestorben 1773) oder eines Schülers handeln könnte. Da beide Häuser (Nr. 10 und 11) bis zu Beginn des 18. Jahrhunderts eine Kurie darstellten, ist es nicht unwahrscheinlich, dass der Garten noch zu dieser Zeit von den Bewohnern beider Häuser gemeinsam genutzt wurde oder das „Fräulein von Schlaun" im Sinne guter nachbarschaftlicher Beziehungen das Bauprojekt in Nebengarten an die Werkstatt des berühmten Verwandten vermittelt hat. Die zuständige Denkmalpflegerin in Pulheim, die das Erbe der historischen Gartenhäuser in NRW verwaltet, stützt die These, dass unser Pavillon durchaus ein bis dahin unbekanntes „privates" Bauwerk von Conrad von Schlaun sein kann.

Das Innere des Gartenpavillons mit dem Wappen „R" an der Ostwand.

Da es sich – folgt man der obigen These – bei den Bauplänen eventuell um eine Gefälligkeit innerhalb der Familie oder befreundeter Nachbarn gehandelt haben wird, ist es nachvollziehbar, dass die Autorenschaft des großen Architekten keinen Niederschlag in offiziellen Quellen gefunden hat.

Im Inneren befindet sich heute das Wappen mit einem geschwungenen „R" (für Raeth, dem der Bau bislang zugeschrieben wurde). Unzweifelhaft ist, dass der Kanoniker von Raeth im April 1789 das Haus Immunität Nr. 10 erworben hat. Mit dem Anbringen seines Wappens wollte er sicherlich seinen Besitz kennzeichnen. Eine solche Praxis, d. h. das Xantener Kanoniker nach dem Kauf bzw. Umbau eines bereits bestehenden Hauses in der Immunität, dort ihre Initialen verewigt haben, ist bei Umbauten nach dem Zweiten Weltkrieg wiederholt nachgewiesen worden. Dass der Kanoniker von Raeth aber auch unseren Gartenpavillon erbaut hat, kann hingegen nicht schlüssig nachgewiesen werden. Vergleicht man unser Gartenhaus einmal mit weiteren Bauten von Schlauns, so ist eine Ähnlichkeit zum Schloss Clemenswert im Emsland und zur Clemenskirche in Münster offensichtlich.

Darüber hinaus besteht kein Zweifel daran, dass der heute noch erhaltene Rokokosaal im Erdgeschoss von Haus Nr. 10, der heute dem Dombauverein gehört und auch für Hochzeiten genutzt wird, um 1760 ausgebaut bzw. umgestaltet wurde. Datieren wir sowohl den Bau von Immunität Nr. 1 als auch den Ausbau des Rokokosaales und den Neubau des Pavillons in die 1760er bzw. frühen 1770er Jahre, so könnte hier ein einheitliches Bauprogramm vorliegen. Fest steht, dass es trotz enormer wirtschaftlicher Probleme des Stiftes zu dieser Zeit innerhalb des Immunitätsbezirkes zu erheblichen Neu- bzw. Umbauarbeiten im Stil des Rokoko und Spätbarock gekommen ist. Folgt man dieser Argumentationskette, so müsste der Pavillon bereits zwischen 1769 und 1773 errichtet worden sein.

Conrad von Schlaun ist übrigens auch in Westfalen, zum Beispiel auf dem Grundstück von Haus Veene in Lüdinghausen oder auch in Büren, als Erbauer von vergleichbaren Gartenhäusern in Erscheinung getreten. Somit möchte ich mit diesen Thesen eine Diskussion zur Neubewertung dieses architektonischen Kleinods am Xantener Markt initiieren und alte Pfade der Xantener Denkmalliteratur verlassen. Auch unser Rokokopavillon wurde Anfang 1945 sehr stark beschädigt. Nach dem Krieg wurde er vorbildlich wieder aufgebaut. Im Haus Immunität Nr. 10 wohnte bis zu seinem Tod im Jahre 1986 Prof. Walter Bader, der als „Retter des Domes" bis heute Xantener Ehrenbürger ist. 2001 konnte der Pavillon zuletzt umfassend saniert und restauriert werden. Er wird neben Trauungen auch für Veranstaltungen genutzt. Das eigentliche Standes-

Das heutige Rathaus wird erst Ende der 1960er Jahre als solches genutzt.

amt befindet sich aber im modernen Anbau des Rathauses direkt gegenüber auf der Ostseite des Marktes. Vielleicht wird auch dieses Rätsel der Xantener Stadtgeschichte einmal gelöst werden. Solange keine Bauakten oder -pläne gefunden werden, müssen schlussendlich Baujahr und Architekt offen bleiben.

Stadtpolitik in ehemaligen Klostermauern – das „neue" Rathaus und seine Vorgänger

Wenn Sie heute vor dem Haupteingang des Xantener Rathauses am Kleinen Markt stehen und denken, es handelt sich bei dem schmucken Gebäude um das historische Rathaus der Stadt Xanten, dann muss ich Sie (zunächst) enttäuschen. Auch die bereits im Jahr 1975 links neben dem Haupteingang angebrachte Tafel „Rathaus. Als Lehrerinnenseminar 1877 erbaut auf dem Gelände des Kapuzinerklosters (17. Jahrhundert). Rathaus seit 1967" informiert den interessierten Besucher mit fehlerhaften Daten und Fakten. Das Gebäude wurde, wie ausführliche Aktenstudien des Autors bestätigen, bereits im 17. und 18. Jahrhundert als Klostergebäude und Kirche der Xantener Kapuziner erbaut und Ende der 1870er Jahre für das königliche Lehrerinnenseminar lediglich umgebaut. Es galt in Preußen als Bedingung, dass ein neues Lehrerinnenseminar in einem bereits bestehenden Gebäude eingerichtet wurde, da für Neubauten kein Etat zur Verfügung stand. Hierfür war das ehemalige Kapuzinerkloster in Xanten aufgrund seiner zentralen Lage und Größe mehr als geeignet. Eine neue Tafel ist am heutigen Rathauseingang vor diesem Hintergrund absolut notwendig!

Ein „klassisches" historisches Rathaus mit großer Tradition, wie es zum Beispiel Lübeck, Stralsund oder Kalkar vorweisen können, hat Xanten leider nicht mehr zu bieten. Erst seit dem Jahr 1967 – da irrt die Tafel nicht – werden von der Ostseite des Marktes aus die Geschicke der Stadt gelenkt. Seit Mitte der 1960er Jahre besitzt unser Rathaus das heute so unverwechselbare historische Erscheinungsbild. Seine weiße Farbe scheint, obwohl die Stadt mehrheitlich katholisch ist, mit der evangelischen Kirche am westlichen Ende des Marktes zu korrespondieren. Zugezogene Xantener und Gäste mögen ob dieser Fakten erstaunt sein. Dennoch hat auch dieses Gebäude eine bewegte Geschichte zu bieten und geht mit seiner baulichen Struktur mindestens bis ins 17. Jahrhundert zurück!

Bislang unbekannt – hier wohnte der weltberühmte Komponist Humperdinck

Unser Rathaus war im 19. Jahrhundert für einige Jahre der familiäre Mittelpunkt eines berühmten Komponisten – Engelbert Humperdinck (1854-1921). Er hat mit der Oper „Hänsel und Gretel" die bis heute – neben der Zauberflöte von Mozart – meistgespielte Oper weltweit komponiert. Er lebte, wenn er nicht auswärts studierte oder auf Bil-

dungsreisen war, zwischen 1877 und 1884 wiederholt im heutigen Rathaus. Hier entstanden auch einige Frühwerke, die Humperdinck später unter anderem zu großen Orchesterwerken umgearbeitet hat sowie zahlreiche Lieder und auch Kammermusik. Bei Spaziergängen in der Hees, im Latzenbusch bei Veen oder auch in der Beek sammelte Humperdinck wertvolle Natureindrücke, die Jahre später auch in den musikalischen Naturschilderungen bei „Hänsel und Gretel" verarbeitet wurden.

Natürlich werden Sie sich die Frage stellen, ob es am Markt, dem Mittelpunkt der Stadt, früher einmal ein weiteres, d. h. älteres Rathaus gegeben hat. Natürlich besaß auch Xanten seit der Stadterhebung im 13. Jahrhundert am Markt einen repräsentativen Bau für den Rat der Stadt.

Im heutigen Rathaus wohnte einige Zeit der weltberühmte Komponist Engelbert Humperdinck. Aufnahme ca. 1895.

Nach dem Krieg nicht wieder aufgebaut – das alte Rathaus

Das eigentlich historische oder „alte" Rathaus der Stadt Xanten befand sich seit dem Mittelalter schräg gegenüber dem heutigen Verwaltungssitz an der Ecke Scharnstraße/ Kleiner Markt. Insgesamt lassen sich seit dem Hochmittelalter drei Gebäude bzw. Bauphasen nachweisen. Wann an dieser Stelle das älteste Rathaus erbaut wurde, lässt sich heute nicht sagen. Vor dem ersten Bau ist hier eine bischöfliche Münze erwähnt. Kurz vor 1475 ist in den Quellen von einer neuen „raitkamer" die Rede. Das Gebäude wurde im Stil der Gotik neu gebaut und ähnelte wohl, wenn auch kleiner, dem Rathaus im benachbarten Kalkar. Eine historische Ansicht aus dieser Zeit hat sich nicht erhalten. Im Jahr 1786 wurde es teilweise abgebrochen und neu im Stil des Rokoko aufgebaut. Inwieweit sich der älteste Rathausbau, wie D. Kastner im Ausstellungskatalog „750 Jahre Xanten" 1978 angeregt hat, an einer weiter westlich gelegenen Stelle am Hauptmarkt gelegen hat, lässt sich heute nicht mehr verifizieren.

Das historische Rathaus hatte, so zeigen Fotos aus der Vorkriegszeit, bei weitem nicht die architekturgeschichtliche Bedeutung wie zum Beispiel das Rathaus in Kalkar oder in Wesel. Dennoch wurde hier am 12. November 1614 (heute fast vergessene) deut-

Die Postkarte aus der Zeit um 1900 zeigt im Hintergrund das alte Rathaus.

sche Geschichte mit europäischer Bedeutung geschrieben: Der so genannte „Vertrag"
bzw. „Frieden von Xanten" beendete damals zunächst den seit 1609 währenden Jü-
lich-Klevischen Erbfolgestreit zwischen Kurfürst Johann Sigismund von Brandenburg
und Herzog Wolfgang Wilhelm von Pfalz-Neuburg. Infolgedessen fiel das Herzogtum
Kleve, die Grafschaft Mark und die Grafschaft Ravensberg (u. a mit Bielefeld) an das
Kurfürstentum Brandenburg, das 1701 im neuen Königreich Preußen aufging. 1666
wurde dieser Vertrag endgültig ratifiziert. Im Jahr 1935 zogen der Rat und die Stadtverwaltung in die Villa Langen an der Poststraße – zuvor die Verwaltung der Firma
„Herzog und Langen". Das alte Rathaus wurde nachfolgend zum Standort des „Römischen und fränkischen Museums", dessen Sammlungen seit 1909 im Klever Tor
untergebracht waren.

Walter Bader schrieb 1957 in seiner Streitschrift über den Wiederaufbau der Stadt von
einer regelrechten „Degradierung" des Gebäudes zu einem Heimatmuseum. Bereits
im späten 19. Jahrhundert hatte man Teile dieser Sammlung, die in ihren Ursprüngen
auf die berühmte Kollektion des Notars Phillip Houben zurückging, in zwei Räumen des
alten Rathauses ausgestellt. Präsentiert wurden hier vor allem Grabungsfunde und Re-
pliken aus dem Bereich des römischen Xantens. Gott sei Dank wurde die Sammlung
bereits im Jahr 1940 an mehrere Orte ausgelagert und überstand somit in wesentlichen
Teilen den Zweiten Weltkrieg.

Das hübsche Gebäude mit seinem anmutigen Walmdach und Türmchen wurde leider nicht wieder aufgebaut. So musste die erste konstituierende Stadtratsversammlung nach dem Krieg, am 24. September 1946, in der Gaststätte „Tinnefeld" an der Viktorstraße abgehalten werden. An der Stelle des ehemaligen Rathauses steht heute ein gesichtsloser Betonbau, im Volksmund „Siegfriedsburg" genannt, aus dem Jahr 1973. An eine Rekonstruktion der historischen Fassade des alten Rathauses, wie zuletzt in Wesel geschehen, ist in Xanten wohl nicht zu denken, da der gesamte Südbereich am Kleinen Markt seit dem Wiederaufbau ein modernes und geschlossenes Bild aufweist.

Neubau oder Umbau für das Lehrerinnenseminar? Vom Kapuzinerkloster zum heutigen Rathaus

Wie bereits oben erwähnt, konnten die Stadtverwaltung und der Rat der Stadt erst Ende der 1960er Jahre von der Villa Langen in das historische Zentrum der Stadt zurückkehren. Von außen betrachtet sieht das „neue Rathaus" so aus, als wenn es schon immer der Repräsentativbau der Stadtverwaltung gewesen wäre. Auffallend sind beim Hauptbau zunächst die großen Rundbogenfenster, die an Kirchenarchitektur denken lassen. In manchen Publikationen ist nachzulesen, dass dieses Gebäude 1877 für das Lehrerinnenseminar zum großen Teil neu gebaut worden wäre. Bei genauer Sichtung der Literatur wird schnell deutlich, dass in der 1928 zum 700-jährigen Jubiläum erschienenen Festschrift diese Legende vom Neubau 1877 fälschlicherweise in die Welt gesetzt und bisweilen später in Stadtführern etc. immer wieder aufgegriffen wurde. „An seiner Stelle [d. h. des Kapuzinerklosters d. V.] steht das im phantasielosen preußischen Verwaltungsstils 1877 erbaute Lehrerinnenseminar", so ist es zum Beispiel im mehrfach aufgelegten „Führer durch die Stadt Xanten" aus dem Jahr 1971 zu lesen. Der Autor hat hier sicherlich Bezug auf die falsche Darstellung in der Chronik von 1928 genommen. Als Gegenbeispiel lässt sich aber der Ausstellungskatalog „Xantener Postkarten" von 1978 anführen, der ebenfalls anführt, dass auch der Kirchenbau des Klosters miteinbezogen wurde. Eine genaue Aktenstudie der Bauakten von 1876ff. durch den Autor machte schnell deutlich, dass es sich hier in weiten Teilen nur um einen Umbau der alten Klostergebäude handelte, die seit der Säkularisierung immer mehr verfielen. Noch heute erinnert zum Beispiel der Innenhof im Vordergebäude sehr stark an einen Klosterhof. Auch das vordere Hauptgebäude stellt im Kern seiner Bausubstanz, wenn auch um 1877 verfremdet, die ehemalige Klosterkirche des 1802 aufgehobenen Kapuzinerklosters dar. Auch vom Ostwall aus kann man noch heute sehr eindrucksvoll die im Gesamtgebäude dominierende ehemalige Klosterkirche, die mit dem Hauptschiff nach Osten hin ausgerichtet war/ist, ausmachen. Es gibt am Niederrhein kaum ein weiteres ehemaliges Sakralgebäude, das in der Gegenwart derart „weltlich" genutzt wird.

Blick vom Südturm des Domes auf das ehemalige Kapuzinerkloster und Lehrerinnenseminar – heute Rathaus.

Es ist festzuhalten, dass neben dem benachbarten Karthaus, mit dem Rathaus weite Teile eines Xantener Klosters aus der Zeit vor 1802 erhalten geblieben sind. Ein Befund, der, vergleicht man ihn mit der angesprochenen Darstellung in älteren Stadtführern oder dem Schild am Haupteingang, die hierauf nicht oder nur vermutend eingehen, erstaunt. Was lässt sich aber zusammenfassend über die bewegte Geschichte des heutigen Verwaltungssitzes der Stadt, des vormaligen Lehrerinnenseminars und Kapuzinerklosters aussagen? Beginnen wir im 17. Jahrhundert:

Die Kapuziner, die sich in Pestzeiten große Verdienste um die Seelsorge in Xanten erworben hatten, erhielten im Jahr 1639 vom Großen Kurfürsten das „Haus Steck" am Markt, um dort ihr Kloster einzurichten. Durch weitere Grundstückskäufe stand dem Orden schnell ein umfangreicher Besitz in der Mitte der Stadt zur Verfügung. Im „Haus Steck" richteten die Kapuziner in den 1640er Jahren eine erste Kapelle ein. 1712-14 baute man die Kapelle zu einer größeren Kirche aus. Nach der Aufhebung des Kapuzinerklosters infolge der Säkularisierung 1802 bewohnten die in Xanten verbliebenen Brüder die Gebäude weiter. Erst nachdem der letzte Kapuziner, Pater Richard Nybelen, im September 1844 verstarb, stand das ehemalige Kloster leer. In den folgenden Jahren verfiel die Anlage zunehmend.

Das Kapuzinerkloster am Ostende des Marktes in einer Ansicht aus dem 18. Jahrhundert.

Vergleicht man eine historische Ansicht des Klosterkirche aus dem 18. Jahrhundert mit einer Fotografie aus der Vorkriegszeit, so ist deutlich zu erkennen, dass der Charakter der ehemaligen Klosterkirche nach dem Umbau der Klosteranlage zum Lehrerinnenseminar im Stil des frühen Historismus in den 1870er Jahren erhalten blieb. Es ist eindeutig, dass die ehemalige Klosterkirche als Aula (heute Ratssaal) genutzt bzw. umgebaut wurde.

Auch die ehemaligen benachbarten Klostergebäude integrierte man in das Lehrerinnenseminar, das am 15. Juli 1877 eröffnet wurde. Deshalb mussten auch nur geringe Gebäudeteile neu errichtet werden. Ebenso gehörte, wie in den Akten zu lesen ist, die Vorgabe „[...] Geeignete Gebäude müssen schon vorhanden sein, die für einen mäßigen Preis zu erwerben seien" zu den vier Hauptkriterien für die Vergabe des Lehrerinnenseminars nach Xanten.

Am 19. Juni 1875 wurden die früheren Klostergebäude an die preußische Regierung übergeben. Der Umbau der Anlage zum Zweck der Lehrerinnenausbildung begann im Herbst desselben Jahres. Die offizielle Eröffnung wurde mit „Festmahl und Gesang" am 11. August 1877 mit 33 Lehramtsaspirantinnen gefeiert. Vergleicht man die ge-

Der heutige Ratssaal stellt im Kern die ehemalige Klosterkirche dar. Hier wurden kammermusikalische Werke von Humperdinck uraufgeführt.

ringe Zahl der Schülerinnen im Seminar mit der Größe des Gebäudes, so ist davon auszugehen, dass diese auch im Seminar wohnten und einige Räume leer blieben bzw. anderweitig genutzt wurden. Laut einer zeitgenössischen Werbeanzeige dauerten die Lehrgänge drei Jahre. Der Unterricht wurde von sechs Lehrerinnen und Lehrern sowie vom Rektor erteilt. Eine kostenlose ärztliche Versorgung, zehn Studierzimmer, geräumige Schlafsäle, eine Badeeinrichtung, ein Garten (wohl der Innenhof) sowie eine „wohleingerichtete" Turnhalle wurden in dieser Anzeige besonders hervorgehoben. Alle Kandidatinnen, die sich einer Aufnahmeprüfung unterziehen mussten, sollten mindestens 16 Jahre alt sein. Von einer wissenschaftlichen Ausbildung im heutigen Sinne kann man sicherlich nicht sprechen.

Mit der Einrichtung des katholischen Lehrerinnenseminars im ehemaligen Kapuzinerkloster wollte man die Lehrerausbildung professionalisieren, unter die staatliche Kontrolle des preußischen Erziehungsministeriums bekommen und den Mangel an Lehrkräften nach und nach abbauen. Die katholische Kirche verknüpfte hiermit auch massive Moralvorstellungen, die während der Ausbildung propagiert werden sollten, was bis hin zur Verinnerlichung einer quasi-zölibatären Lebensweise der späteren Lehrerinnen gehen sollte. Auch hier geriet der Katholizismus wiederholt in Konflikte mit dem

von Protestanten geprägten preußischen Staat, der mit der Auswahl und Einstellung des Gründungsrektors in Xanten eine kirchenkritische Person platzieren wollte. Gerade im Rheinland war der Widerstand der katholischen Kirche gegen eine staatliche Ausbildung der Lehrkräfte groß. So wurden zwischen 1871 und 1877 zehn Seminare neu eröffnet. Bedenkt man zum Beispiel die ungeheure Bevölkerungsexplosion in den Großstädten des Ruhrgebiets infolge der Industrialisierung, so wird der enorme Ausbildungsbedarf deutlich.

Der Vater des berühmten Komponisten, Engelbert Humperdinck, Gustav Ferdinand Humperdinck, wurde zum Gründungsrektor des Lehrerinnenseminars bestellt und hatte hier auch bis zu seiner freiwilligen

Gustav Humperdinck – der Gründungsrektor des Xantener Lehrerinnenseminars.

Pensionierung im Jahr 1886 seine Dienstwohnung. Humperdick galt als fast weltlicher Pädagoge mit einer altkatholischen und somit kirchenkritischen Haltung. Dies führte in seinen elf Dienstjahren in Xanten wiederholt zu, zum Teil überregional beachteten, Konflikten mit dem katholischen Klerus und der lokalen Presse. Das Lehrerinnenseminar wurde zu einem der interessantesten Orte des sog. „Kulturkampfes" zwischen der katholischen Kirche und dem Kaiserreich im gesamten Rheinland. Große Auseinandersetzungen gab es beim Thema der katholischen Religionserziehung. Hierbei setzte Humperdinck vermehrt Dozenten ein, die keine Legitimation der Kirche besaßen. Zeitweilig übernahmen auch Kaplane des Domes den Religionsunterricht.

Im heutigen Xantener Rathaus schrieb Gustav Humperdinck eines der bedeutendsten linguistischen Werke des 19. Jahrhunderts – die „Deutsche Grammatik für höhere Lehranstalten". Sie blieb für viele Schülergenerationen ein Standardwerk, das in keinem Schulranzen eines Gymnasiasten fehlen durfte. Schon damals entstand in diesem Gebäude bedeutende Publizistik mit Mehrwert. Ob das für das offizielle Schrifttum der Stadtverwaltung heute auch noch zutrifft? Das werden spätere Autoren bewerten … Auch nach dem Rückzug Humperdincks blieb das Lehrerinnenseminar attraktiv: So bewarben sich alleine im März 1892 mehr als 100 junge Frauen für eine Ausbildung in Xanten; nur 24 konnten angenommen werden. Es ist zu vermuten, dass mit dem

Ende des Kaiserreiches im November 1918 auch das Lehrerinnenseminar in Xanten geschlossen werden musste.

Nach dem Ersten Weltkrieg, im Krisenjahr 1923, wurde im heutigen Rathaus eine höhere Aufbauschule für Mädchen, die so genannte „Kriemhildschule" eingerichtet. Sie bestand bis 1934 und bot als Abschluss das Abitur an. Zuletzt lernten hier nur noch 17 Schülerinnen, so dass die Schule von den Nationalsozialisten „mangels Masse" geschlossen wurde. Seit dem Sommer 1933 baute man das Gebäude für die Verwaltung des „Reichsarbeitsdienst" in Xanten, der auch ein Lager auf dem Fürstenberg errichtete, um. Die so genannte „Gruppe 210" organisierte von hier aus den verpflichtenden vormilitärischen Arbeitsdienst für die Kreise Kleve, Moers, Rees, Dinslaken und Duisburg. Ebenso wurden weitere nationalsozialistische Organisationen im Gebäude untergebracht. Der „RAD" war nach dem Führerprinzip aufgebaut und nahm zeitweilig in Xanten, sehr zum Ärger der Einwohner, sogar nicht legitimierte polizeiliche Funktionen wahr. Zwischen 1940 und 1944 richtete der preußische Staat im heutigen Rathaus wieder eine Lehrerbildungsanstalt ein, die Volksschullehrer ausbildete. Am Ende des Krieges bestand hier ein Lazarett.

Auch das heutige Rathaus wurde im letzten Krieg beschädigt, aber bei weitem nicht so stark zerstört, wie zum Beispiel das benachbarte Karthaus. In einem Teil des Gebäudes brachte man nach dem Zusammenbruch zunächst ausgebombte Familien unter. Von 1950 bis 1966 wurde das Gebäude als Schülerheim genutzt. Ab 1962 firmierte man unter dem Namen „St. Norbertheim e. V. Xanten". Mitte der 1960er Jahre erwarb die Stadt Xanten das Areal des ehemaligen Lehrerinnenseminars für 650.000 DM. Das Schülerheim wiederum zog in die Villa Langen an der Poststraße um. Auf dem erworbenen Gelände hatte man nun, auch nach dem Abriss des alten Krankenhauses, ausreichend Platz für eventuelle Erweiterungsbauten. Schließlich mussten mit der kommunalen Neu-

Die Tafel am Rathaus informiert über falsche Baudaten und -fakten.

Heute wird hier Politik gemacht – im Ratssaal.

ordnung 1969 auch die Verwaltungsaufgaben der nun eingemeindeten umliegenden Dörfer von hier aus mit ausgeübt werden. Es ist den damaligen Stadtvätern zu danken, dass man in Xanten nicht auf die Idee kam, ein neues Rathaus im Betonstil der späten 1960er Jahre zu planen, sondern das bestehende Gebäude im historischen Stil umzubauen. Hierbei wurde auch der Sitzungssaal des Rates neu gestaltet. Dies geschah sicherlich vor dem Hintergrund der erneuten (touristischen) Zuwendung Xantens zu seinen historischen Traditionen, die 1975 in der Ernennung als europäische Beispielstadt im Bereich Denkmalschutz kumulierte. Das „neue" Rathaus, das zeitweilig auch den Archäologen des APX eine Heimat bot, wurde offiziell am 6. April 1975 in Dienst gestellt. Anlässlich dieser Umgestaltung des Rathauses konnte auch der bis heute beliebte Durchgang zwischen Markt und Ostwall geschaffen werden.

Heute befinden sich in den Gebäuden des Rathauses die wichtigsten städtischen Ämter. In einem rückwärtigen Neubau hat unter anderem das Standesamt seinen Sitz. Der große Ratssaal wird neben seiner politischen Funktion heute gerne auch für Kammerkonzerte, Ausstellungen und Veranstaltungen aller Art genutzt. Natürlich feiert man auch hier zu „Altweiber" ausgelassen Karneval. Anfang 2011 las im Ratssaal der heutige Bundespräsident Joachim Gauck aus seiner fesselnden Autobiographie.

Besonders beeindruckend ist das 1985 eingeweihte Glockenspiel am Westportal, das seine Melodien stündlich zwischen 10.00 und 12.00 Uhr sowie zwischen 15.00 und 17.00 Uhr über den Marktplatz erschallen lässt. Von „Sante min Vaderstadt" bis hin zu klassischen Melodien von Bach bis Mozart und Weihnachtsliedern reicht das Repertoire. Leider ist aber keine bekannte Melodie von Engelbert Humperdinck, wie zum Beispiel aus „Hänsel und Gretel" dabei. Schade, hat in diesen Mauern doch der weltbekannte Komponist einmal gewohnt …

172

Eine bis heute klassische Postkartenansicht – das Karthaus und die Domtürme um 1910.

Ein Denkmal der Renaissance am Niederrhein – das Karthaus

Im Norden des Rathauses schließt sich eines der schönsten Gebäude Xantens an, das ehemalige Kloster der Kartäuser, bis heute „Karthaus" oder früher auch „Kartause" genannt. Der Orden lebte und arbeitete hier zwischen 1646 bis zur Auflösung des Ordenshauses im Jahr 1802. Es handelt sich hierbei um die letzte Klostergründung innerhalb der Stadtmauern. Das Karthaus stellt eines der wenigen Baudenkmäler der Renaissance in Xanten dar. Aufgrund der großen Kriegszerstörung musste das Gebäude nach dem Krieg, nur der polygonale Treppenturm war erhalten geblieben, komplett neu aufgebaut werden. Zwischen 2011 und 2013 wurde das Karthaus umfassend saniert. Nach der Fertigstellung wird hier eine private Altenpflegeschule einziehen. Vorherige Planungen, im Karthaus Gästezimmer unterzubringen, scheiterten nicht zuletzt am Veto der Xantener Hoteliers. Zuletzt war der Treppenturm sogar baupolizeilich gesperrt. Im Erdgeschoss befindet sich seit einigen Jahren die beliebte Gaststätte „Einstein".

Eine Inschrift am rückwärtigen Treppenturm des Karthauses informiert uns darüber, dass das Kloster 1646 unter dem „Patriachen Bruno" von den Kartäusern errichtet worden ist. Der Orden stammt ursprünglich aus Frankreich und wurde vom heiligen Bruno im 11. Jahrhundert gegründet. Europaweit gab es neben den Kartäusermönchen auch einen weiblichen Zweig mit Ordensschwestern, nicht aber in Xanten.

Bereits im Jahr 1419 hatten die Kartäuser auf Initiative des Herzogs Adolfs von Kleve ein Kloster auf der Insel „op de Graven" bei Wesel gegründet. Heute würden sich die Einsiedlermönche aufgrund des dortigen Campingplatzes nicht mehr wohlfühlen. Im Jahr 1583 überfielen die Protestanten das Kloster und verwüsteten die Klosterkirche. Die Mönche flohen zunächst nach Wesel. Im Laufe der folgenden Jahre kam es zu wiederholten Besetzungen und Plünderungen auf der Insel, so dass die Kartäuser in das ehemalige Dominikanerkloster in Wesel zogen. Auch dort fühlten sie sich nicht sicher. Die Übersiedelung nach Xanten im Jahr 1628, wo man Grundbesitz und Häuser erwarb, wurde zunächst innerhalb der Stadt nicht mit Begeisterung aufgenommen. Ein neuer Orden bedeutete Konkurrenz für die hier bereits wirkenden Brüder der anderen Orden und Seelsorger. Trotz allen Widerstandes wurde 1646 mit dem Bau des Klosters begonnen. Der „Große Kurfürst" hatte sich als Landesherr, neben seiner Förderung der jungen evangelischen Gemeinde in Xanten, auch für die Kartäuser eingesetzt. Ebenso schafften Verträge und Abmachungen mit dem Xantener Magistrat Rechtssicherheiten für den Orden. Anders als in Wesel mussten die Kartäusermönche hier keine weitere Verfolgung erleiden. Für die Abhaltung der heiligen Messe nutzte man, vertraglich mit dem Stift Xanten geregelt, die schon bestehende Andreaskapelle. Sie stand in etwa dort, wo sich heute neben dem Karthaus die Polizeiwache befindet. Ihr Friedhof, der vor allem Bettler, Kinder und Ortsfremde aufnahm, wurde 1231 erstmals erwähnt. Zeitweilig hatte die Andreaskapelle oder auch Andreaskirche genannt den Rang einer städtischen Pfarrkirche.

Nachdem das Klostergebäude nach der Säkularisierung 1802 Privatbesitz geworden war, wurde die benachbarte Andreaskapelle 1813 abgerissen. Einige Bodenplatten aus der Kapelle brachte man in den Dom und baute sie unter anderem im Bereich der nördlichen „Heilig-Geist-Kapelle" ein. Die wertvolle Klosterbibliothek ging in der Stiftsbibliothek auf, die vorher durch die französischen Besatzer geplündert worden war. Einige Werke werden dort bis heute aufbewahrt. Die wenigen Mönche kehrten auf die Insel „op de Graven" bei Wesel zurück. 1835 starb dort mit Peter Etzweiler der letzte Xantener Kartäuser. Im Jahr 1870 wurde das Karthaus vom Orden der Karmelitessen aus Boxmeer erworben. In den folgenden fünf Jahren lebten und arbeiteten hier zehn Schwestern. Im September 1875 wurde der Standort Xanten aufgrund des sich verschärfenden Kulturkampfes zwischen der katholischen Kirche und Reichskanzler Bismarck aufgegeben.

Das Gebäude gelangte zunächst wieder in private Hände und wurde später von der Stadt Xanten erworben. 1933 war das Karthaus stark renovierungsbedürftig, so dass die Stadt mit der neuen Nutzung auch Gelder für den Erhalt generieren konnte. Das

Das frisch renovierte Hauptgebäude des Karthauses.

Das fast völlig zerstörte Karthäuserkloster (1946).

Vorhaben des Niederrheinischen Altertumvereins hier ein Museum einzurichten, scheiterte. Als neuer Nutzer zog kurz nach der vollzogenen Gleichschaltung aller staatlichen und kommunalen Institutionen die „Rheinische Bauernschule" ins Karthaus ein. Sie bestand von 1933 bis 1937. Nachfolgend war sie auf Schloss Hülchrath bei Neuss untergebracht. Im Volksmund wurde die Berufsschule nur die „Mistakademie" genannt.

Nach der fast vollständigen Zerstörung des ehemaligen Klosters im Zweiten Weltkrieg bezog die nach Xanten zurückgekehrte Landwirtschaftsschule ein neues Gebäude in der Nachbarschaft. Sie bestand hier bis in die 1970er Jahre. Zuletzt, d. h. seit 1973, beherbergte das Karthaus die Stadtbibliothek, die nun im sogenannten „Drei-Giebel-Haus" ihre neue und dauerhafte Heimat gefunden hat. Mit der Anmietung der Räume durch eine Altenpflegeschule knüpft man in der Karthause wieder an ihre alte Traditionen als sozialer Lernort an.

Die Südwestecke des Marktes – Hotel Hövelmann und Co.
Südwestlich des Kleinen Marktes finden wir leider aufgrund der Kriegszerstörungen keine historischen Gebäude mehr. Auch das bekannte Hotel Hövelmann, weit über Xanten hinaus für seine gute Küche bekannt, wurde in mehreren Etappen nach dem Krieg wieder aufgebaut. Es steht an traditionsreicher Stelle. Im Jahr 1785 errichtete der

Franzose Johann La Haye am Markt 32 ein vornehmes Etablissement für wohlhabende Bürger der Stadt. Im Stil der Zeit nannte man sich „König von Preußen". Später wurde es unter dem Namen Hövelmann weiter verpachtet. 1981 wurde das Hotel aufgestockt.

An der Ecke zur Marsstraße fällt an der Fassade des Domcafés ein Fassadenmosaik mit einer Darstellung aus dem Nibelungenlied auf. Es zeigt Hagen, der mit dem Speer seinen Gegenspieler Siegfried ermordet. Das Mosaik wurde 1954 vom Emmericher Künstler Hein Driessen geschaffen. Bekannt wurde der heute am Niederrhein und auf Mallorca wirkende Künstler durch seine Freundschaft mit Hanns Dieter Hüsch, dessen Bücher er zum Teil illustrierte. Heute scheint dieses Kunstwerk der 1950er Jahre nicht mehr so recht in das Bild der Zeit zupassen, auch wenn es vor einiger Zeit restauriert wurde.

Das Mosaik von Hein Driessen zeigt die Ermordung Siegfrieds.

Früher war das Stadtcafé als „Hotel Xantener Hof", vor dem Krieg als „Hotel Scholten" und bis vor wenigen Jahren als Café Verhuven für seine besonderen Spezialitäten bekannt.

Tafeln in historischen Mauern – das (spät)gotische Haus
Das stattliche Gebäude mit seinem eindrucksvollen Giebel weckt sofort Assoziationen zur Backsteinarchitektur der großen norddeutschen Hansestädte, wie zum Beispiel Lübeck oder Stralsund.

Erstaunlicherweise ist zur Baugeschichte des Hauses wenig bekannt. Zweifelsohne gilt das gotische Haus heute als eine Zierde der historischen Innenstadt von Xanten. Es wird sogar hin und wieder im Vorspann der WDR-Lokalzeit für Duisburg und den Niederrhein gezeigt. Nach dem Krieg wusste man diese historische Architektur beim

Eines der wenigen historischen Gebäude am Markt, das den Zweiten Weltkrieg fast
unbeschädigt überstanden hat – das gotische Haus.

„Tafeln wie im Mittelalter" – Blick in einen historischen Speiseraum des gotischen Hauses.

Wiederaufbau, wie bereits mehrfach angesprochen, nicht immer zu würdigen: So wurde noch im Jahr 1975 eine Fassade eines Hauses am Markt, das Anfang des 19. Jahrhunderts errichtet wurde, abgerissen. Es war das Jahr, in dem Xanten zur Europäischen Beispielstadt des Denkmalschutzes ernannt wurde.

Wann das beliebte Xantener Postkartenmotiv erbaut wurde, ist bis heute umstritten. Die Autoren des Denkmalverzeichnisses „Dehio" gehen von einer Errichtung in der zweiten Hälfte des 15. Jahrhunderts aus; Walter Bader nimmt eher eine Bauzeit nach 1500 an. Wahrscheinlich wurde das gotische Haus aus Back- und Tuffsteinen der alten Colonia Ulpia Traiana errichtet. Die Homepage des für seine Küche weithin bekannten Restaurants „mit der österreichischen Note" legt sich auf das Baujahr 1540 fest. Das gotische Haus überstand wie durch ein Wunder den Zweiten Weltkrieg nur mit kleineren Schäden. Die Holzbalkendecken, alle Wände, der Dachstuhl mit Treppengiebel und die historische Fassade stammen noch aus dem 16. Jahrhundert. Das im Gebäude verbaute Holz wurde nach neuesten Erkenntnissen 1539/40 im benachbarten Reichswald geschlagen, so dass dies für eine Errichtung des gotischen Hauses um 1540 spricht. Vor diesem Hintergrund sollte man streng genommen vom „spätgotischen Haus" sprechen. Für das 17. Jahrhundert sind in den Quellen als Bewohner Mitglieder der Familie van den Sandt erwähnt.

Vor 300 Jahren wurde das Gebäude, wahrscheinlich wegen seiner früheren bunten Dachpfannen, Haus „Zum Pfau" genannt. Im 18. Jahrhundert soll dort die Verwaltung des Bürgermeisters untergebracht gewesen sein.

Besonders interessant ist die Ausrichtung des vierachsigen und dreigeschossigen ehemaligen Kaufmannshauses in Richtung des Marktes. Hierbei wird die für die mittelalterliche Bebauung Xantens so typische Längsstreckung der Patrizierhäuser deutlich. Das (spät)gotische Haus besitzt ebenfalls eine relativ schmale Fassade mit dem rückwärtig ausgerichteten langen Haupthaus. Noch in den 1980er Jahren diente das Gebäude als Wohngebäude und beherbergte einen kleinen Blumenladen. Ab 1997 erfolgte eine umfassende Restaurierung des schmucken Gebäudes. Hierbei konnten die zum Teil haarsträubenden Baueingriffe und Umbauten des 19. Jahrhunderts entfernt werden. Im Jahr 1866 wurde das gotische Haus bei einer damals üblichen historistischen Renovierung u. a. im Bereich der Raumaufteilung und der Fassade, stark verändert. Hierbei kam es zum Streit zwischen den damaligen Eigentümern und dem damaligen Dombaumeister Carl Cuno. Darüber hinaus wurde auch der heute noch erhaltene Anbau, der das neue Treppenhaus aufnahm, errichtet. Auch die markante Eingangstür stammt aus den 1860er Jahren.

Inwieweit das Dachgeschoss früher auch Lagerzwecken diente, muss offen bleiben. Absolut empfehlenswert ist heute die Besichtigung der beeindruckenden historischen Räumlichkeiten bei einem kulinarischen Mal oder bei einer Veranstaltung. Man fühlt sich hierbei direkt ins Mittelalter zurück versetzt. Ein ähnliches Ambiente kenne ich sonst nur noch aus der „Schiffergesellschaft" in der Hansestadt Lübeck. Es versteht sich von selbst, dass das Restaurant besonders bei Touristen beliebt ist und somit ein Stück „gutes altes Xanten" für zukünftige Generationen bewahrt.

Von Pumpen, Brunnen und Marktständen – die Einrichtungen auf dem Markt
Nachdem wir nun den historischen Markt in der Kernstadt einmal umrundet haben, möchte ich noch die auf dem Platz vorhandenen Denkmäler, Brunnen und Pumpen vorstellen.

An der Nordwestecke, vor der evangelischen Kirche, steht die aus dem Jahr 1736 stammende und von Jean Collardt aus Maastrich geschaffene steinerne barocke Marktpumpe – auch „Marktpütt" genannt. Sie wurde 1981 umfassend saniert. Bis heute sind die in Xanten nicht aus dem Alltag wegzudenkenden Pumpengemeinschaften lebendig. Hierbei handelt es sich um soziale Gemeinschaften, die sich rund um eine Pumpe gebildet haben und deren Unterhalt sicherstellen. Noch heute wird an verschiedenen Stellen der Stadt die so genannte „Pumpenkirmes" gefeiert. Eine solche Pumpengemeinschaft gibt es hier gegenwärtig nicht, da die Marktpumpe schon immer städtisches Eigentum war.

Die Marktpumpe diente sicherlich als Tränke für das Vieh der Marktleute, als Wasserspender für die Anwohner und nicht zuletzt als Wasserquelle bei Bränden. Bereits 1743 wurde eine erste Bürgerfeuerwehr gegründet. Kaum vorstellbar ist, dass die Marktpumpe nach dem Krieg bis zur Umgestaltung der Mars- und Kurfürstenstraße zu einer Fußgängerzone vom Durchgangsverkehr „belästigt" wurde.

Direkt vor dem Zugang zur Immunität, fast in der Mitte des großen Marktes, finden wir den schlicht gehaltenen Norbertbrunnen. „Brunnen und Gedenktafel erinnern an einen ehemaligen Stiftsherrn, den heiligen Norbert (1080-1134), mit einer der schillerndsten und umstrittensten Persönlichkeiten des frühen 12. Jahrhunderts", so ist auf der Homepage der Stadt Xanten zu lesen. Er wurde vom Bildhauer Hans Joachim Grams gestaltet und 1984 eingeweiht. Er schuf auch die beiden Brunnen auf den Dorfplätzen von Birten und Lüttingen.

Der benachbarte „kleine Markt" dient (leider) als Parkfläche. Nur anlässlich des beliebten Weihnachtsmarktes finden hier Wochenmärkte statt, da der „große Markt" dann belegt ist.

Die historische Marktpumpe wurde 1736 errichtet.

Der Norbertbrunnen auf dem Markt erinnert an einen bekannten Xantener.

181

Sehr schön kann man vom Domturm den Verlauf der Marsstraße Richtung Süden erkennen.

5.2. Vom Flanieren, Shoppen und Staunen – die Flaniermeilen und historischen Straßen der Kernstadt

Wer heute unsere schöne Innenstadt durchwandert, kann heute zwischen dem „Klever Tor" und dem ehemaligen „Marstor" wandeln, ohne auf Autos oder Busse zu treffen. Dieser Bereich wurde seit den 1970er Jahren kontinuierlich, nicht ohne Widerstände, zu einer vom Individualverkehr unabhängigen Fußgängerzone umgebaut. Im Westen reicht diese bis an den Meerturm. Eine kluge Entscheidung der damaligen Stadtväter! Durch eine neue Umgehungsstraße (B57) und den Ausbau des „Südrings" zwischen Holzweg, Viktorstraße, Lüttinger Straße und der Bundesstraße, Anfang der 1980er Jahre, konnte eine enorme Entlastung der Innenstadt erreicht werden. Der Verfasser erinnert sich noch gut daran, wie früher Autos sogar durch das Klever Tor fuhren. Die so entstandene „Flaniermeile" ist heute nicht nur bei den Touristen, sondern auch bei den Einheimischen gleichermaßen beliebt. Unsere Fußgängerzone gliedert sich – von Nord nach Süd – in die Klever Straße,

Auch der Jugendstil ist in Xanten zu finden – Haus Marsstraße Nr. 7.

die Kurfürstenstraße, (obere) Bahnhofstraße, die Marsstraße und den Markt. Nehmen Sie sich Zeit und entdecken Sie neben den attraktiven Shoppingangeboten der Geschäfte und den Verlockungen der dortigen Gastronomie in den folgenden Kapiteln auch die zahlreichen erhaltenen Zeugnisse der Xantener Stadtgeschichte. Beginnen wir mit unserem Rundgang vor dem Haupteingang der evangelischen Kirche am Markt.

Von Fachgeschäften, Kornbrennereien und unbekannten Gewölbekellern – die Mars- und Viktorstraße

Die vom Markt nach Süden verlaufende Marsstraße führte schon vor der Besiedlung des heutigen Innenstadtkerns als Teil der alten Römer- bzw. Limesstraße stadtauswärts in Richtung Fürstenberg. Ihr Name leitet sich aber nicht, wie man meinen könnte, vom römischen Kriegsgott Mars ab. Er geht auf das niederdeutsche Wort „Maas", d. h. Maar („Sumpf") zurück. Gemeint sind hiermit die früher westlich gelegenen Sümpfe und Felder. In alten Rechnungen des Stiftes (seit 1337) wird sie lateinisch als „platea maris" bezeichnet. 1371 werden hier bereits 38 Häuser, die Abgaben an das Stift zu leisten hatten, erwähnt. Fast alle Gebäude an der Marsstraße wurden Anfang 1945 durch Bomben oder Straßenkämpfe völlig zerstört. Bis auf das Gebäude der Commerzbank, im Volksmund auch als „Rokokohaus" bezeichnet (Marstr. Nr. 3), und sehr wenige weitere Häuser aus der Vorkriegszeit, ist von der einstigen Pracht der Xantener Flaniermeile obertägig kaum noch etwas erhalten geblieben. Man kann jedoch einige wenige Fassadendetails aus dem 18.und 19. Jahrhundert entdecken. Ein schönes Beispiel für die Vorkriegsbebauung ist das Haus Marsstraße Nr. 7 mit seinem charakteristischen Erker. Hier kann man wunderbar, fast wie in Wien, den Übergang vom Historismus zum Jugendstil zu Beginn des 20. Jahrhunderts studieren.

Zahlreiche zerstörte Gebäude aus früheren Epochen der Stadtgeschichte wurden in der Nachkriegszeit leider auch hier durch eine gesichtslose Bebauung ersetzt. Es ist natürlich aus heutiger Sicht nachvollziehbar, dass nach der fast totalen Zerstörung der Kernstadt zunächst funktionaler Wohn- und Geschäftsraum, ohne Rücksicht auf historische Vorgängerbauten, geschaffen werden musste, um eine Rückkehr der ehemaligen Bewohner in ihre Stadt ermöglichen zu können.

Kaum bekannt ist, dass gerade hier in der Marsstraße noch eine Vielzahl der alten Keller, z. T. mit Gewölben ausgestattet, erhalten geblieben ist. Im Jahr 1994 wurden diese durch einheimische Archäologen erstmals ausführlich dokumentiert. In der gesamten Innenstadt konnten 417 Gebäude auf eine mögliche Unterkellerung aus der Vorkriegszeit untersucht werden. Insgesamt wurden 255 historische Altkeller, die zum Teil bis in das 13. Jahrhundert zurückgehen, dokumentiert. 234 Anlagen stammen aus der Zeit vor dem 17. Jahrhundert. Besonders erstaunlich ist, dass im Stadtkern von Xanten noch 19 Kreuzgrat- bzw. Rippengewölbe aus dem 14.-16. Jahrhundert erhalten geblieben sind, die leider nicht für die Öffentlichkeit zugänglich sind. Versuchen Sie sich doch einmal bei einem Schaufensterbummel in der Marsstraße die historische Atmosphäre dieser hier untertägig erhaltenen Gewölbekeller aus der Frühzeit der Stadt vor Augen zu führen. Eine Öffnung für ein breites Publikum, so zum Beispiel im Rahmen eines Tages des offenen Denkmals, ist aufgrund der flächendeckenden privaten Nutzung der Keller nicht möglich.

In der Marsstraße Nr. 65 erinnern so genannte Stolpersteine an die ehemalige jüdische Familie Oster, die infolge des Pogroms im November 1938 Xanten verlassen mussten. Kaum vorstellbar ist, dass sich bis Ende der 1970er Jahre der Durchgangsverkehr durch die Marsstraße quälen musste. Mit der Entscheidung, Mars-, Kurfürsten- und

Einen historischen Gewölbekeller können Sie in der Bar „de Kelder" in der Klever Straße besichtigen.

den östlichen Teil der Bahnhofsstraße als Fußgängerzone auszubauen, hat man sicherlich seitens der Stadt keinen Fehler gemacht. Auf alten Bildern ist noch gut der Busbahnhof am Markt (gegenüber dem Eiscafé Santin) zu erkennen. Heute bietet die Marsstraße einen selten gewordenen bunten Branchenmix an Fachgeschäften, der Besucher aus Nah und Fern nach Xanten zieht. Vertreten werden die bis zu 150 Händler in der Innenstadt durch die „Interessengemeinschaft Xantener Gewerbetreibender" (kurz IGX). Auffällig ist, dass die IGX besonderen Wert auf den Fortbestand der alteingesessenen Fachgeschäfte legt und bislang eine Überdominanz der in anderen Städten überall vorhandenen Ketten verhindern konnte.

In der Marsstraße finden Sie noch viele inhabergeführte Fachgeschäfte.

Mittelalterliches Gasthaus und „Pesthäuschen"

Nicht weit vom Markt entfernt, verläuft bis heute die Gasthausstraße (auch Gasthaussteg) in Richtung des Westwalls und der dortigen Stadtmauer. Die Bezeichnung Gasthausstraße ist von einer der wichtigsten spätmittelalterlichen Armen- und Pilgerfürsorgestätten des mittelalterlichen Xantens abgeleitet – dem heute nicht mehr erhaltenen Gasthaus bzw. Hospital. Vergleichbare Einrichtungen befanden sich, wie wir noch sehen werden, unter anderem im Norden der Kernstadt an der Brück- und Bemmelstraße. Hierbei darf man sich aber kein Krankenhaus oder Hotel im heutigen Sinne vorstellen. Eine moderne Medizin mit verschiedenen Therapien war noch nicht erfunden: Man brachte hier in elf kleinen Zellen vor allem Arme, Kranke und unvermögende Pilger unter. Diese Armeneinrichtung wurde durch Stiftungen vermögender Bürger der Stadt bezuschusst, die sich hiervon eine Verbesserung ihrer Situation im Jenseits versprachen.

Blick von der Marsstraße Richtung Markt und evangelische Kirche.

Das Xantener Gasthaus wurde wohl um das Jahr 1300 an der kleinen Seitengasse der Marsstraße errichtet. In den Quellen wird dieser Bereich auch als „cradenpol" und „op den Beyer" bezeichnet. Städtische Provisoren, d. h. Verwalter, leiteten das Gasthaus. 1819 löste man diese Xantener Armenfürsorge auf. Leider wurden auch die letzten vorhandenen Reste des Bauwerks, die noch 1939 als Schuppen (!) genutzt wurden, im Zweiten Weltkrieg zerstört.

Wenige Meter weiter westlich, d. h. außerhalb der Stadtmauer, befindet sich am Parkplatz der Sparkasse das so genannte Pesthäuschen. Es liegt ein wenig versteckt und wird wohl deshalb auch nur von wenigen Touristen wahrgenommen. Es gibt wohl kaum ein historisches Gebäude in der Stadtmitte, dessen Baugeschichte

Die römische Ziegelei und Gräberfeld an der Viktorstraße

An der Ecke Viktorstraße/Lüttinger Straße erinnert, vor der Villa aus dem frühen 20. Jahrhundert, eine Informationstafel an den ehemaligen Standort einer römischen Ziegelei. Der erste Brennofen wurde an dieser Stelle im Jahr 1901 durch den Altertumsverein ausgegraben. Neben ihm konnten auch verschiedene Fabrikationsräume und ein Trockenschuppen freigelegt werden. In der antiken Ziegelei wurden vor allem Baumaterial wie Dachpfannen, Wand- und Bodenplatten oder auch Rohre hergestellt.

Diese Anlage, die zwischen dem Lager Vetera II (heute Bislicher Insel) und der Colonia Ulpia Traiana lag, ist mit Sicherheit von der XXII. Legion genutzt worden. Ältere Ziegelfunde belegen, dass die Produktionsstätte bereits früher in Betrieb gewesen sein muss. Als Grundlage für das Brennen von Ziegeln dienten der in der Rheinaue häufig vorkommende Sand sowie Tonablagerungen. Weitere Anlagen sind uns aus Köln, Dormagen und Neuss bekannt. Die Xantener Ziegelei war bis ins 4. Jahrhundert in Betrieb. In den 1970er und 1990er Jahren konnten, infolge von Baumaßnahmen, zwei weitere Brennöfen und ein Töpferofen mit angeschlossener Bebauung dokumentiert werden. Leider wurden diese einzigartigen Funde nicht für die Öffentlichkeit sichtbar gemacht. Eine weitere Schautafel, gegenüber der Bushaltestelle Tinnefeld, informiert über das römische Gräberfeld, welches sich zwischen der Colonia und dem Fürstenberg erstreckte und ebenfalls archäologisch dokumentiert wurde. Alleine im Bereich des ehemaligen Marstores konnten über 500 Brandbestattungen aus dem 1. bis 3. Jahrhundert ausgegraben werden.

Beim Bau der Villa (Ecke Viktorstraße/Lüttinger Straße) wurde zu Beginn des 20. Jahrhunderts eine römische Ziegelei ausgegraben.

Neben Legionären wurden hier auch Frauen und Kinder beigesetzt. Somit können wir auch in diesem Bereich, südlich der ehemaligen Stadtmauer, eine Kontinuität von über 2000 Jahren Siedlungsgeschichte feststellen.

Hier sind die Tourismusinformation und das SiegfriedMuseum zu Hause – die Kurfürstenstraße

Nördlich des großen Marktes beginnt die bereits genannte Kurfürstenstraße, die bis zum so genannten Mitteltor verläuft. Hieran schließt sich die Klever Straße an, die mit dem „Klever Tor" einen beeindruckenden Abschluss findet.

An der Kurfürstenstraße ist ebenfalls wenig historischen Bausubstanz erhalten geblieben. Bei den Xantenern beliebt sind der Traditionsimbiss Drießen neben dem gotischen Haus sowie das in der Nachbarschaft gelegene Café de Fries mit angeschlossenem Schokoladen- und Konditoreimuseum. Auch wenn der Begriff „Museum" ein wenig weit hergeholt scheint, können sich interessierte Besucher in der alten Backstube der bereits 1824 gegründeten Xantener Institution über verschiedene historische Formen und Gerätschaften der Konditoreiproduktion informieren. Auch der beliebte Schokoladenbrunnen begeistert Jung und Alt gleichermaßen. Der Eintritt ist übrigens frei. Wie

Die erste Anlaufstelle für unsere Touristen – die Tourismusinformation (TIX) in der Kurfürstenstraße.

bei allen „richtigen" Museen ist auch hier der Montag besucherfrei, d. h. das Café ist geschlossen. Was aber der Nibelungenheld Siegfried, der als Namensgeber des Schokoladenbrunnens fungiert, mit Schokolade und anderen Leckereien zu tun hat, ist mir bis heute nicht so ganz deutlich geworden.

Tourismusinformation, SiegfriedMuseum und Nibelungenexpress

Für die zahlreichen Besucher der Stadt ist die benachbarte Tourismusinformation (TIX) in der Kurfürstenstraße 9 die erste und wichtigste Anlaufstelle. Hier starten auch die beliebten Stadtführungen und Fahrradtouren rund um Xanten.

In der TIX befindet sich ebenfalls der Eingang zum SiegfriedMuseum. Dieses Museum war in Xanten aufgrund seiner Konzeption und Finanzierung in den letzten Jahren sehr umstritten und wiederholt von der Schließung bedroht. Einige Xantener wünschen sich an dieser Stelle ein stadtgeschichtliches Museum, wie es in Teilen das alte Regionalmuseum dargestellt hat. Mittlerweile ist das Sieg-friedMuseum an die TIX angegliedert und wird seit 2012 von einer engagierten neuen Leiterin geführt, welcher besonders die museumsdidaktische Arbeit und Präsentation der Ausstellung am Herzen liegt. Im Vordergrund der von Ralph Trost entwickelten Konzeption steht die Geschichte der Rezeption des Nibelungenliedes in der Zeit vom Mittelalter bis zur Gegenwart. Der Verfasser wird die Arbeit des neuen Museums in Zukunft als aktives Mitglied des Fördervereins unterstützten.

Die Tourist Information Xanten (TIX)

Kontakt

Kurfürstenstraße 9, D-46509 Xanten

Telefon: 00 49-(0) 28 01-772-200

Fax: 00 49-(0) 28 01- 772-199

info@xanten.de, www.xanten.de

Öffnungszeiten

Montag bis Samstag 10.00 bis 17.00 Uhr

Sonntag und Feiertage 11.00 bis 16.00 Uhr

24., 25. und 31. Dezember und Rosenmontag geschlossen

Der Eingang zur TIX ist auch Zugang zum SiegfriedMuseum.

Themenraum in der Dauerausstellung des SiegfriedMuseums.

Die Verantwortlichen des Hauses beschreiben die Ausrichtung des Museums auf der Homepage wie folgt: „[Das Museum d. V.] zeigt, wie das Nibelungenlied entstand, erlebt, erzählt, aufgeschrieben, vergessen, wiederentdeckt sowie ge- und benutzt wurde. Man kann erfahren, welchen Einfluss es auf die Gesellschaft und Politik ausübte und welche Spuren es in unserer europäischen Geschichte hinterlassen hat. Mit den freigelegten Mauern des Wehrgangs der mittelalterlichen Bischofsburg, erbaut aus den Steinen der vormaligen römischen Siedlung, weist das Museum zu den Ursprüngen Xantens". Über die Öffnungszeiten informieren Sie sich bitte unter http://www.nibelungen-xanten.de. Ein Besuch lohnt sich! Es werden offene Führungen zu festgelegten Terminen angeboten.

Vor dem Eingang der Touristinformation startet zwischen April und Oktober auch der beliebte „Nibelungenexpress". Diese kleine Bimmelbahn fährt sie, ohne an Schienen gebunden zu sein, quer durch Xanten und steuert neben den Denkmälern der Kernstadt auch den Archäologischen Park an. Lautsprecherdurchsagen vom Band informieren Sie über wichtige Daten und Fakten zur Stadtgeschichte und die Sehenswürdigkeiten Xantens. Anders als im benachbarten Kleve, Rees, Rheinberg oder Wesel gab es in Xanten nie eine Straßenbahn. Mit einer Ausnahme: Zwischen 1945 und 1951 fuhr innerhalb des Zentrums von Xanten eine schienengebundene Kleinbahn unter Dampf, die als „Trümmerbahn" wichtige Hilfe bei der Enttrümmerung der vielen Kriegsruinen leistete. Auf alten Fotos kann man das weit verzweigte Schienennetz noch gut erkennen.

Der Nibelungen-Express ist eine echte Touristenattraktion.

Zwischen Meertor, Mitteltor und Hotel van Bebber – rund um die südliche Klever Straße

Um zu einem der bekanntesten Wahrzeichen Xantens, dem Klever Tor, zu gelangen, müssen Sie nun das ganz in weiß gehaltene Mitteltor passieren. Sie befinden sich nun auf der Klever Straße.

Mitteltor und Meeturm

Kaum vorstellbar ist, dass sie jetzt mit dem erst in den 1970er Jahren rekonstruierten Mitteltor eine ehemalige innerstädtische Grenze durchschritten haben. Die Forschung nimmt an, dass es sich beim Mitteltor zunächst nicht um eine Toranlage, sondern um eine reine strategische Verbindung zwischen der Immunität und dem Meerturm mit einer Brückenfunktion über den damals noch vorhandenen Immunitätsgraben gehandelt hat. Neben der Immunität, die der Gerichtsbarkeit der Stiftsherren unterstand (wozu auch die oberen Räume im Tor gehörten), wurde das Gebiet nördlich des Mitteltores und der Immunität bis in das Jahr 1444 von den Herzögen von Kleve regiert. Die südliche Hälfte Xantens gehörte bis dahin hingegen zum Einflussbereich der Erzbischöfe von Köln. Diese Teilung wurde 1392 nach der „Linner Fehde" rechtskräftig. Als sichtbares Zeichen hierfür diente das Mitteltor. Eine politisch kuriose Situation, wie sie am Niederrhein einzigartig war. Erst nach der Soester Fehde besetzen klevische Truppen im Jahr 1444 die ganze Stadt und schufen Fakten. Xanten

Das im Krieg zerstörte Mitteltor wurde Ende der 1970er Jahre wieder aufgebaut.

wurde nachfolgend ganz in das Territorium der Herzöge von Kleve eingegliedert. Der Erzbischof von Köln hatte seinen politischen Einfluss in der Bürgerstadt – nicht aber im Stift – ganz verloren.

Das Mitteltor wurde im Zweiten Weltkrieg fast vollständig zerstört. Wehrmachtseinheiten hatten es in den letzten Kriegstagen gesprengt. Die Reste des Tores mussten später abgerissen werden. Diese städtebauliche Wunde konnte erst zum 750-jährigen Stadtjubiläum im Jahr 1978 durch eine Rekonstruktion geschlossen werden. Seit seinem Wiederaufbau war das Gebäude Teil des ehemaligen Regionalmuseums. Heute gehört es zum SiegfriedMuseum.

Der benachbarte Meerturm wirkt noch heute wie eine Festungsanlage. Er wurde um 1389 vom Kölner Erzbischof errichtet, um bei militärischer Gefahr hier Unterschlupf finden zu können. Der Meerturm war über einen nach dem Krieg wieder aufgebauten Wehrgang und dem Mitteltor mit der früheren Bischofsburg im Westen der Viktorstadt (Immunität) verbunden. Eine Gefangennahme des Erzbischofs, zum Beispiel durch die Herzöge von Kleve, sollte somit unbedingt verhindert werden. Ebenso scheint die Er-

Blick vom Südturm des Domes auf das Mitteltor und den Meerturm.

mordung des Kölner Erzbischofs Engelbert im November 1225 bei Gevelsberg,
die im späten 14. Jahrhundert noch stark
präsent war, hierbei eine Rolle gespielt
und das Schutzbedürfnis der Kölner Kleri-
ker erhöht haben. Interessant ist auch die
Tatsache, dass die im Westen vorgelagerten Sümpfe eine Einnahme des Meerturms durch feindliche Truppen aufgrund
der hier vorherrschenden schwierigen
topographischen Verhältnisse nahezu un-
möglich machte.

Der Meeturm (links) als Teil des Meertores im Jahr 1746.

Der wuchtige Meerturm wurde in die Anlage des gleichnamigen Tores mit einbezogen. Sein Name leitet sich von den westlich der Stadt liegenden Sümpfen („Meer oder
„Maar") ab. Am Ende des 18. Jahrhunderts verkaufte der städtische Rat das Gebäude
an den Posthalter Felderhoff. Er wollte durch den Abriss und den Verkauf der Steine
ein gutes Geschäft tätigen. Der Meerturm widerstand, wohl aufgrund seiner dicken
Mauern, diversen Niederlegungsversuchen. So stellte der Rat im Jahr 1791 den An-
trag, den Turm mit einem Dach schließen zu dürfen. Im frühen 20. Jahrhundert war

hier ein Polizeigefängnis untergebracht. Am 18. April 1933 wurden im Meerturm der damalige Bürgermeister Wegenaer und der Sparkassenmitarbeiter Hoffmann von den Nationalsozialisten kurzzeitig gefangen gehalten. Dies geschah vor dem Hintergrund der damaligen Gleichschaltung der Stadtverwaltung.

Der Meerturm überstand, schwer beschädigt, den Zweiten Weltkrieg. Bei den schweren Luftangriffen im Jahr 1945 suchten auch hier Bürger der Stadt Xanten Zuflucht vor den Bomben. Ein 18 Quadratmeter großer Raum ohne Fenster bot ausreichend Schutz. Heute befinden sich im Meerturm eine Ausstellungsfläche sowie die Redaktion des deutschen Museumsportals. Das angeschlossene Stadttor war bereits im Jahr 1821 beseitigt worden. An der Südseite des Meerturms kann man im Ansatz noch die einstige Höhe der Xantener Stadtmauer ablesen. Die Grundmauern des ehemaligen Meertores, das auch zeitweilig als Sonsbecker Tor oder als Viehtor bezeichnet wurde, konnten 1987 von Archäologen wieder freigelegt und nachfolgend durch Basaltsteine im Pflaster der Bahnhofsstraße markiert werden.

Xantens „Klein Montmartre" – Die Klever Straße
Die Klever Straße, die sich an das Mitteltor Richtung Norden anschließt, wurde namentlich bereits im 14. Jahrhundert erwähnt. Sie war bereits schon in der Spätantike Teil der Limesstraße und verläuft heute, wie Archäologen nachgewiesen haben, wenige Meter

Ein Ort mit Flair – Blick vom Mitteltor in die Klever Straße nach Norden.

Das heutige Hotel van Bebber wurde 1782 als Packhaus errichtet und erst in den 1920er Jahren in das heute nicht mehr vorhandene Stammhaus integriert.

westlich versetzt. Auch in Xanten schreib man die Klever Straße noch bis in die 30er Jahre des 20. Jahrhundert mit „C". Erst im April 1935 änderte man die amtliche Schreibweise und auch die ehemalige Residenzstadt „Cleve" wird seitdem mit „K" geschrieben.

Klassizistische Wohnbebauung und Hotel van Bebber

Die westliche Seite der oberen Klever Straße zeigt heute noch eine schöne Altbebauung. Auch hier musste nach dem Krieg umfangreich wiederaufgebaut werden. Das im Stil des Klassizismus errichtete Haus Klever Straße Nr. 2 hat die Bombenangriffe fast unbeschädigt überstanden. Hier war lange das Staatliche Forstamt untergebracht. Das Gebäude stammt aus dem Jahr 1776 und war nicht, wie in der Literatur bisweilen behauptet wird, ein ehemaliges Kanonikerhaus.

Wenig zerstört war auch das Gebäude des heutigen Hotel van Bebber, seit fast 230 Jahren das erste und älteste Haus seiner Art am Platze. Das eigentliche Gründungshaus, das sich bis ins Jahr 1945 nördlich vom heutigen Hotelgebäude anschloss, wurde hingegen am Ende des Zweiten Weltkrieges vollständig durch Bomben vernichtet und stammte im Kern aus dem Spätmittelalter. Man übertreibt sicherlich nicht, wenn man das „van Bebber" als das Xantener Traditionshotel bezeichnet. Das im Stil des Frühklassizismus erbaute Hotel wurde im früheren Nachbarhaus im Jahr 1785

Das historische Fürstenzimmer im Hotel van Bebber.

als „Niederrheinischer Hof" von der Familie Ingenlath eröffnet. Familie Ingenlath baute seit den 1830er Jahren eine nicht unbedeutende Sammlung mit römischen Funden aus Vetera und der CUT auf, so dass man damals in Xanten von einem Hotel mit „Heimatmuseum" sprach. Friedrich Engels, der sich wiederholt im Rahmen von Familienbesuchen in Xanten aufhielt, hat in seinem Aufsatz „Siegfrieds Heimat" (1840) dem damaligen Hotel und seiner Kuriositätensammlung ein humoristisches Denkmal gesetzt. Im Jahr 1892 übernahm es die in Xanten und Umgebung weit verzweigte Familie van Bebber, die schon in früheren Zeiten Kanoniker für das Stift stellten. Das heutige Hotelgebäude, das in seiner Ursprungsform ein Kaufmannshaus mit Packboden aus dem Jahr 1782 darstellt, wurde von Familie van Bebber in den 1920er Jahren erworben und nachfolgend mit einem Speisesaal und anderen Räumlichkeiten in das Hotel integriert.

Der Hotelgarten war vor dem Krieg berühmt. Hier wurde auch eine römische Sphinx ausgestellt, die bei Grabungen in Vetera gefunden wurde. 1945 stark beschädigt, befindet sich heute nur ein Fragment des Kopfes im Besitz der Inhaberfamilie. Erhalten blieben aber der historische Fürstensaal mit Stuckdecke, das Treppenhaus und die Bauernstube. Zwischen 1925 und 1945 fungierten also – im Gegensatz zu heute – zwei historische Gebäude als „Hotel van Bebber". Das Stammhaus wurde nach dem Krieg nicht wieder aufgebaut. Sein Gelände diente lange als Parkplatz.

Zuletzt wurde das historische Gebäude im Wendejahr 1989 saniert. Seitdem wird es von der Familie van Dreveldt geführt. Im Jahr 1994 konnte eine Erweiterung und ein Jahr später der Status als „Vier-Sterne-Hotel" gefeiert werden. Die prominente Gästeliste ist lang und reicht von Friedrich dem Großen, Königin Victoria von England (1834), Friedrich Engels, Kardinal von Gahlen, Winston Churchill (1945), den Bundespräsidenten Theodor Heuss, Heinrich Lübke und Walter Scheel bis zu Thomas Gottschalk. Die teilweise erhaltenen Gästebücher stellen eine einzigartige Quelle zur Xantener Stadtgeschichte dar. Teile der Ausstattung des im Zweiten Weltkriegs zerstörten Stammhauses konnten geborgen werden und befinden sich heute im Besitz der Familie Dreveldt-Trautmann.

Bei den Xantenern beliebt ist die urige Gaststätte „de Kelder" die sich, wie der Namen schon verrät, im Keller des Hotels van Bebber befindet. Dieses Gewölbe ist wesentlich älter als das Hotel. Es kann in das 14. Jahrhundert datiert werden und gehört somit zu den zahlreichen historischen Gewölbekellern aus dem Mittelalter, die unterhalb der Xantener Innenstadt bis heute erhalten geblieben sind.

Die östliche Seite der oberen Klever Straße war früher auch im Besitz des benachbarten Stiftes. Die heute nicht mehr erhaltenen Gebäude waren ebenfalls Kurienhäuser, wie zum Beispiel das so genannte „Französische Haus". Im Haus Strack, der ehemaligen Dom-Destillerie, wurde auch schon vor dem Krieg der immer noch erhältliche Kanonikus-Schnaps hergestellt. Heute befinden sich hier an der Mauer zur Marienschule Parkplätze bzw. gesichtslose Gebäude, die aus den frühen 1950er Jahren stammen und nichts mehr mit den Vorkriegsbauten gemein haben.

Der dem Hotel van Bebber gegenüberliegende und aus dem 11. Jahrhundert stammende Romanische Turm markierte früher die Nordwest-Ecke des Stiftbezirkes. Er gehört zu den ältesten Bauwerken der Kernstadt. Das mittelalterliche Bauwerk ist heute Teil der Marienschule. Der Turm gehörte ursprünglich zur später geschliffenen Immunitätsbefestigung bzw. zur ehemaligen Pfalz der Erzbischöfe von Köln. Im Jahr 1331 wurde der Turm Bestandteil der Kurie des Kanonikers und Dechanten

Der historische Kamin im Stammhaus, welches im Zweiten Weltkrieg zerstört wurde. Um 1920.

Blick auf den romanischen Turm mit dem Dom im Hintergrund.

Der romanische Turm 1945/46.

Johann von Hiesfeld und diente wohl bereits auch Wohnzwecken. Somit hatte das Stift seinen Besitz im 14. Jahrhundert bis zur Klever Straße ausgedehnt. Auch der Romanische Turm wurde zu Beginn des Jahres 1945 völlig zerstört und originalgetreu aus Tuffsteinen wieder aufgebaut. Ältere Vorkriegsaufnahmen zeigen, dass er im 19. Jahrhundert stark verfremdet als Wohnhaus genutzt wurde. Interessant ist, dass sich an der Ecke Klever Straße/Rheinstraße früher eine Rossmühle befand, die für den täglichen Bedarf des Stiftes Mehl und Malz produzierte. 1804 ist diese noch auf einem alten Stadtplan, obwohl das Stift bereits aufgehoben war, verzeichnet. Eine fast baugleiche Mühle, die von Pferden angetrieben wurde, gab es auch im Kloster Marienbaum und in Winnenthal. Private Investoren planen auf dem Parkplatz neben dem Romanischen Turm in den nächsten Jahren ein neues Wohn- und Geschäftshaus mit dem Namen „Stadtpalais" zu errichten und somit die nicht gerade einladende Fläche neu zu beleben.

Hagenbuschstraße

Die Hagenbuschstraße, die gegenüber dem Romanischen Turm in Richtung des Bahnhofes aus der Kernstadt heraus führt, wurde erst in den 1930er Jahren angelegt. Auch den heutigen Durchlass durch die westliche Stadtbefestigung gab es früher nicht. Manche vermuten, dass im Mittelalter hier das einstige Webertor gestanden hat. Die Straßenbezeichnung „Hagenbusch" erinnert an das heute nicht mehr vorhandene Kloster Hagenbusch, das sich etwas westlich des heutigen Bahnhofes in einem damals sumpfigen Gebiet, dem Niederbruch (heute Gewerbegebiet/städtischer Bauhof) befand. Ob der Namen vom Gegenspieler Siegfrieds aus dem Nibelungenlied oder von einem mit einer Hecke versehenen Hagen, d. h. einer mittelalterlichen Landwehr, abzuleiten ist, muss offen bleiben.

Das genaue Gründungsdatum des Klosters ist nicht bekannt. Das Benediktinerkloster wird wohl zwischen 1144 und 1156 durch Volmar von Bilstein für Töchter aus adeligen

Sehr beliebt ist der Kunstmarkt „KleinMontMartre", welcher an einem Sommerwochenende in der Klever Straße stattfindet.

Familien gegründet worden sein. Seine Besitztümer beschränkten sich vor allem auf Ländereien in der direkten Umgebung der Stadt, wie zum Beispiel in Birten, Menzelen, Sonsbeck, Bislich und Lüttingen. 1371 berichten die Quellen vom Bau eines Chores der Klosterkapelle durch den Dombaumeister Jakob. Kloster Hagenbusch war immer wieder der Plünderung fremder Truppen ausgesetzt, da es ungeschützt vor den Toren der Stadt lag. Bereits 1500 war der Klosterturm so verfallen, dass er einzustürzen drohte. Auch soll es innerhalb der Klostermauern zu dieser Zeit recht „weltlich" zugegangen sein, was auch als „innerer Verfall" bezeichnet wurde. Dennoch konnte sich auch dieses Xantener Kloster, mehr schlecht als recht, bis zur Säkularisierung über Wasser halten. 1802 wurde es ebenfalls aufgehoben. Viele der ehemaligen Klostergebäude wurden nicht mehr genutzt und verfielen. Im Jahr 1926, zwei Jahre vor dem 700-jährigen Stadtjubiläum, wurden die wenigen noch erhaltenen Reste durch einen Brand völlig zerstört und nachfolgend abgetragen.

Die nördliche Klever Straße
Ein beliebtes Fotomotiv ist der Bereich jenseits der Kreuzung Hagenbusch/Rheinstraße – das nördliche Teilstück der Klever Straße mit dem beeindruckenden gleichna-

**Die Skulptur „Frauen an der Wasserpumpe"
wurden von Bonifatius Stirnberg geschaffen.**

migen Tor. Leider hat auch hier der Krieg große Lücken in die Bausubstanz gerissen. Dennoch kann man die typisch niederrheinische, fast holländische Atmosphäre dieser Straße bei einem Bummel immer noch hautnah erleben. Für viele Einheimische und Gäste ist dies die schönste Straße in Xanten. Einige historische Gebäude wurden auch hier liebevoll wieder aufgebaut. So findet man unter anderem an einem restaurierten Giebel auf der Westseite der Straße die Jahreszahl 1609. Der Xantener bezeichnet diesen Bereich der Klever Straße als „die Altstadt". Eine Begrifflichkeit, die sich mir nicht so ganz erschließt, da doch das ganze Gebiet der historischen Kernstadt als solche zu bezeichnen ist. Sicherlich stammt diese Bezeichnung noch aus der Zeit vor 1969, d. h. vor den Eingemeindungen der umliegenden Dörfer. Früher wurden auf der Klever Straße zahlreiche Veranstaltungen durchgeführt, die sich

mittlerweile zum Markt hin verlagert haben. Sehr beliebt ist der wunderbare Kleinkunst- und antiquarische Büchermarkt „KleinMontMartre. Er findet am letzten Wochenende der NRW-Sommerschulferien auf der Klever Straße statt und bringt immer wieder Pariser Flair nach Xanten. Wer sich über den Branchenmix der Klever Straße näher informieren möchte, dem sei die liebevoll gestaltete Website www.klever-straße.de empfohlen.

Ein beliebtes Fotomotiv ist auch die Skulptur „Frauen an der Wasserpumpe". Sie wurde vom Beuys- Schüler Bonifatius Stirnberg aus Aachen geschaffen. Die wunderbare Skulptur wurde im Jahr 1994 hier aufgestellt. Auch die benachbarte Wasserpumpe diente bis 1955 der öffentlichen Wasserversorgung. Erst zu dieser Zeit wurden die Häuser an ein funktionstüchtiges Wasser- und Abwassersystem angeschlossen. Weithin bekannt sind die so genannten „Pumpennachbarschaften". Bereits im 18. Jahrhundert sind in Xanten 18 dieser „pütts" belegt. Viele Pumpen stehen heute nicht mehr an ihrem angestammten Platz. Einige wurden im Krieg zerstört, andere mussten einer neuen Straßenführung weichen. Manche dieser Zeitzeugen konnten nach dem Krieg rekonstruiert werden, um an die „gute alte Zeit" zu erinnern. Bis zum beginnenden 18. Jahrhundert gab es in der Stadt ausschließlich offene Brunnen, die sicherlich nicht als hygienisch zu bezeichnen waren. Bis heute, wenn auch stetig zurückgehend, wird diese Tradition in Xanten unter anderem in der Durchführung von Nachbarschaftsfesten – auch „Pumpenkirmes" genannt – gelebt. Früher versammelten sich hierbei zunächst die Damen der Nachbarschaft zu Kaffee und Kuchen; später gab es Bier für die Männer. Wichtige Reden des Pumpenmeisters wurden natürlich auch gehalten. Gerade weil die heute im Stadtbild erhaltenen Wasserspender nicht mehr funktionstüchtig sind, gibt das nette Denkmal in der Klever Straße dem heutigen, von den Annehmlichkeiten der modernen Zeit verwöhnten Betrachter, einen Eindruck von der früher beschwerlichen Tätigkeit des Wasserholens.

Den Abschluss der Klever Straße bildet ein einzigartiges Postkartenmotiv, das so genannte „Klever Tor". Es ist das einzige noch erhaltene historische Stadttor der Stadt Xanten. Heute können Sie hier in liebevoll gepflegten Appartements sogar übernachten und sich in die gute alte Zeit zurückversetzen lassen. Informationen hierzu erhalten Sie bei der TIX an der Kurfürstenstraße.

5.3. Eines der ältesten Stadttore des Rheinlandes – das Klever Tor

Nein, auf einen Geldschein der Bundesrepublik Deutschland oder der Europäischen Union hat es das Klever Tor bislang nicht geschafft. Bis auf das nach dem Ersten Weltkrieg so unbeliebte Notgeld einmal abgesehen. Diese Ehre gebührte früher dem Holstentor in Lübeck, das lange den 50-DM-Schein zierte. Dennoch gehört das Klever Tor zu den bekanntesten Sehenswürdigkeiten und den am besten erhaltenen mittelalterlichen Stadttoren am Niederrhein. Vergleichbar sind vielleicht noch das Obertor in Neuss oder das Steintor von Goch. Es ist nachvollziehbar, dass das Klever Tor neben dem Dom bereits vor dem Krieg zu den am meisten fotografierten Sehenswürdigkeiten Xantens zählte bzw. bis heute zählt. Auf eine offensive Vermarktung des Tores, wie zum Beispiel beim Holstentor hat man in Xanten (bislang) verzichtet. Die Andenken, die das Klever Tor schmücken, kann man an einer Hand abzählen. Dabei gehört die mittelalterliche Toranlage doch zu den ältesten vergleichbaren Anlagen im Rheinland und macht optisch doch mehr als das Holstentor her, oder? Die Schönheit eines Bauwerkes liegt natürlich immer im Auge des Betrachters. Als langjähriger Freund und Besucher Lübecks habe ich beide Tore gleich lieb gewonnen.

Wie an anderer Stelle bereits erwähnt, ist das Klever Tor der einzige der ehemals fünf befestigten Stadtzugänge, der vollständig erhalten geblieben ist. Durch einen

Das Klever Tor gilt heute als ein Wahrzeichen Xantens.

seltenen Glücksfall sind wir, im Gegensatz zu vielen anderen Bauwerken, über das Baudatum der „porta clivensis" bzw. „Clevische poerte" genau informiert. Das 25 Meter hohe Haupttor aus Backstein, wurde ab 1393, ein Jahr nachdem der nördliche Teil der Stadt an Kleve gefallen war, errichtet.

Betrachten wir das Klever Tor näher, so kommen wir einem weiteren Rätsel der Xantener Stadtgeschichte auf die Spur: Interessant ist, dass nach einer Deutung Walter Baders die beiden quadratischen Wappen über der Tordurchfahrt die heraldischen Symbole sowohl der Herzöge von Kleve als auch der Erzbischöfe von Köln zeigten. Wurde diese Militäranlage also von beiden Stadtmächten finanziert? Warum ist das Wappen der Herzöge von Kleve heute noch gut erhalten und das benachbarte Wappen beschädigt? Für mich sind die Deutungen Walter Baders und Udo Mainzers einleuchtend.

Das Klever Tor vor 1945 und am Ende des Zweiten Weltkrieges.

Mit der Anbringung der beiden heraldischen Symbole wurde der 1392 geschaffene Status Quo der klevisch/kölnischen Doppelherrschaft über Xanten ikonographisch manifestiert. Das heute nicht mehr entzifferbare Wappen wird wohl nach der endgültigen Übernahme der Stadt im Jahr 1444 durch den nun alleinigen Stadtherren, dem Herzog von Kleve entfernt worden sein. Bis heute ist dies in der Forschung aber umstritten: Wiederholt wird in der Literatur auch behauptet, dass das heraldisch rechte Wappen einst das Stadtwappen von Xanten und nicht das der Erzbischöfe von Köln zeigte. Es ist aber kaum zu vermuten, dass sich der klevische Landesherr hier heraldisch gleichberechtigt mit einem nach Autonomie strebenden städtischen Gemeinwesen dargestellt hat. Eine Praxis, die im Mittelalter und in der Frühen Neuzeit nicht üblich war. Stellen Sie sich einmal vor, Sie oder heutige Adelige würden noch die Fahne des ehemaligen Eigentümers über Ihrem Grundstück, gleichberechtigt neben Ihrer Familienfahne, hissen. Undenkbar, oder?

Im mächtigen Turm des Klever Tores kann man heute Ferienwohnungen mieten.

Im Jahr 1400 wurde das Klever Tor zu der heute noch bekannten Doppeltoranlage mit dem über 30 Meter langen Zwinger ausgebaut. Die beiden runden Türme des Vortores werden auch als „Eulentürme" bezeichnet. Wie wir noch auf alten Ansichten sehen können, hatten sie lange Zeit keine Dächer und dienten wohl als Nistplätze für Vögel und Fledermäuse aller Art. Bereits am Ende des 18. Jahrhunderts wurde eine Stadtbefestigung auch in Xanten nicht mehr benötigt. Der Slogan „Stadtluft macht frei", geriet durch die preußische Toleranz- und Befreiungspolitik den Bauern gegenüber immer mehr in den Hintergrund. Ebenso hatte die Xantener Stadtbefestigung bereits seit vielen Jahrzehnten ihren ehemals geringen militärischen Wert eingebüßt. Dies belegen die vielen Eroberungen und Besetzungen der Stadt seit dem 16. Jahrhundert. Das Klever Tor verfiel immer mehr. Von 1770 bis 1906 wurde es als ziviles Gefängnis genutzt. Deshalb lehnte wohl auch der Stadtrat im Jahr 1843 einen Abriss ab. Im Zuge des wilhelminischen Historismus wurde auch dieses Bauwerk unter Zugabe architekturgeschichtlich irrelevanter Zutaten restauriert. Zu Beginn des 20. Jahrhunderts brachte der Altertumsverein Xanten im Klever Tor seine Schausammlung unter. 1935 wurde sie, wie bereits thematisiert, in das Alte Rathaus am Markt verlegt. Bis zum Ende des Krieges diente die Toranlage als Heim der Hitlerjugend.

Auch dieses beeindruckende Gebäude wurde im letzten Krieg stark beschädigt. So mussten zum Beispiel die oberen Etagen des Torturmes rekonstruiert werden. Nach dem Wiederaufbau diente das Gebäude bis 1963, wie bereits in den 1940er Jahren, als Atelier für die bekannten Maler Carl Barth und Gustav Ruhnau. Heute befinden sich in der historischen Toranlage drei liebevolle Appartements der TIX.

Auf der östlichen Seite im Bereich des Torturmes ist in einer kleinen Nische die Figur des heiligen Viktor zu sehen. In einem kleinen Anbau wurde vor einigen Jahren eine Ausstellung über die früher, auch in Xanten, gebräuchlichen Holzschuhe (Klompen) untergebracht. Die so genannten „Klompenführungen", die meistens hier starten, können über die TIX in der Kurfürstenstraße gebucht werden. Sehr empfehlenswert ist auch eine abendliche Besichtigung des Klever Tores im Rahmen einer Nachtwächterführung.

5.4. Ein Kleinod am Wegesrand – die Antoniuskapelle

Wenige Meter nördlich des Klever Tores, wenn auch nicht mehr auf der Kurfürstenstraße, befindet sich an der Ecke Antonius-/Siegfriedstraße ein weiteres Kleinod Xantener Frömmigkeit – die Antoniuskapelle. Sie stammt sicherlich aus dem Spätmittelalter und wird wohl zu dieser Zeit außerhalb der Stadtmauern für die Kranken und Pilger errichtet worden sein. Der spätgotische Kern der Kapelle wurde im 17. Jahrhundert im Stil des Barocks umgebaut und hat heute eher den Charakter eines Heiligenhäuschens, wie man es in Xanten an mehreren Stellen (zum Beispiel am Ende der Orkstraße oder auch an der Römerstraße in Birten) findet. Betrachtet man das Mauerwerk im Ganzen, so ist davon auszugehen, dass die Kapelle wahrscheinlich im späten 17. Jahrhundert verkürzt und nachfolgend eine barocke Fassade vor den Chorabschluss gesetzt wurde. Somit wurde ein für den Niederrhein typisches Heiligenhäuschen geschaffen. Dennoch erinnert der Begriff „Kapelle" bis heute an ihre einstige Funktion. Vielleicht konnten in einem kleinen Langschiff bis zum Umbau auch Gläubige wettergeschützt an Gottesdiensten teilnehmen. Es ist davon auszugehen, dass auch dieses kleine Gotteshaus auf die Stiftung eines vermögenden Bürgers oder Kanonikers zurückgeht. Vermutlich war die Bausubstanz nach dem Dreißigjährigen Krieg stark angegriffen und das Stiftungsvermögen aufgebraucht, so dass man die Kapelle verkleinert als schlichten Andachtsort für die Reisenden an der Straße nach Kleve erhalten wollte. Der Giebel ähnelt dem der Kapelle auf dem Fürstenberg. Das Interieur, so zum Beispiel die Heiligenfiguren aus Holz (zu nennen sind hier vor allem die beiden Heiligen Antonius und Viktor) stammen aus dem 16. und 17. Jahrhundert. Die 1939 restaurierte Kapelle hat

Eine meiner Lieblingsperspektiven in Xanten – Antoniuskapelle mit Klever Tor.

den Krieg fast unbeschädigt überstanden. Sollten Sie in letzter Zeit etwas verloren haben, so lohnt hier ein kleines Gebet. Der Heilige Antonius gilt als Multitalent: Mit seinem Beistand sollen schon viele Menschen und Sachen wieder gefunden worden sein. Im Mittelalter und in der Frühen Neuzeit wurde er besonders von den Pestkranken angerufen, was für die frühere Funktion der Kapelle als Glaubensort dieser Zielgruppe außerhalb der Stadtmauern spricht.

5.5. Xantens schönste Windmühle – die Kriemhildmühle

Östlich des Klever Tors – am Nordwall – befindet sich eine weitere Attraktion Xantens – die so genannte Kriemhildmühle. Sie ist seit dem Jahr 1992 wieder in Betrieb. Auch auf unserem Balkon über dem Holzweg und der Viktorstraße können wir jenseits des Domes fast täglich, vor allem bei guten Winden, das Drehen der Segelgatter beobachten. Dies hat etwas von der „guten alten Zeit". Gerne lässt sich Herr Weichhold, unser Müller, bei seiner Arbeit, auch im Rahmen von Führungen, über die Schulter schauen.

Die Kriemhildmühle am Nordwall war früher ein Wehrturm der Stadtmauer.

Zur Bau- und Nutzungsgeschichte der Kriemhildmühle

Sicherlich vermuten viele Gäste, dass hier am nördlichen Ende der Stadtmauer bereits im Mittelalter eine Mühle existierte. Doch dies ist nicht so. Der Kern der heutigen Windmühle wurde im 14. Jahrhundert als stattlicher Wehrturm der nördlichen Stadtmauer erbaut. Von hier aus wurden unter anderem das nördliche Stadtvorfeld und die alte Römerstraße nach Kleve kontrolliert. Noch heute kann man sich hier am Nordwall einen guten Eindruck von der alten Xantener Stadtbefestigung verschaffen. Der Mauerbereich zwischen Brück- und Bemmelstraße ist nach 1389 als erster Teil der Stadtbefestigung errichtet worden. Die älteste erhaltene Stadtmauer nördlich der Alpen findet man übrigens auch am Niederrhein – in Duisburg. Bei aller „Mittelalterromantik" sollte man den fortifikatorischen Wert der kleinen aber feinen Xantener Stadtbefestigung nicht überschätzen. Wiederholt wurde die Stadt im Spätmittelalter und in der Frühen Neuzeit von fremden Truppen im Handstreich eingenommen und besetzt. Eine derartige Befestigungsanlage diente vor allem auch als Rechtsgrenze zwischen dem Feudalrecht außerhalb und den städtischen Freiheitsrechten innerhalb der Stadt. Aus dieser Zeit stammt auch der bekannte Slogan – „Stadtluft macht frei". Warum befindet sich aber heute an der Stelle eines ehemaligen Wehrturms eine Windmühle?

Im Mühlenladen kann man heute vom Müller hergestelltes Biobrot und andere Produkte kaufen.

Eine solche Produktionsanlage aus der „guten alten Zeit", als Teil einer ehemaligen Stadtbefestigung, ist am Niederrhein keine Besonderheit. Vergleichbare Mühlen, die nachfolgend auf ehemalige Wehrtürme aufgesetzt wurden, gibt es in unserer Region zum Beispiel noch in Zons, Kempen und Rees.

Nach dem 30-jährigen Krieg diente der ehemalige Wachturm, die heutige „Kriemhildmühle", als Wohnraum städtischer Bediensteter. In dieser Anlage wurden eine Zeit lang die Nachtwächter untergebracht. Aus diesem Grund nannte man den Turm seit dem 17. Jahrhundert auch den „Nachtwächterturm". Noch heute sind die „Nachtwächterführungen" in Xanten sehr beliebt. Im Jahr 1778 verkaufte der städtische Rat den Nachwächterturm an die Kaufmannsfamilie Schleß, die den restaurierten Turm zu einem Gartenhaus umbaute. Zu dieser Zeit waren solche Gartenhäuser, innerhalb und außerhalb der Stadt, groß in Mode. Ganz den Zielen der Aufklärung verpflichtet, wandten sich vermögende Bürger und Kanoniker der Natur zu und genossen die Ruhe außerhalb des Stadtzentrums. Wie wir noch sehen werden, wurden im 18. Jahrhundert weitere Türme der Xantener Stadtbefestigung zu diesem Zweck umgebaut bzw. neue Gartenhäuser innerhalb und außerhalb der Mauern errichtet.

Zwei Jahre nach der Auflösung des Stiftes, 1804, baute man den Turm bzw. das Gartenhaus zu einer Ölmühle um. Joseph Steiner schrieb in seiner im Jahr 1900 erschienen „Xantener Zeitgeschichte", dass bereits 1710 hier eine Windmühle errichtet wurde. Dies muss aufgrund fehlender Quellen offen bleiben.

Die heutige „Kriemhildmühle" stellt eines der wenigen Relikte der Frühindustrialisierung im Xantener Raum dar. Vergleichbare Ölmühlen existierten zu dieser Zeit auch im rheinaufwärts gelegenen Ruhrort. Diese wurde von der bekannten Unternehmerfamilie Haniel begründet. Im ehemaligen Wehrturm am Nordwall produzierte man zu dieser

Die Kriemhildmühle in Aktion.

Zeit vermutlich Pflanzenöle. Nachdem der Betrieb nach wenigen Jahren unrentabel geworden war, stellte die damalige Eigentümerfamilie Hermanns aus Walbeck die Produktion auf Mehlerzeugung um. In den 1820er Jahren erhielt die Kriemhildmühle ihr heutiges Aussehen. Ein Abriss, der Mitte des 19. Jahrhunderts diskutiert wurde, kam, ebenso wie beim benachbarten Klever Tor, nicht zur Ausführung. Etwa zu dieser Zeit kam die Mühle wieder in städtischen Besitz. Dies ist bis heute so geblieben.

Vergleicht man alte Postkarten aus der Zeit nach dem Ersten Weltkrieg, so ist ein eindeutiger Verfall des Gebäudes in den 1920er Jahren feststellbar. Bis in die 1930er Jahre war die Mühle weiß getüncht. 1959 riss ein Orkan die letzten erhaltenen Flügelreste zu Boden. Infolge einer Rekonstruktion im Jahr 1961 durch niederländische Mühlenbauerfirma Adrianes aus Weert wurde die Mühle funktionstüchtig wieder aufgebaut und nachfolgend unter anderem den benachbarten Pumpengemeinschaften als Veranstaltungsort zur Verfügung gestellt. Heute ist die Kriemhildmühle fast 20 Meter hoch. Ihr Flügelkreuz hat einen Durchmesser von 21,5 Metern.

In den Jahren 1989-1992 erfolgte durch einen privaten Investor aus Duisburg ein erneuter Umbau der Mühle zu einer voll funktionstüchtigen Anlage zur Mehlproduktion mit integrierter Backstube. Die Turmhaube lässt sich seit dem in die jeweilige Windrichtung drehen. Heute werden hier täglich bis zu 400 Brote produziert. Das Korn stammt aus dem benachbarten Budberg. 40 Tonnen Mehl werden jährlich gewonnen. Im Inneren kann man den Mehlstaub überall mit allen Sinnen spüren und aufnehmen. Es ist schon beindruckend, wenn das Getreide durch die Mühlsteine rauscht und zu Vollkornmehl wird. Die wunderbaren Brote und Backwaren „Made in Xanten" werden nicht nur in der Kriemhildmühle, sondern auch auf Wochenmärkten in Dinslaken, Geldern, Kaarst, Kleve, Wesel und in Rheinberg-Budberg verkauft. Im Gebäude existiert noch ein Antriebsmotor aus den 1920er Jahren sowie in einem Anbau eine komplette Backstube aus dem frühen 20. Jahrhundert.

Die Mühle mit angeschlossener Bäckerei, Bioladen und Aussichtsplattform kann während der Öffnungszeiten besichtigt werden. Der Aufstieg auf die Plattform kostet einen Euro. Die Öffnungszeiten sind: dienstags bis freitags 8.30 Uhr bis 18.30 Uhr, montags ab 14 Uhr, samstags bis 18 Uhr, sonntags je nach Witterung von 11 bis 17 Uhr. Besonders zu empfehlen sind die Kinderführungen.

Das Pendant der Kriemhildmühle steht übrigens nicht weit von hier entfernt an der Siegfriedstraße. Dieser Bereich gehörte früher zur Colonia Ulpia Traiana. Die dortige „Siegfried- oder Biermannsmühle" wird aktuell für eine gastronomische Neunutzung

restauriert und soll ebenfalls ihre alte
Haube und die charakteristischen Müh-
lenflügel zurück erhalten. Sie stammt
aus dem Jahr 1744. Bereits im Mittelalter
stand an diesem Standort ein Vorgängerbau. Die Mühle ist seit einem Blitzschlag
im Jahr 1912 außer Betrieb. Eine weitere Mühle, die sich früher im Bereich der
heutigen Viktorstraße befand, ist nur noch
als Turmstupf auf dem Gelände eines
ehemaligen Reiseveranstalters erhalten.
Die Windmühle in Wardt stellt die einzige Anlage ihrer Art dar, die außerhalb der
Kernstadt erhalten ist. Andere Mühlenge-
bäude, wie in Vynen oder auf dem Fürstenberg, sind längst aus dem Stadtbild
verschwunden.

**Warum besitzen wir eine Kriemhild-
mühle? Zum Umgang Xantens mit dem
Nibelungenlied**

Woher stammt die heutige Bezeichnung
„Kriemhildmühle"? In den 1930er Jahren
wurde die „Heldin" Kriemhild aus dem
Nibelungenlied als Namenspatronin der
Mühle gewählt. Die Autoren einer viel-
beachteten Fernsehdokumentation über
die Nibelungen fragten im begleitenden
Kommentar kritisch, warum in Xanten ein
Bauwerk nach Kriemhild, die nachweislich niemals in der Stadt gewesen oder
im Nibelungenlied im Zusammenhang
mit Xanten erwähnt ist, benannt wurde.
Hier wirkt eine, nicht erst in den 1930er
Jahren begründete Rezeptionsgeschich-
te Xantens als Geburtsort Siegfrieds
nach. Auch die östlich der Mühle angebrachte benachbarte Relieftafel aus den

**Die Biermannsmühle in der Siegfriedstraße
wird wieder funktionstüchtig aufgebaut.**

**Überall in der Stadt wird das weithin bekannte
„Siegfriedspektakel" beworben.**

1990er Jahren zeigt Szenen aus dem Nibelungenlied. Einmal im Jahr findet auf dem Wallgelände zwischen Mühle und Klever Tor am Wochenende nach Himmelfahrt das weithin beliebte und deutschlandweit bekannte „Siegfriedspektakel" mit Ritterturnier, Schaukämpfen, Gauklern und historischem Handwerkermarkt statt. Im Mai 2013 wurde es zum elften Mal veranstaltet. Großflächige Tafeln an den Bundesstraßen rund um Xanten bewerben das „Spektakel", und somit auch den Nibelungenmythos, bereits Monate vor der Veranstaltung. Nicht jeder Xantener ist heute, trotzt der Bedeutung des mittelalterlichen Epos für die deutsche Kultur- und Geistesgeschichte, ein Freund dieser „Vereinnahmung" des Helden Siegfried durch den Xantener Tourismus bzw. der städtischen Imagepflege. Ein gutes Stadtmarketing darf und muss aber, wie ich finde, polarisieren. Gott sei Dank werden Siegfried und die Nibelungen heute in Xanten nicht mehr politisch instrumentalisiert. Auch der Xantener Ehrenbürger Walter Bader war ein kritischer Gegner dieser Vereinnahmung: So schrieb er im Jahr 1957: „Das Nibelungenlied ist viel zu düster und tragisch, um als Schlagwort des Fremdenverkehrs zu dienen".

Neben der Kriemhildmühle gibt es übrigens in Xanten auch noch im SiegfriedMuseum einen Kriemhildsaal, wo die unterschiedlichsten Veranstaltungen stattfinden. Diesem Thema werden Sie in Xanten auch an weiteren Orten, wie zum Beispiel in der Gastronomie, bei einem Hotel, einer Kleinbahn oder bei Straßennamen immer wieder begegnen. Hier stellt sich die Frage, ob Xantens Bezeichnung als „Siegfriedstadt" noch zeitgemäß ist. Ich bin da durchaus differenzierter Meinung. Sicherlich gehört das Nibelungenlied in NRW nicht mehr zum Curriculum der Gymnasien oder zum Kanon der universitären Ausbildung im Fach Germanistik. Dem gegenüber kann man aber argumentieren, dass das Nibelungenlied 2009 in die Welterbeliste der Unesco auf-

Ein Relief neben der Kriemhieldmühle zeigt Szenen aus dem Nibelungenlied.

Die Brückstraße gehört zu den schönsten Straßen in Xanten.

genommen wurde und unsere Stadt somit einen kleinen Teil des Weltkulturerbes für sich beanspruchen darf. Mögen Sie, verehrter Leser, sich selber eine Meinung bilden. Wichtige Argumente hierfür erhalten Sie, wie bereits angesprochen, im SiegfriedMuseum an der Kurfürstenstraße.

Zweifelsohne gehört die Xantener Getreidemühle am Nordwall bis heute zu den beliebtesten Ausflugszielen und Fotomotiven der Kernstadt. Dank des Engagements unseres passionierten Müllers und des lebendigen Mühlenvereins kann dieses einzigartige Bauwerk, das als eine der wenigen Mühlen in Deutschland (fast) jeden Tag in Betrieb ist, für die Zukunft erhalten werden.

5.6. Von armen Mägden und Gastarbeitern – die Brückstraße

Ausgehend von der Kriemhieldmühle führt die Brückstraße in südlicher Richtung auf die Immunität und den Dom zu. Schon im 14. Jahrhundert wurde diese Straße „platea pontis" genannt. Ihren Namen erhielt sie von einer Brücke, die früher nördlich des Domes über den Immunitätsgraben führte. Ein Jahrhundert später befanden sich hier bereits einige Häuser, die als Vikarien im Besitz des Stiftes waren. Auch an der Brückstraße finden wir heute ebenfalls zwei erhaltene Baudenkmäler aus

dem Spätmittelalter, nämlich das „Arme-Mägde-Haus" und gegenüberliegend das Gebäude „mit dem gotischen Treppengiebel". Die weitere Bebauung stammt fast ausschließlich aus dem 19. Jahrhundert. Nach 1947 wurden auch hier die Ruinen zweier weiterer gotischer Häuser abgerissen und nicht wieder aufgebaut. Das Gebäude „mit dem gotischen Treppengiebel" auf der Westseite der Brückstraße stammt im Kern aus der Zeit um 1450. Die Steine für den Bau wurden – wie damals üblich – aus der benachbarten aufgelassenen Römerstadt herbeigeschafft. Es diente wohl bis zur Auflösung des Stiftes als Wohnhaus für Kanoniker. Die Fassade hat alle Stürme der Zeit überdauert. Große Teile des eigentlichen Gebäudes stammen wahrscheinlich aus dem 19. Jahrhundert. Das historische Kleinod hat den Zweiten Weltkrieg unbeschädigt überstanden und ist Privatbesitz.

So sahen im Mittelalter und in der Frühen Neuzeit viele Häuser in Xanten aus – das gotische Haus in der Brückstraße.

In den 1970er Jahren wurde eine umfassende Totalsanierung vieler Gebäude in der Brückstraße diskutiert. Zur damaligen Zeit galt die Straße als „Gastarbeiterviertel" und als wenig attraktives Wohngebiet. Man plante hier unter anderem die Errichtung eines Kaufhauses. Schlussendlich wurden diese Pläne, wie in anderen Städten am Niederrhein üblich, nicht ausgeführt. Auch in der Brückstraße gab es früher eine Pumpengemeinschaft.

Ein Beispiel für gelebte Sozialfürsorge" – das „Arme-Mägde-Haus"

Das wunderschöne Gebäude mit der Hausnummer 9, das an die norddeutsche Hansearchitektur erinnert, wird 1561 erstmals in den Quellen erwähnt. Bis heute bezeichnen es die Xantener als „Arme-Mägde-Haus". Aufgrund des spätgotischen Baustils ist davon auszugehen, dass das Gebäude älter ist und vermutlich im späten 15. Jahrhundert als Wohnhaus eines wohlhabenden Xantener Bürgers oder Kanonikers errichtet wurde. Dies legt schon die repräsentative Gestaltung der Fassade nahe. Deshalb sind auch viele Besucher verwundert, wenn sie beim Betrachten des

Hauses von der spätere Bestimmung als „Armenhaus" erfahren. Auf der offiziellen Wikipedia-Seite Xantens ist zu lesen: „Das Arme-Mägde-Haus aus dem späten 16. Jahrhundert wurde errichtet, um den im Viktorstift arbeitenden Frauen ein Heim für ihren Lebensabend zu geben." Dies trifft nur in wenigen Teilbereichen zu. Beim Arme-Mägde-Haus handelt es sich um eine der wenigen erhaltenen mittelalterlichen bzw. frühneuzeitlichen Stiftungen der Stadt. Die Motive der damaligen Initiatoren sind eindeutig: Je größer die Stiftung, umso eher konnte man hoffen, vom Fegefeuer verschont zu bleiben und seinen Platz nach dem jüngsten Gericht im himmlischen Paradies zu finden. Wann die Stiftung begründet wurde, ist nicht bekannt. Erst zu Beginn des 17. Jahrhunderts erfahren wir den Namen eines Stifters: Der wohlhabende Engel Klaphok vermachte im Jahr 1602 testamentarisch der Stadt Xanten das Gebäude mit dem Zweck hier zwei arme Mägde unterzubringen. Die Zinsen aus seinem anderen Besitz, der ebenso in diese Stiftung einging, sollten dem Unterhalt des Hauses bzw. seiner Bewohnerrinnen dienen. Man kann sicherlich davon ausgehen, dass es in diesem Haus bereits vor dem 17. Jahrhundert eine für das Spätmittelalter und die Frühe Neuzeit typische Armenstiftung gegeben hat, die vielleicht 1602 nur erneuert und spezifiziert wurde. Auch Dieter Kastner befürwortet in seiner Schrift „750 Jahre Xanten" diese These.

Betrachtet man sich heute das dreigeschossige Tuff- und Sandsteingebäude, so wird einem bewusst, welche Bausubstanz in vielen Xantener Straßen im letzten Krieg verloren gegangen ist. Bei aller Trauer über das im Krieg untergegangene Stadtbild sollte aber nicht vergessen werden, dass der Krieg vom deutschen Boden ausging und die Zerstörung Guernicas, Rotterdams und Coventrys als Fanal auch für den Untergang Xantens in den letzten Kriegstagen diente.

Den Zweiten Weltkrieg hat das historische Gebäude fast unbeschädigt überstanden. Das Arme-Mägde-Haus wurde zuletzt zwischen 1978 bis 1980 restauriert. Heute wird es als Wohnhaus genutzt.

Das „Arme-Mägde-Haus" aus dem Spätmittelalter gehört zu den letzten historischen Gebäuden seiner Art in Xanten.

Die Brückstraße 1946.

Auch am südlichen Ende der Brückstraße findet man eine der zahlreichen historischen Wasserpumpen.

An der Ecke Brück- und Rheinstraße existierte früher ebenfalls eine wichtige städtische Armeneinrichtung – der „Neun-Häuser-Armenhof". In diesem Gebäude war seit dem Ende des 13. Jahrhunderts, wie später auch an der heutigen Gasthausstraße, ein Hospital eingerichtet. Im Jahr 1394 wird es als „domus pauperum" (lat.: „Armenhaus") erwähnt. Der Name leitete sich von den neun Kammern ab, die auch hier Armen und Hilfsbedürftigen zur Verfügung gestellt wurden.

Heute befinden sich auf dem Gelände der im Krieg zerstörten ehemaligen Armeneinrichtung schlichte Nachkriegsbauten.

Auch in der parallel verlaufenden Bemmelstraße, benannt nach einer im Mittelalter dort ansässigen Familie, gab es seit dem Jahr 1488 durch Kanoniker gestiftete Unterkünfte für Arme und Waisen. Man kann diesen Bereich der Stadt sicherlich als weniger „betuchtes" Viertel ansprechen. Eine Tradition, die bis lange nach dem Zweiten Weltkrieg das Image dieses Stadtquartiers prägte.

Mit einem Spaziergang Richtung Rheinstraße und Buttermarkt, wo sie ebenfalls eine liebevoll restaurierte Pumpe sehen können, beenden wir unseren Rundgang durch den nördlichen Teil der Kernstadt. Bis heute haben sich weder die historische Bausubstanz in der Rheinstraße noch das gleichnamige Stadttor, das ebenfalls zu Beginn des 19. Jahrhunderts abgerissen wurde, erhalten.

5.7. Früher pulsierte hier das städtische Leben – die Scharn- und Orkstraße

Parallel zur Marsstraße verlaufen, ausgehend vom Markt, die Scharn- und nachfolgend die Orkstraße. Letztere fand bis zu Beginn des 19. Jahrhunderts mit dem „Scharntor" ihren Abschluss. Für mich gehören beide Straßen zu den schönsten historischen Verkehrswegen in Xanten.

Im Mittelalter einer der Hauptmagistralen der Stadt – die Scharnstraße
Im Jahr 1284 wird die Scharnstraße als „scarnestrate" erstmals erwähnt. Ein Jahr später erfahren wir ihre lateinische Bezeichnung – „platea macelli". Noch heute fällt der ungerade und geschwungene Verlauf der Scharnstraße auf. Diese seltsame Topographie lässt sich wahrscheinlich damit erklären, dass sie im Mittelalter zum damals noch in der Nähe der Stadtmauer vorbeifließenden Rhein führte.

Leider beginnt dieser historische Verkehrsweg am Markt neben einer Bausünde der 1970er Jahre, dem Komplex der so genannten „Nibelungen- oder Siegfriedburg". Das Gebäude mit dem Tabak- und Zeitschriftenladen, das an der Stelle des im Februar 1945 zerstörten alten Rathauses steht und jüngst geschmackvoll gestrichen wurde, ist ebenfalls nicht als Ersatz für diese ehemalige repräsentative Seite des kleinen Marktes zu sehen. Das dem alten Rathaus benachbarte Gebäude in der Scharnstraße, das bis zum Krieg als Geburtshaus des in Preußen berühmten Schlachtenmalers Georg Bleibtreu (1828-1892) überregional bekannt war, wurde nicht wieder aufgebaut. Auch das vor dem Krieg hier ansässige ehemalige Restaurant „Ratskeller" ist verschwunden. Die Einmündung der Hühnerstraße ist nach dem Abriss der Kriegsruinen künstlich verbreitert worden und zählt sicherlich nicht zu den Schokoladenseiten Xantens. Wer die durchaus kritikwürdigen Sünden des postmodernen Wiederaufbaus in Xanten studieren möchte, ist hier genau an der richtigen Stelle.

Die Scharnstraße wurde in den letzten Jahren modernisiert und neu gepflastert. Zahlreiche Anwohner haben die Fassaden ihrer Häuser in Privatinitiative restauriert. Trotz der erheblichen Verluste im Zweiten Weltkrieg kann man, vor allem auf der Westseite der Scharnstraße, noch einige historische Wohn- und Geschäftsgebäude, die weitgehend aus dem 17.-19. Jahrhundert stammen, entdecken. Das Haus Nummer 15 trägt im Giebel die Jahreszahl „1587". Leider wurde das prachtvolle Rokokogebäude, früher das Haus Nr. 9, im Krieg zerstört und nicht wieder aufgebaut, obwohl die Fassade erhalten war.

Blick in die Scharnstraße nach Süden.

Auch in der Scharnstraße wohnten früher jüdische Bürger. Ihr Betsaal bzw. eine kleine Synagoge befand sich bis in die 1930er Jahre im Haus Scharnstraße Nr. 14. Heute erinnert eine Gedenktafel an diesen wichtigen Ort jüdischer Geschichte in Xanten. Das Gebäude wurde ebenfalls im Zweiten Weltkrieg zerstört.

Auffallend sind in dieser „Nebenstraße" die zahlreichen Fachgeschäfte, die bis heute überlebt haben und viele Kunden anziehen. Auch hier gibt es eine aktive Nachbarschaft: Im Herbst 2010 wurden die Anwohner der Scharnstraße fast zu den vielzitierten Einwohnern eines „gallischen Dorfes". Nach dem Abschluss der Sanierungsarbeiten an der Straßendekke, wobei die Bürgersteige und Gehwege auf ein einheitliches Niveau abgesenkt wurden, parkten zahlreiche Bewohner

An dieser Stelle befand sich früher die kleine Xantener Synagoge. Eine Tafel an der Hauswand hält die Erinnerung lebendig.

und Touristen die Gehwege mit Autos zu, so dass kaum noch ein Durchkommen war. Die Anwohner forderten vehement, nicht nur in der Lokalpresse, sondern auch bei Ratssitzungen das Aufstellen von Pollern. Zusätzlich wehrten sie sich, indem sie die „Wildparkerflächen" mit Mülltonnen zustellten. Schlussendlich lenkten Bürgermeister und Rat ein. Es wurden neue Begrenzungspoller aufgestellt und die Bürgersteige wieder ihrer eigentlichen Funktion zugeführt. Für mich stellt dieses ein beeindruckendes Beispiel eines erfolgreich durchgesetzten Bürgerwillens dar.

Woher kommt aber der Name Scharnstraße? Es ist zu vermuten, dass die Bezeichnung auf die hier im Mittelalter ansässige Metzgergilde zurückgeht. So genannte „Scharren" dienten als Verkaufsstände der Fleischhauer, die sich in der „St. Anna-Gilde" vereinigten. Noch Ende der 1920er Jahren waren Teile der mittelalterlichen Verkaufshalle der Fleischer in Form eines Gewölbebogen im Eckhaus zur Hühnerstraße, neben dem alten Rathaus, erhalten. Die Xantener Fleischer hatten, wie alle anderen Gilden oder Zünfte, im Dom ihren eigenen Altar. Dieser „Herz-Jesu-Altar" stand früher vor dem Lettner, der den Bereich der Stiftsherren von der Stadtkirche der Bürger abgrenzte. Beim Patronatsfest nahmen die Fleischer von den „Scharren" sogar den Läuterdienst

Es sollte in den 1960er Jahren abgerissen werden – das historische Gebäude Scharnstraße 51.

Hauseingang mit Jahreszahl 1768 – Haus Scharnstraße 51.

im Dom wahr. Natürlich betete man auch in so genannten „Memorialmessen", die auf Stiftungen der Mitglieder zurückgingen, für das Seelenheil der verstorbenen Brüder.

Ein besonders schönes Beispiel für ein erhaltenes repräsentatives Bürgerhaus aus dem 18. Jahrhundert (Vorgängerbau sicherlich älter) findet man auf der Scharnstraße 51, an der Ecke Hochstraße. Beindruckend ist neben der wunderbar restaurierten Fassade im Stil eines zurückgenommenen Rokokos die kunstvoll erhaltene Türe, die uns neben der Ornamentik im Stil der Zeit mit der Jahreszahl „1768" wohl auch das Baudatum des Hauses überliefert. Ebenfalls sind die Initialien „H.A." angegeben.

Der damalige Inhaber ist bis heute unbekannt. Interessant ist, dass das historische Wohngebäude in den 1960er Jahren als Hindernis für den damals verstärkt aufkommenden Individualverkehr abgerissen werden sollte. Es ragt bis heute asymmetrisch in die Straße hinein. Dankenswerterweise wehrte sich der damalige Besitzer vehement und nachhaltig. An ein Denkmalschutzgesetz war damals in NRW noch nicht zu denken. Schlussendlich konnte der Abriss des Hauses verhindert werden und sowohl die Ork-, als auch die Scharnstraße wurden zu Einbahnstraßen.

In direkter Nachbarschaft – Niederstraße und ehemaliges Agnetenkloster

Östlich der Scharnstraße verläuft die Niederstraße. Auch hier befand sich bis 1802 ein Ordenshaus: Im heute nicht mehr erhaltenen Agnetenkloster arbeiteten und beteten zunächst die Franziskanerinnen. Im Jahr 1402 wurde von einem Xantener Bürger, Stineken van der Brüchen, in der Niederstraße ein Gebäude an den Orden überschrieben. Die Nonnen funktionierten das ehemalige Wohnhaus zu einem Kloster um und widmeten es der Heiligen Agnes von Rom.

Zu Beginn des 17. Jahrhunderts, im Jahr 1605, wohnten hier nur noch zwei Schwestern des Ordens, der sich „Schwestern vom gemeinsamen Leben" nannten. Im Februar 1606 überschrieben der Erzbischof von Köln und der Herzog von Kleve zu gleichen Teilen das Klostergebäude an die Benediktinerinnen des Klosters Hagenbusch sowie an die Zisterzienserinnen des ehemaligen Klosters auf dem Fürstenberg. Hierfür musste sich die Äbtissin Elisabeth von Götterswick bei einem Xantener Bürger 300 Thaler leihen und Tuffsteine des aufgegebenen Klosters auf dem Fürstenberg verkaufen. Auch das kleine Agnetenkloster wurde 1802 aufgehoben und der Grundbesitz von 373 Hektar und den zwölf Höfen verstaatlicht. Die Kapelle diente viele Jahre als Scheune. Das ehemalige Ordensgebäude wurde ebenfalls Anfang 1945 durch Bomben zerstört. Historische Bilder zeigen uns ein

Das Agnetenkloster um 1928.

Blick in die Orkstraße nach Süden.

zweigeschossiges Gebäude, das wohl nach dem Auszug der letzten Franziskanerinnen im 17. Jahrhundert mit einem barocken Giebel und Türportal versehen wurde. Das Agnetenkloster war nach einer Aktennotiz aus dem Jahr 1786 damals bereits ziemlich alt und die zugehörige Kapelle zu klein. Im Innern des Gebäudes befand sich ein repräsentativer Audienzsaal und in dem Kabinett der Vorsteherin eine wertvolle Sammlung von Kupferstichen sowie eine Bibliothek, die zu Beginn des 19. Jahrhunderts in der heutigen Stiftsbibliothek aufging. Letzte bauliche Rudimente des alten Agnetenkloster, die sich bis zum Jahr 1989 unter dem nach dem Krieg errichteten Gebäude Niederstraße 14 befanden, wurden leider abgerissen. Leider ging hierbei ein historischer Kellerraum mit Gewölbe verloren. Dieser ist wohl der ehemaligen Kapelle zuzurechnen.

Ganz im Süden der Kernstadt – die Orkstraße

Im Bereich der hier mit der Scharnstraße kreuzenden Hochstraße, die 1394 erstmals als „Neustraße" („platea nova") erwähnt wird, schließt sich die Orkstraße an, die keinesfalls, wie zu vermuten wäre, nach einem Fabelwesen aus dem Epos „Der Herr der Ringe" benannt wurde. Im Mittelalter als „op de Orke" erwähnt, geht ihr Name wahrscheinlich auf das lateinische Wort „orica" (dt.: Ufer) zurück. Tatsächlich befand sich hier bis zur Rheinverlagerung (um 1535) ein sehr stark verlandeter Altrheinarm. Zwischen 1392 und 1401 wurde hier die nicht mehr erhaltene neue Gereonskapelle errichtet. Es ist zu vermuten, dass die Ork- und die Hochstraße erst seit dem Spätmittelalter kontinuierlich bebaut wurden. Das Gebiet gehörte schon Anfang des 13. Jahrhunderts zur Kernstadt und bot, wie in den Quellen zu lesen ist, ausreichend Raum für Ackerflächen.

Die Scharn- und Orkstraße gehörten seit dem Mittelalter zu den verkehrsreichsten Straßen Xantens, da hier früher fast der gesamte Warenverkehr, vom und zum Stapel- und Fährplatz in der Beek durchgeführt wurde.

Kurz vor der ehemaligen Stadtmauer am Südwall befindet sich auf der rechten Seite das weithin bekannte Restaurant und Hotel „Neumaier" mit angeschlossener Metzgerei. Gerne wirbt man mit „Xantens schönstem Biergarten". Das Hotelrestaurant bietet hervorragende Küche und ist über Xantens Stadtgrenzen hinaus bekannt und beliebt.

Das Hotel Neumaier in der Orkstraße.

Den Abschluss der Orkstraße bildete bis zu Beginn des 19. Jahrhunderts das so genannte Scharntor. Es wird 1401 als „porta macelli" erwähnt. Historische Ansichten zeigen uns eine Toranlage, die wohl mit vier Türmen und einer Zwingeranlage ausgestattet war. Dieses Doppelturmtor scheint noch eindrucksvoller als das Klever Tor gewesen zu sein. Ein Phänomen, das im Rheinland durchaus üblich war. Das Scharntor war nach antikem Vorbild der repräsentativste und wichtigste Zugang zur Stadt. Kein Wunder, lag doch im Süden Xantens, beginnend bei Menzelen, das Territorium der Erzbischöfe von Köln, die zur Bauzeit des Tores die weltlichen Herren über die Stadt waren. Die damalige Schauseite der Stadt war also eindeutig Richtung Süden ausgerichtet.

Anfang des 19. Jahrhunderts diente ein Turm des Tores als Lagerbehälter für Pulver. Im Jahr 1825 wurde auch das Scharntor, obwohl es ähnlich gut erhalten war wie das Klever Tor abgerissen. Mit dem Erreichen der Lüttinger Straße haben wir schon wieder die historische Kernstadt verlassen. Ein Spaziergang entlang des Ostwalls führt Sie wieder zurück zum Markt oder zum Dom.

Das um 1825 niedergelegte Scharntor in einer historischen Ansicht.

Von Mauern, Türmen und Wällen – einmal rund um die Stadtmauer

Nach einer ausführlichen Darstellung und Besichtigung der inneren Kernstadt empfiehlt sich auch eine ausführliche Besichtigung der Xantener Stadtmauer. Genießen
Sie den fast einstündigen Spaziergang durch die ehemaligen Wallanlagen mit ihren
Parks und Grünanlagen. Es ist erstaunlich, dass diese Bereiche erst in den späten
1970er Jahren, als Xanten zur europäischen Modellstadt im Bereich Denkmalschutz
ernannt wurde, angelegt wurden. Hierzu mussten zum Teil neue Wege geschaffen,
alte Graben- und Wallverläufe wieder sichtbar gemacht und Spielplätze, Bänke und
Kunstwerke neu angelegt und aufgestellt werden. Für mich gehört ein Spaziergang
rund um die Innenstadt zu den schönsten Eindrücken, die man am Niederrhein ge-
winnen kann.

Wie Sie sehen werden, ist die ehemalige Stadtmauer von Xanten, noch fast durch-
gängig erhalten. Von den Verlusten wichtiger mittelalterlicher Stadttore am Beginn
des 19. Jahrhunderts wurde weiter oben schon berichtet. Es ist darauf hinzuweisen,
dass große Teilbereiche der Stadtmauer rund um Xanten nach dem Krieg ergänzt
oder rekonstruiert wurden. Einige Durchgänge sind ebenfalls neu geschaffen worden. Der fortifikatorische Wert der Stadtbefestigung war in den kriegerischen Jahrhunderten eher gering. Wann wurde die Stadtmauer in Xanten errichtet? Die Antwort
auf diese Frage führt uns zurück in das späte 14. Jahrhundert. In eine Zeit, als unser

Stadtmauer und ehemaliger Wehrturm am Westwall Höhe Hagenbuschstraße.

Raum durch ständige Konflikte zwischen den Erzbischöfen von Köln einerseits und den Herzögen von Kleve andererseits geprägt war. Ich hatte beim Mittel und Klever Tor bereits hierüber berichtet.

Als Bauherr der Xantener Stadtbefestigung gilt der Kölner Erzbischof Friedrich von Saarwerden. Die Bauarbeiten begannen im Jahr 1389 – einer Zeit kriegerischer Auseinandersetzungen in unserer Region. Zunächst errichtete man eine Mauer aus Backsteinen zwischen Klever Tor und Rheintor. Im Jahr 1444, Xanten war gerade vollständig klevisch geworden, wurde der Befestigungsring weiter ausgebaut. Wohl erst zu Beginn des 16. Jahrhunderts war Xanten vollständig von einer Stadtmauer umgeben. Die ihr vorgelagerten Wall- und Grabenanlagen sind bereits wesentlich älter und waren zeitweise mit Palisaden aus Holz gesichert. Unsere Stadt wurde aber nicht wie die benachbarten Städte Wesel und Rheinberg zu einer Festung ausgebaut. Es ist davon auszugehen, dass die Xantener Stadtmauer ausschließlich als Rechtsgrenze und weniger als militärische Befestigung diente.

Der runde Turm am Westwall.

Der Bemmelturm am Nordwall.

Wie Sie bei Ihrem Spaziergang rund um die Kernstadt sehen werden, haben sich auch einige Türme der Stadtmauer erhalten. Über die Kriemhildmühle und den Schweineturm, sowie deren Umbau zu Gartenhäusern im 18. Jahrhundert, wurde bereits berichtet. Weitere erhaltene kleinere Wehrtürme, die teilweise später auch zu einem Gartenhaus umgebaut wurden, finden Sie zum Beispiel noch mit dem „Bemmelturm" am Nordwall sowie am Westwall (Mauerturm und Rundturm). Das kleine Türmchen, welches an der Ecke Hagenbuschstraße/ Westwall steht, wurde erst um 1500, d. h. in der letzten Phase des Ausbaus der Xantener Stadtmauer, errichtet. Bereits im Jahr 1642 war er im Besitz eines Kanonikers. Ursprünglich verfügte auch dieser Turm über mehrere Geschosse. Wahrscheinlich ist er im Dreißigjährigen Krieg durch hessische Soldaten geschleift worden.

Der Stadtmauerturm am Westwall, der in Xanten auch der „runde Turm" genannt wird, wurde ebenfalls im späten 18. Jahrhundert zum Gartenhaus mit Aussichtsterrasse umgebaut. Er musste 2009 vollständig renoviert werden und kann heute ebenfalls als Ferienwohnung über die TIX angemietet werden. Im runden Turm am Nordwall („Bemmlerturm"), der aus dem 14. Jahrhundert stammt, wohnte im Jahr 1820 nachweisbar der ehmaliger Kanoniker Ellinckhuysen. Alle diese Wehrbauten wurden zur Tilgung von städtischen Schulden in den 1770er und 1780er Jahren, vor allem an Xantener Stiftsherren, verkauft. Diese Verkaufsakten haben sich bis heute im Hauptstaatsarchiv in Düsseldorf erhalten.

Die Wallanlagen vor der ehemaligen Stadtmauer dienen, wie hier am Ostwall, als grüner Gürtel rund um die Kernstadt und als Ort für moderne Kunst.

Interessant ist, dass sowohl im Westen, als auch im Osten der Stadt nur jeweils zwei Wehrtürme die Stadtmauer schützten. Aus diesen Bereichen, im westlichen Stadtvorland lagen die Sümpfe des Hoch- und Niederbruchs und im Osten der Rhein bzw. ein Altrheinarm, waren kaum militärische Angriffe zu befürchten. Der Meerturm an der heutigen Bahnhofstraße wurde im Mittelalter als Bestandteil des Sonsbecker Tores oder Meetores errichtet und diente vor allem als Fluchtturm aus der nicht mehr existierenden Bischofsburg. Stärker, wenn auch nicht optimal, waren nur die Nord- und Südseite der Stadt gesichert, um die frühere Römerstraße Köln-Kleve (Nimwegen) „bewachen" zu können. Im Laufe der Jahrhunderte stellten diese Bereiche der Stadtmauer auch die Schauseiten in Richtung der jeweiligen Stadtherren, den Erzbischöfen von Köln und später den Herzögen von Kleve, dar.

Leider sind am Ostwall Teile der Stadtmauer durch Graffitis verunstaltet worden. Ein Spaziergang entlang der Wälle ist trotzdem ein Erlebnis. Alle die in diesem Kapitel bereits vorgestellten Bauwerke, wie zum Beispiel die ehemaligen Wehrtürme, die Kriemhildmühle und das Klever Tor, aber natürlich auch unser Dom, lassen sich hierbei von einer anderen, d. h. stadtauswärtigen, Perspektive aus erleben. Zahlreiche Kunstwerke, Parkflächen und Grünanlagen laden zu weiteren Erkundungen und Erholungspausen ein.

6. KAPITEL

RUND UM XANTEN
EINE ENTDECKERTOUR ZU AUSGE-WÄHLTEN ORTEN UND BAUWERKEN AUSSERHALB DER KERNSTADT

Viele Touristen besuchen unsere Stadt „nur", um den Dom, die Innenstadt und/oder den Archäologischen Park zu besichtigen. Dabei werden oftmals die vielen historischen Sehenswürdigkeiten außerhalb der Kernstadt, die weniger bekannt, aber dafür umso mehr einen Besuch wert sind, vergessen. Sehr gut lassen sich die nachfolgend dargestellten Orte, Bauwerke und Kuriosa bei einer oder mehreren Tagestour(en) mit dem Rad, bei einer Wanderung oder auch mit dem Auto entdecken. Fast überall befinden sich gemütliche Gaststätten oder Restaurants, die bei einer Pause zum Verweilen einladen.

Das ehemalige Kloster Mörmter liegt in einer fast unberührten Naturlandschaft.

Ich möchte Sie im folgenden Kapitel dazu animieren, auch die Schönheiten der umliegenden, zum Teil erst 1969 nach Xanten eingemeindeten Dörfer und historischen
Stätten zu besuchen. Das Kapitel beansprucht keinen Anspruch auf Vollständigkeit. Es
handelt sich hierbei um eine ganz subjektive Zusammenstellung meiner persönlichen
„Highlights" im Bereich Architektur und Geschichte „rund um Xanten". Auch die Kirchen
von Vynen und Lüttingen sind aufgrund Ihrer besonderen Architektur und Geschichte
immer einen Besuch wert – ebenso die Dorfmitte von Obermörmter. Bitte lesen Sie
hierzu auch das siebte Kapitel „Geheimnisvolle Orte" dieses Buches, welches weitere
Denkmäler und Orte der wechselvollen Stadtgeschichte in Xanten vorstellt.

6.1. Es begann mit einer Vision und Wunderheilung – der Wall-
fahrtsort Marienbaum

Erst seit 1969 ist Marienbaum ein Ortsteil von Xanten.

Für viele Autofahrer ist der nördliche Stadtteil Marienbaum nur Durchgangstation auf
ihrer Fahrt nach Kalkar, Kleve oder Xanten. Wie Ihnen das folgende Kapitel zeigen
wird, ist ein Zwischenhalt im ehemaligen
„Golddorf" mit seiner wechselvollen Geschichte und seinen interessanten Bauwerken unbedingt zu empfehlen. Nehmen
Sie sich die Zeit und folgen Sie mir auf
eine kleine Entdeckungsreise durch einen
„Stadtteil mit Charme".

Das ungefähr acht Kilometer nördlich der Kernstadt gelegene und in der Region weithin
bekannte Wallfahrtsdorf Marienbaum wurde, bis heute von vielen Einwohnern bedau-
ert, am 1. Juli 1969 nach Xanten eingemeindet. Die besondere Lebensqualität Marienbaums wurde mehrfach ausgezeichnet: So durfte man sich zum Beispiel 1973 über die
Auszeichnung als „Golddorf" freuen. 1999 gewann man auf Kreisebene den Wettbewerb
„Unser Dorf soll schöner werden". Ein engagierter Heimatverein, indem viele der 2.000
Dorfbewohner Mitglied sind, kümmert sich nicht nur um das kulturelle Erbe, sondern
auch um ein lebendiges Dorfleben. Natürlich gibt es auch hier einen Schützenverein.

Berühmt ist Marienbaum aber für seine nach 1430 erwähnte Marienwallfahrt, die noch
heute jedes Jahr um die 15.000 Pilger in den Ort führt. Leider hat Marienbaum nie
die Bedeutung Kevelaers oder auch Kranenburgs als Wallfahrtsort erlangen können.

Die Wallfahrtskirche von Marienbaum ist bis heute das Wahrzeichen des Dorfes.

Gründe hierfür gibt es einige: Sie sind nur vor dem Hintergrund der widrigen politischen und kriegerischen Gegebenheiten der letzten Jahrhunderte im Xantener Raum zu erklären.

Zur Geschichte der Wallfahrtskirche „St. Maria Himmelfahrt" und des Klosters Marienbaum

Die Hauptattraktion des Stadtteils Marienbaum ist bis heute die schon von weitem aus sichtbare katholische Wallfahrtskirche „St. Maria Himmelfahrt", die man bei einem Besuch in Xanten auf jeden Fall besichtigen sollte. Bitte informieren Sie sich vorab im Internet über die Besichtigungszeiten der Kirche, da eine durchgängige Öffnung aufgrund von mehreren Diebstählen in den letzten Jahren z. Z. nicht gewährleistet werden kann. Der Platz neben der Kirche sowie der benachbarte Friedhof zählen für mich zu den schönsten Orten der Stadt. Auch wenn nicht mehr viele historische Gebäude aus der Blütezeit Marienbaums als Wallfahrts- und Klosterort erhalten sind – hier spürt man bis heute die Tradition und Verwurzelung des Niederrheiners mit dem katholischen Glauben wie an kaum einen anderen Ort.

Marienbaum wurde im Jahr 1430, also über 230 Jahre vor Kevelaer, erstmals als Wallfahrtsort erwähnt. Der Legende nach hatte ein gelähmter Schäfer eine Vision. Ihm

Seit dem 18. Jahrhundert fungiert die spätgotische Kapelle als Chor der vergrößerten Wallfahrtskirche.

erschien im Traum das Bild einer hohen Eiche. In ihrer ausladenden Krone sah er eine Marienstatue. Eine Stimme befahl ihm, diesen Baum in der Nähe einer Ortschaft namens „Broechem", südlich des heutigen Dorfes, d. h. bei Haus Balken, zu suchen. Wohl mit fremder Hilfe fand er den besagten Baum und die Marienstatue. In der damals in unserer Region verbreiteten niederdeutschen Sprache wurde dieser Baum als „Trappenboom" bezeichnet. Wie so oft bei solchen Wundergeschichten ging auch diese Vision gut aus – der Schäfer wurde natürlich geheilt und war fortan nicht mehr gelähmt.

Für die damals dünn besiedelte Region am „Trappenboom" begann ein wahrer Wirtschaftsboom. Rund um die ab 1438 durch Herzog Adolf I. von Kleve errichtete spätgotische Kapelle mit Gnadenbild, errichtet genau an der Stelle, wo der Trappenbaum gestanden hatte, entstand an der alten Römerstraße nach Kleve ein ganz neues Gemeinwesen – Marienbaum. Schnell wurde man – dank der vielen Pilger – ein religiöses Oberzentrum, das sich nicht nur von der übergeordneten und wesentlich älteren Pfarre im benachbarten Vynen emanzipierte, sondern auch Xanten und dem Einfluss der Kölner Erzbischöfe Paroli bot. Mehrfach sollen übrigens die Vynener das Gnadenbild aus der Kapelle gestohlen und in ihre Pfarrkirche gebracht haben … Damit war der Aufstieg des Dorfes zum Pilgerzentrum aber nicht aufzuhalten.

Der Bau des Klosters, dessen Gebäude leider heute bis auf wenige Reste, wie zum Beispiel den ehemaligen Kapitelsaal, nicht mehr erhalten sind, dauerte von 1457 bis 1460. Als Gründerin gilt Maria von Burgund. Im Marienbaumer Kloster lebte man nach den Regeln des Birgittenordens. Es handelte sich um ein sogenanntes Doppelkloster für Mönche und Nonnen. Hier wohnten und arbeiteten vor allem die Frauen in strenger Klausur. Nur die Mönche waren für den Wallfahrtsbetrieb zuständig. Auch in der Kapelle hatte man natürlich getrennte Gottesdienste und Plätze.

Zahlreiche Gasthäuser und Herbergen für die Pilger ließen Marienbaum wirtschaftlich prosperieren. Infolge der territorialen Auseinandersetzungen zwischen diversen Kriegsmächten seit dem Ende des 16. Jahrhunderts wurde das Kloster mehrfach geplündert. Ebenso lief das seit den 1640er Jahren aufstrebende benachbarte Kevelaer Marienbaum nach und nach als Wallfahrtszentrum den Rang ab. Trotz aller Widerstände baute man zu Beginn des 18. Jahrhunderts die spätgotische Kapelle zu einer großen Kirche mit barockem Langhaus aus. Dieser Ausbau ist wohl ebenfalls in der Konkurrenz zu Kevelaer zu sehen. Dort gab es zu dieser Zeit neben der Pfarrkirche St. Antonius nur eine kleine Gnadenkapelle und die Kerzenkapelle. Die heute bekannte Wallfahrtsbasilika in Kevelaer wurde erst in der zweiten Hälfte des 19. Jahrhunderts durch den Kölner Dombaumeister Statz und durch den Architekten Hilger Hertel er-

richtet. Mit dem Ausbau der Wallfahrtskirche versuchte man in Marienbaum wohl Pilger aus Kevelaer, die ja ebenfalls eine Marienwallfahrt besaßen, abzuziehen. Zu dieser Zeit lebten noch um die 80 Ordensleute im Kloster. Marienbaum zählte nur 115 Einwohner. Für das Jahr 1819 ist die erste Wallfahrt nach der Auflösung des Klosters belegt.

Nach 1802 wurde das Kloster durch die französischen Besatzer, wie auch die Einrichtungen in der Kernstadt Xanten, vom Mantel der Geschichte, genannt „Säkularisierung" hinweggefegt. Fast alle Gebäude wurden nach einem Brand 1811 auf Abbruch verkauft. Die Folgen lasteten schwer auf Marienbaum. Aufgrund fehlender Pilger und der Schließung des Wirtschaftsstandortes „Kloster" stagnierte das Dorf. Zu Beginn des 19. Jahrhunderts zählte man gerade einmal 365 Einwohner.

Der Turm der Wallfahrtskirche ähnelt dem großen Bruder von der Marienbasilika in Kevelaer.

Der heute das Ortsbild bestimmende neugotische Turm wurde zwischen 1898 und 1900 errichtet. Er hat Ähnlichkeit mit dem Turm der Marienbasilika in Kevelaer. Er ist sogar vom Fürstenberg aus bei gutem Wetter gut zu erkennen. Unter seinem Fundament befindet sich bis heute eine früher zugängliche Gruft, in der die Nonnen des Klosters beigesetzt wurden. Im Turmbereich hat sich auch der schlichte Grabstein von Thadeus van den Berck erhalten, der als letzter Vorsteher die Aufhebung des Klosters durch Napoleon erleben musste. Weitere Grabplattenfragmente entdeckt man zum Beispiel auch am äußeren Mauerwerk des Chores.

Die sieben, zwischen 400 und 3.600 kg schweren Bronzeglocken der Wallfahrtskirche wurden 1980 von Familie Underberg, wohnhaft in Haus Balken, zum 550-jährigen Wallfahrtsjubiläum gestiftet. Das schöne Glockenspiel hat ein Repertoire von 26 Stücken. Es ist zwei Mal am Tag, um 10.55 Uhr und um 16.55 Uhr, zu hören. Weitere Informationen zur Geschichte der Wallfahrtskirche und des Klosters Marienbaum können Sie auf einer 2011 aufgestellten Informationstafel auf dem Kirchenvorplatz nachlesen. Leider

Das Innere der Kirche erinnert an süddeutsche Gotteshäuser.

ist bereits ein großes Stück der Tafel im unteren Bereich herausgebrochen (worden). Faszinierend ist für mich die gelungene Symbiose von gotischer, barocker und neu-gotischer Architektur, die am Niederrhein einzigartig ist. Wenn Sie genau hinschauen, können Sie die unterschiedlichen Bauphasen sehr gut nachvollziehen.

Reich ausgestattet – der Innenraum der Wallfahrtskirche

Absolut sehenswert ist auch das Innere der Wallfahrtskirche. Fast fühlt man sich durch den Mix der verschiedenen Baustile in eine süddeutsche Kirche versetzt. Das absolute Schmuckstück der Inneneinrichtung ist der um 1714 errichtete Birgittenaltar, der mit dem Langhaus zusammen geweiht wurde. Im Zentrum der spätgotischen ehemaligen Kapelle, dem heutigen Hochchor, steht der dreistöckige Hochaltar. Auf ihm, der im Kern aus dem frühen 17. Jahrhundert stammt, ist als Stifter der damalige Landesherr, Herzog Adolf III. von Kleve (vor dem Jesuskind kniend) dargestellt. Das Gnadenbild wurde vermutlich, genau wie das Kloster, von Maria von Burgund gestiftet. Vermutlich ist die Sandsteinfigur mit der Darstellung der Mutter Gottes nach 1430 in einer Kölner Werkstatt gefertigt worden. Früher war sie mit kostbaren Kleidern geschmückt. Die im Chor aufgehängten Votivtafeln legen Zeugnis von zahlreichen auswärtigen Gemein-

Die prächtige Orgel wurde 1894 im neobarocken Stil für eine Kirche in den Niederlanden gebaut.

Der wunderschöne Hochaltar zeugt von der einstigen Bedeutung des Wallfahrtsortes Marienbaum.

den ab, die im Laufe der Jahrhunderte regelmäßig nach Marienbaum gepilgert sind. Am bekanntesten und traditionsreichsten ist sicherlich die Wallfahrt Kalkarer Bürger – ein Brauch, der bis heute anhält: So versprachen die Einwohner der Nachbarstadt im Jahr 1636, nachdem fast 2.000 Einwohner von Kalkar durch die Pest ums Leben gekommen waren, bei Rettung aus der Not nach Marienbaum zu pilgern. Natürlich war die Pest nach der Rückkehr der Pilger in Kalkar verschwunden.

Die klangvolle Orgel im Stil des Neorokokos, 1894 erbaut, stammt ursprünglich aus der Oosterkerk in Arnheim und wurde 1971 nach Marienbaum transloziert. Nehmen Sie sich Zeit und entdecken Sie die zahlreichen Kunstschätze und Kostbarkeiten. Berühmt ist auch das Hungertuch aus dem 17. Jahrhundert, das nur zur Fastenzeit in der Kirche aufgehängt wird. Die Ende der 1890er Jahre eingesetzten neugotischen Fenster wurden im Zweiten Weltkrieg leider zerstört.

Rund um die Wallfahrtskirche – Wallfahrtsmuseum, ehemalige Herbergen und Bahnhof

Auf dem Platz vor der Wallfahrtskirche steht seit 1990 der hübsche Marienbrunnen. Hier wird auch eine vereinfachte Kopie des Gnadenbildes aus der Kirche gezeigt. Ebenso sehenswert ist das vor einigen Jahren errichtete Denkmal der Klostergründerin Maria von Burgund auf der kleinen Fläche an der Kalkarer Straße. Hier findet manchmal (meistens am Freitag) ein kleiner und beliebter Bauernmarkt statt.

Das der Kirche ein wenig versteckt gegenüberliegende kleine Wallfahrtsmuseum ist nur nach telefonischer Voranmeldung zu besichtigen. Mehrere Exponate erinnern an die einstige Bedeutung Marienbaums als Wallfahrtsort. So ist zum Beispiel in einer Vitrine eine Statue des Heiligen Jakobus aus dem 18. Jahrhundert ausgestellt. Darüber hinaus werden ein Reliquienkasten von 1470 und Berührungsreliquien, wie zum Beispiel eine Miniatur des Trierer Rocks, gezeigt. Im Museum befindet sich auch die örtliche Pfarrbücherei, die bereits 1903 gegründet wurde. Sie ist sonntags von 10-12 Uhr und donnerstags von 16-18 Uhr geöffnet. Empfehlenswert sind hier besonders die Bestände im Bereich Jugendbuch.

In der Nähe der Wallfahrtskirche lassen sich an der Kalkarer Straße (B 57) heute nur noch wenige Reste der bis zu acht historischen Gasthäusern und Herbergen finden, die früher die zahlreichen Pilger verköstigten und ihnen Unterkunft boten. Erwähnenswert sind hierbei das Hotel Deckers, die ehemaligen Gasthöfe „Zu den drei Eichen" sowie „Das weiße Pferd", dessen Gebäude aus der Mitte des 18. Jahrhundert stammt. Heute übernachtet kaum noch ein Pilger im Ort. 1929 bewarb der damalige Fremdenverkehrsverein Marienbaum schon nicht mehr mit der Wallfahrt, sondern mit der reizvollen Umgebung. In einer zeitgenössischen Anzeige ist zu lesen: „Luftkurort Marienbaum. Herrlich gelegen zwischen Rhein und Hochwald (Reichswald). Der prächtige Hochwald (3 Minuten vom Bahnhof) sowie die wundervolle Umgebung bieten reichlich Gelegenheit für genussreiche Spaziergänge. Familien und große Gesellschaften finden gute Unterkunft und Verpflegung".

Auch Marienbaum wurde im Zweiten Weltkrieg, vor allem bei den beiden Bombenangriffen vom 27. und 28. Februar 1945, zu über 40 Prozent zerstört. Besonders der Bahnhof erlangte am Ende des Krieges, als unsere Region mit dem Rheinübergang der Alliierten zum Frontgebiet wurde, strategische Bedeutung. Der Transport von Militäreinheiten, Panzern und Geschützen deutscher und später alliierter Truppen wurde hier abgewickelt. Besonders für deutsche Wehrmachtseinheiten bot der nahe Hochwald gute Schutz- und Tarnmöglichkeiten vor alliierten Fliegerangriffen. Die große Rampe am Bahnhof erleichterte zudem die Be- und Entladung der Eisenbahnwaggons mit Kriegsgerät. Heute bietet der 1904 errichtete Bahnhof Marienbaum, welcher infolge der Streckenstillegung Xanten-Kleve seit dem 29.12.1989 nicht mehr bedient wird, nach einem Brand im Jahr 2006 ein mehr als trauriges Bild. Das Bahnhofsgebäude gilt als denkmalwertes Beispiel für einen „Typenbahnhof" der damaligen preußischen Eisenbahn. Vor dem Brand plante der Besitzer das Gebäude aufwendig zu restaurieren und in den Zustand der 1930er Jahre zurück zu versetzen. Es ist zu hoffen, dass sich diese Pläne noch realisieren lassen und der

Der ehemalige Bahnhof Marienbaum ist nach einem Brand im Jahr 2006 nur noch eine traurige Ruine.

Das ehemalige DB-Schild „Marienbaum".

Bahnhof nicht weiter verfällt. Hier könnte man ohne Probleme einen Kriegsfilm drehen. Bis heute ist ein Gerichtsstreit um die Auszahlung der Versicherungssumme nicht geklärt. Im Februar 2013 musste die Ruine von der Stadt gesondert gesichert und der Abbruch der freistehenden Giebel durch die Baubehörde angeordnet werden. Es ist kaum vorstellbar, dass dieses Gebäude bald wieder im alten Glanz erstrahlen wird.

Sehr schön gelungen ist im ehemaligen Bahnhofsbereich der Erhalt eines Gleisfragmentes mit Signalanlage der früheren Bahnlinie Duisburg-Kleve sowie des originalen Bahnhofsschildes „Marienbaum" in der Nähe der Uedemer Straße. Eine Tafel zur Geschichte der Eisenbahn informiert den interessierten Besucher über die Entwicklung des Bahnverkehrs in Marienbaum. Der heutige asphaltierte Radweg gibt immer noch einen guten Eindruck vom Verlauf der ehemaligen Bahntrasse. Auf der Internetseite www.bahnen-am-niederrhein. de kann man sogar zwei Videos einer Führerstandmitfahrt zwischen Moers und Kleve aus dem September 1989 aufrufen, das den Bahnhof Marienbaum noch im Originalbetrieb, d. h. kurz vor der Stilllegung, zeigt. Ein sehr eindrucksvolles Zeitdokument, das manchen Xantener mit Wehmut erfüllen dürfte.

Die 1989/90 stillgelegte Strecke Xanten-Kleve ist heute in weiten Bereichen ein beliebter Fahrradweg.

Seit 2012 hat Marienbaum zwei Neubürger, die an der Kalkarer Straße ein extra aufgestelltes Nest in zehn Metern Höhe bezogen haben – die Störche Florian und Florentine. Mit ein bisschen Glück können sie beide Tiere bei der Nahrungssuche über Marienbaum und Umgebung beobachten. Weitere Storchpopulationen gibt es unter anderem auch auf der Bislicher Insel. Heute zählt das Dorf zu den Orten im Xantener Stadtgebiet mit der höchsten Lebensqualität. Da Marienbaum ca. acht Kilometer von der Stadtmitte entfernt ist, gibt es hier eine sehr gute Infrastruktur des täglichen Bedarfs.

Die Umgebung von Marienbaum ist landschaftlich sehr reizvoll und lädt zu ausgedehnten Wanderungen ein.

Verlässt man Marienbaum in Richtung Nordwesten, so erreicht man nach wenigen Minuten den bereits vorgestellten Hochwald. Beim Marienbaumer Forsthaus, das heute noch vom zuständigen Revierförster bewohnt wird, lassen sich ausgedehnte Wanderungen und Fahrradtouren entlang der westlichen Stadtgrenze Xantens unternehmen. Vor einigen Jahren wurden hier über 40 Kilometer Wanderstrecken neu angelegt. Auch der vor einigen Jahren zwischen Hochwald und Marienbaum angelegte Naturlehrpfad mit 14 Stationen ist einen Besuch wert. Hier erfährt der Wanderer viel Wissenswertes über die heimische Flora und Fauna.

6.2. Von einer „Dornröschenkirche", finanzschwachen Burgherren und einer Fazenda – die „Freie Republik Mörmter, Ursel, Willich"

Etwas südwestlich von Marienbaum befindet sich ein wahres Kleinod, das leider immer noch weitgehend außerhalb der gängigen Touristenwege liegt – die ehemalige Herrlichkeit Mörmter mit den Dörfern Ursel und Willich. Ob Mörmter den benachbarten Ortschaften Nieder- und Obermörmter seinen Namen gegeben hat, ist bis heute nicht zweifelsfrei geklärt. Diese, ein wenig abgelegene Gegend, zählt zu meinen absoluten Lieblingsorten in Xanten. Ein Besuch dort ist ein, wenn nicht der, Insidertipp dieses Buches. Biegen Sie doch einmal in Mörmter auf der Bundestraße Richtung Westen ab und gehen Sie auf Entdeckungsreise.

So mancher Ortsfremder wird sich hier schon gefragt haben, was es mit der „Freien Republik" auf sich hat.

Der „Freistaat" Mörmer/Ursel/Willich

Vielleicht hat der eine oder andere Leser schon einmal, von der Bundestraße aus, das ungewöhnliche Schild an der Zufahrstraße nach Mörmter „Sie betreten die Freie Republik Mörmter – Ursel – Willich" gesehen. Zugegeben, so eine Beschilderung kannte ich bislang nur von meinen Besuchen in der Kopenhagener Freistadt Christiania, gegründet in der Hippy-Ära. Lebt in Mörmter/Ursel/Willich etwa ein ähnliches freies Völkchen? Oder was hat es mit dem Schild auf sich? Dies ist bei einer ersten Erkundung vor Ort zunächst schwierig zu beantworten, da kaum jemand auf der Straße, geschweige denn Wohnhäuser zu sehen sind.

Was hat es also mit dieser „freien Republik" auf sich? Die Antwort auf diese Frage führt uns über 30 Jahre zurück: Anfang der 1980er Jahre plante das Land NRW die Straßensituation im Bereich Mörmter neu zu gestalten. Mit einem Ausbau der B 57 und der vorgeschlagenen Kreuzungssituation mit einer Kreisstraße konnten sich die

Einwohner der etwa 26 Bauernhöfe und Häuser überhaupt nicht anfreunden. Die An-wohner von Mörmter, Ursel und Willich wurden aufsässig: Viele Rechtsmittel wurden ausgeschöpft. 1983 einigte man sich untereinander über einen neuen Pachtvertrag, der die Ausbaupläne der Straßen verhindern sollte. Die Verwaltung des Kreises Wesels musste nun den Dialog zu den Bürgern aufnehmen. Schlussendlich obsiegte trotzdem der Kreis – das Projekt wurde, wie wir heute sehen können, trotz aller Widerstände rea-lisiert. Dennoch zeugt das ungewöhnliche Ortseingangsschild, das im Frühjahr 2013 erneuert wurde, bis heute von dem Zusammenhalt der Bevölkerung. Bis heute erinnert man also – ganz offiziell – an den zähen Widerstand der ortsansässigen Bürger gegen die staatliche Obrigkeit. Eine Geschichte, die nicht nur in Xanten ihresgleichen sucht.

Der frühere Bahnhof Wardt und das Ehrenmal Mörmter

Wenige Meter hinter dem ungewöhnlichen Ortsschild liegt auf der linken Seite am heu-tigen Radweg der ehemalige Bahnhof Wardt. Auch er war ein ehemaliger Haltepunkt an der Bahnstrecke Duisburg-Kleve. Das ehemalige Bahnhofsgebäude ist heute in Privatbesitz und ist liebevoll gepflegt. 1991 wurde das Gebäude umfassend saniert und das historische Bahnhofsschild „Wardt" wieder rekonstruiert. Der ehemalige Bahnhof wirkt ein wenig überdimensioniert und war zu Betriebszeiten weit außerhalb der um-liegenden Dörfer und Siedlungen gelegen. Kurios ist, dass er erst vier Jahre nach der Streckeneröffnung im Jahr 1908 auf Betreiben der umliegenden Bauern von Mörmter

Der ehemalige Bahnhof Wardt wurde liebevoll restauriert und ist in Privatbesitz.

errichtet worden ist. Da Mörmter zur Gemeinde Wardt gehörte, benannte man 1908 den Haltepunkt einfach nach der weit östlich gelegenen und viel größeren Ortschaft „Wardt". Der Wardter Bahnhof in Mörmter wurde bereits einige Jahre vor der Strecken-stilllegung (1989/90) außer Dienst gestellt. In den 1980er Jahren hatte der damalige Besitzer das vorhandene Schild humorvoll zu „Ich WARDT hier auf dich" ergänzt.

Kurz nach der Überquerung der ehemaligen Bahntrasse Duisburg-Kleve (heute Rad-weg) erreicht man an der Straßengabelung ein Denkmal aus vergangenen und schlim-men Zeiten – das Ehrenmal von Mörmter. Die sehr gepflegte Gedenkstätte wurde zu-nächst für die Gefallenen des Ersten Weltkriegs errichtet. Seit 1945 erinnert man auch an die lokalen Opfer des Zweiten Weltkriegs.

Die „Fazenda da Esperança" im ehemaligen Franziskanerkloster

Nach wenigen Metern liegt auf der rechten Seite das eindrucksvolle Gelände des ehe-maligen Franziskanerklosters in Mörmter. Heute ist hier eine „Fazenda da Esperança" untergebracht. Diese Organisation steht dem Franziskanerorden sehr nahe.

Auf den ersten Blick täuscht die (neo)barocke Architektur. Es wäre zu vermuten, dass die Anlage aus dem 18. Jahrhundert stammt. Das Kloster wurde aber erst 1921/22 von Dorstener Franziskanern gegründet. Diese Klosteranlage war die erste Neugrün-dung ihrer Art nach der Säkularisation im heutigen Xantener Stadtgebiet. Ein vorab geplanter Ankauf des Karthauses in Xanten durch die Dorstener Mönche scheiterte, so dass man einen Platz außerhalb der Stadt suchte. In Mörmter wurden die Franziska-ner schließlich fündig. 1921 verkauften die ortsansässigen Bauernfamilien Beckmann, Seegers und Siebers 19 Morgen Land an den Orden. Auf einem Acker wurde das neue Ordensgebäude mit Kapelle in Rekordzeit, auch dank der Hilfe der ortsansässigen Bauern, errichtet. Am Ende des Jahres 1921 erfolgte die Grundsteinlegung zum Bau des Klosters. Die Einweihung und Weihe wurden am 23.November 1922 gefeiert. Als Gründungsmitglieder werden in den Quellen sieben Mönche genannt. Zu Ihren Aufga-ben gehörte auch die Seelsorge in den umliegenden Dörfern und Gemeinden. Ebenso war Mörmter ein beliebtes Ferienkloster für befreundete Ordensbrüder.

Während des Zweiten Weltkriegs wurde das Kloster zunächst durch Einquartierungen von Wehrmachtseinheiten zweckentfremdet. Im Januar 1945 musste aufgrund der sich immer schneller nähernden Westfront ein Lazarett bzw. „Hauptverbandsplatz" im Klo-stergebäude eingerichtet werden. Von fast 800 Soldaten, die auf dem Rückzug bzw. bei Kämpfen in unserer Region verwundet wurden, starben in den Klostergebäuden fast zehn Prozent. Ihre letzte Ruhe fanden die über 80 Toten auf dem beeindrucken-

Das ehemalige Franziskanerkloster Mörmter liegt sehr idyllisch.

den Soldatenfriedhof, der sich rückwärtig auf dem Klostergelände befindet. Er wird bis heute von den Bewohnern der Fazenda gepflegt.

Nach dem militärischen Zusammenbruch, im April 1945, wurde das Franziskanerkloster Mörmter von den Franziskanern neu gegründet und anfangs von drei Ordensangehörigen bewohnt. In den 1950er Jahren erhöhte sich die Zahl auf neun Brüder. In den Nachkriegsjahren fanden dort auch Xantener Bürger Obdach, deren Häuser während der letzten Kriegstage zerstört worden waren. 1977, als der Nachwuchs bei den Franziskanern nach und nach ausblieb, wurde das Kloster in Mörmter an Glaubensbrüder aus Brasilien übergeben, die hier überwiegend ihren Lebensabend verbrachten. Nach der Jahrtausendwende standen die Gebäude einige Zeit leer und waren stark renovierungsbedürftig. Es gründete sich ein Förderverein, um eine eventuelle kulturelle Nutzung des Areals vorzubereiten.

Im Juli 2009 wurden die ehemaligen Klostergebäude von der katholischen Gemeinschaft der „Fazenda da Esperança", die in über 80 Ländern tätig ist, übernommen und zu einem lebendigen Ort der Seelsorge, aber auch der Therapie für suchtkranke Jugendliche und junge Männer, ausgebaut. In Xanten empfing man die neue Gemeinschaft, so die Verantwortlichen, nicht wie anderswo mit Skepsis, sondern mit „offenen

Armen". Heute können bis zu 16 „Recupanten", so die Bezeichnung der Bewohner, im ehemaligen Franziskanerkloster leben und von ehrenamtlichen Seelsorgern und Pädagogen auf einen Weg zurück in die Gesellschaft vorbereitet werden. Wichtig zu erwähnen ist, dass hier ein Aufenthalt auf freiwilliger Basis erfolgt und eine Rundumbetreuung gewährleistet ist. Für Besucher ist die Anlage nur zeitweise, unter anderem im Rahmen eines Hofcafes, geöffnet. Als wir, d. h. mein Fotograf und ich, uns bei den Recherchen zu diesem Buch in der Fazenda anmeldeten, wussten wir nicht, was uns dort erwarten würde. Bis heute hat mein Besuch dort „Spuren" für meine Einstellung zum Leben und zum Glauben hinterlassen. Begrüßt wurden wir sehr herzlich von Pfarrer Schlüter, der die Idee der Fazenda als „Hof der Hoffnung" von Brasilien nach Deutschland gebracht hatte und von Rainer Kehrmann, der „guten Seele" des Klosters. Pfarrer Schlüter, mittlerweile im Ruhestand, hatte auf dem Gut Neuhof in der Nähe von Berlin die erste Fazenda auf deutschen Boden aufgebaut und unterstützt Projekte dieser Art in der ganzen Welt.

Pfarrer Schlüter und Rainer Kehrmann in der kleinen Hauskapelle der Fazenda.

Zur Idee und der Aufgabe der Fazenda

Sehr ausführlich und einfühlsam erläuterte man uns die Idee, Aufgabe und Struktur der Fazenda, aber auch die Sorgen und Nöte der dort lebenden Jugendlichen. Durch Arbeitsaufträge innerhalb und außerhalb der Fazenda werden die Suchtkranken wieder an einen normalen Alltag herangeführt. Die Bewohner stehen auch gerne für Vorträge an Schulen zur Verfügung. Bei unserem Besuch war ein fast urchristliches Ideal des Zusammenlebens zu spüren. Die Hektik des Alltages hatten wir nach dem Eintritt durch die alte Klosterpforte sofort vergessen. Hier und da konnten wir im Gebäude, in der Klosterkirche und Hauskapelle auch die Nähe zum Franziskanerorden erleben. Wie man uns berichtete, nutzen aktuell viele Firmen, Schulklassen und andere gesellschaftliche Gruppen diesen Ort, um die Idee und die Spiritualität des Ortes zu erfahren. Obwohl man von Spenden lebt und keine staatlichen Fördermittel für Suchtkranke annimmt, war man uns gegenüber sehr gastfreundlich! Möchten Sie mehr über die Fazenda da Esperança erfahren? Melden Sie sich bei den dortigen Verantwortlichen telefonisch an oder klingeln sie einfach vor Ort. Man freut sich über jeden Gast und Dialog. Das Motto der Einrichtung lautet: „Uns ist jeder Gast willkommen, egal ob er glaubt und wie er glaubt."

Das Innere der ehemaligen Klosterkirche ist einen Besuch wert.

Laut Aussage von Pfarrer Schlüter liegt die Heilungsquote der Jugendlichen bei ca. 60 Prozent. Ein moderner Alltag findet hier nicht statt. Oder kennen Sie einen Ort in Xanten, wo Handys, Internet, Fernsehen, Alkohol und Zigaretten ganzjährig verboten sind? Durch großzügige Spenden, unter anderem durch Familie Underberg und die Sparkasse Xanten, konnten jüngst alle alten Klosterfenster und Teile der Inneneinrichtung erneuert werden. Die alten Zellen der Franziskanermönche werden Sie bei einem Besuch nicht mehr vorfinden. Kurios ist hingegen ein funktionstüchtiger Aufzug, der früher die älteren Mönche, die hier ihren Ruhesitz hatten, zwischen den Etagen hin- und herfuhr.

Sehr beindruckend ist auch das Innere der Klosterkapelle. Neben der alten Ausstattung, die zum Teil auf die Bauzeit in den 1920er Jahren zurück geht, werden hier auch neu geschaffene liturgische Geräte aufgestellt, die von den Recupanten aus Materialien geschaffen werden, die sie auf dem ehemaligen Klostergelände sammeln. Der Innenraum gibt wunderbar die Atmosphäre einer süddeutschen Kirche wieder. Hier finden seit einiger Zeit wieder kleine Konzerte statt. Die Kapelle ist jeden Mittwochabend und Sonntag zur Heiligen Messe um 17.00 Uhr geöffnet. Sie ist auch ein beliebter Ort für Hochzeiten. Für mich gehört die Fazenda in Mörmter zu den eindrucksvollsten Orten in Xanten, den auch Sie unbedingt einmal besuchen sollten.

Die „Dornröschenkirche" von Düsterfeld – ein Gotteshaus ohne Siedlung

Folgt man zu Fuß, per Rad oder mit dem Auto dem weiteren Verlauf der Straße, so erreicht man nach ca. einem Kilometer einen der ruhigsten Orte Xantens – Düsterfeld. Auf dem Weg dorthin kann man mit allen Sinnen die so typische Natur des Niederrheins erleben. Im Landschaftsschutzgebiet Mörmter-Düsterfeld findet man noch über 300 Jahre alte Eichen und eine intakte Natur. Kaum irgendwo in Xanten ist die Weite und Einsamkeit der unverwechselbaren Niederrheinischen Landschaft so spürbar wie hier. Malerisch liegt auf der linken Seite des Weges der Höhenzug des Hochwaldes. Hier fühlt man sich wie im Urlaub. Mich macht diese Gegend regelrecht süchtig. Hier scheint die Zeit einfach still zu stehen.

Neben dem „Haus Berkel" und seiner modernen Nebengebäude befindet sich auf der rechten Seite der kleinen Straße, umgeben von hohen Bäumen und Sträuchern, die kleine evangelische Kirche Düsterfeld. Erstaunen löst zunächst einmal das Hinweisschild auf dem Parkplatz vor der Kirche aus: Nur jeden ersten Sonntag im Monat um 10.00 Uhr wird hier noch ein Gottesdienst gefeiert. Dennoch gibt es seit einiger Zeit wieder eine darüber hinausgehende Nutzung in Form von Trauungen, Taufen und Konzerten. Für weitere Informationen zu den Öffnungszeiten, Gottesdiensten und Veranstaltungen kontaktieren Sie bitte die evangelische Kirchengemeinde Xanten-Mörmter.

Bei meinem ersten Besuch in Düsterfeld fühlte ich mich aufgrund der abgeschiedenen Lage und der wehrhaften Architektur des Gebäudes an Kirchen auf den nordfriesischen Inseln erinnert. „Sie schläft fast so tief und fest wie Dornröschen im Märchen", ist auf einer Internetseite zu lesen. Dem kann ich nur zustimmen. Jeder Besucher, der schon einmal hier gewesen ist – und das werden nur wenige auswärtige Touristen sein – wird sich gefragt haben, warum gerade an dieser weit abgelegenen Stelle („Lands End") überhaupt eine Kirche errichtet wurde. Wo befinden sich aber in der nahen Umgebung die Häuser, in denen die Gläubigen wohnen? Die Antworten auf diese Fragen führen uns zurück in das 17. Jahrhundert: Der Bau der Kirche, bzw. der Umbau eines älteren Vorgängerbaus, wird für die Zeit kurz nach dem Dreißigjährigen Krieg, d. h. um 1655 angenommen. Sie ist somit etwa acht Jahre jünger als ihre große Schwester am Xantener Markt. Von einem Vorgängerbau sind uns bis heute keine Zeugnisse überliefert. Schon seit dem Spätmittelalter gab es in der Burg zu Mörmter oder hier in Düsterfeld eine Kapelle mit einer Vikarstelle, die von der Gemeinde bis dahin genutzt und spätestens 1547 reformiert wurde.

Auch der Stifter der Kirche ist uns bekannt – Stephan Quadt zu Wickradt, der Besitzer des benachbarten Rittergutes und Burg Mörmter. Er gehörte als eine der ersten Adeligen am Niederrhein dem evangelischen Glauben an und war nachweisbar Presbyter in Xan-

Die Dornröschenkirche von Düsterfeld.

Teile der Kirche weisen heute noch Züge von Festungsarchitektur auf.

ten. Sein Epitaph mit Wappen und lateinischer Inschrift, die ausweist, dass Quadt zu Wickradt in der Nähe der Kirche begraben wurde, befindet sich noch heute im Inneren der Kirche. Tatsächlich wurde er mit Johanna Bongardt, die ebenfalls zum Bau finanziell beitrug, in einem Kellergewölbe unter der Kirche beigesetzt. Als Bauland für das kleine Gotteshaus stiftete Quadt zu Wickradt unter anderem das schon im Mittelalter bestehende Haus „Wuisterfeld", später „Düsterfeld" genannt. Schon der Name weckt dunkle und unheimliche Assoziationen. Er beschreibt das ehemalige sumpfige und unwegsame Gebiet an dieser Stelle treffend.

Haus Wuisterfeld diente zu Lebzeiten des Stifters als befestigter Vorposten für die Burg Mörmter und als Witwensitz der Familie. Noch heute ist hier ein kleiner Wassergraben zu sehen. Die von Quadt zu Wickradt gestiftete Kirche hatte wohl zunächst die Funktion einer Hauskirche der damaligen Herren von Mörmter, wie wir sie auch bei anderen Adelsgütern, zum Beispiel in Mecklenburg, kennen. Die kleine Kirche wurde aber von Anfang an auch, wie die Vorgängerkapelle zuvor auch, für die Bauern der Umgebung geöffnet. Düsterfeld gehört somit zu den ältesten protestantischen Standorten im Rheinland und hat mit seiner Stifterfamilie wichtige Impulse für die Reformation am Niederrhein gegeben. Dennoch ist es bis heute erstaunlich, dass sich rund um die Kirche keine Siedlung bzw. Bauernschaft angesiedelt hat. Hierzu haben sicherlich die schlechten topographischen Verhältnisse an diesem Ort entscheidend beigetragen. In einem sumpfigen und abgelegenen Gebiet siedeln sich nur selten Menschen an. So riefen die Glocken in Düsterfeld nur wenige Gläubige zu den Gottesdiensten.

Die heute noch vorhandene Glocke der „Dornröschenkirche" hat alle Stürme der Zeit überstanden und stammt noch aus dem Jahr 1660. Sie erklang anlässlich eines Besuches des Großen Kurfürsten in Kleve zum ersten Mal. Dass sie heute noch läutet, verdanken wir vor allem dem Prediger Heinrich Esch, der zu Beginn des 18. Jahrhunderts hier Seelsorger war. Eines Nachts im Jahr 1702 holten wahrscheinlich vagabundierende französische Soldaten – am Niederrhein war wieder einmal Krieg – die Glocke aus ihrer Verankerung, um sie zu zerstören. Der Prediger verhinderte mutig ihre Zerstörung, indem er sich den Franzosen entgegenstellte. Erst zehn Jahre später wurde die

Die zum Teil erhaltenen historischen Nebengebäude der Düsterfelder Kirche.

Glocke wieder im Turm aufgehängt. Es ist wohl der abgelegenen Lage der Kirche zu verdanken, dass man die Glocke während der beiden Weltkriege nicht abgeholt und eingeschmolzen hat.

Bis zum Zweiten Weltkrieg besaß das Gotteshaus einige wertvolle Ausstattungsstükke, wie zum Beispiel einen silbernen Abendmahlskelch aus dem Jahr 1768. Auch die Kirche in Düsterfeld hat während der schweren Kämpfe im Februar und März 1945 stark gelitten. Infolge von Artilleriefeuer alliierter Truppen aus dem Raum Labbeck und Marienbaum wurde das Gotteshaus im Bereich des Daches und der Nordwand stark beschädigt. Erst ab 1968 konnte die Inneneinrichtung, die während der Kämpfe verloren ging, erneuert werden.

Heute bietet das Innere der Kirche ein modernes und schlichtes Bild. Die Orgel stammt aus dem Jahr 1978. Bei einem Besuch können Sie Kunstwerke und Stiftungen aus den 1970er Jahren, unter anderem von Lotte Marx-Colsmann (Schülerin von Johannes Itten, Bauhaus) und Oskar Moll (Schüler von Henri Matisse) bewundern. Seit einigen Jahren setzt sich auch in Düsterfeld ein Förderverein dafür ein, dass auch während der Wintermonate wieder Gottesdienste gefeiert werden können. Bis vor kurzem sparte die evangelische Kirchengemeinde Xanten-Mörtmer Heizkosten ein, in dem die Kirche in

Der kleine Friedhof neben der Kirche.

der kalten Jahreszeit geschlossen blieb. Sehr sehenswert ist auch der kleine Friedhof neben der Kirche. Hier gibt es rund 20 Gräber mit etwa 50 Grabstellen. Im Schnitt findet jährlich hier nur eine Beisetzung statt, da alle Gräber kontinuierlich belegt sind. Auch dieser Friedhof wird bereits seit dem Mittelalter genutzt.

Auch ein gegenüberliegendes Gebäude ist historisch: Im Jahr 1657 wurde neben der Kirche eine evangelische Schule errichtet, die heute noch als Wohnhaus der Familie Berkel genutzt wird. Der Unterrichtsraum für die wenigen Kinder, die hier unterrichtet wurden, hatte gerade einmal die Größe eines Wohnzimmers. Heute ist unvorstellbar, dass an dieser abgelegen Stelle Xantens einmal Schüler unterrichtet wurden. Im 18. Jahrhundert kam es in Düsterfeld zu einem Großbrand, bei dem auch die Schule und das Gemeindehaus, nicht aber die Kirche, ausbrannten. 1890 zählte die Gemeinde Mörmter nur 42 Seelen. Zu Beginn des 20. Jahrhunderts wollte die katholische Kirche Düsterfeld übernehmen, was aber einstimmig abgelehnt wurde. Somit konnte eine „Gegenreformation" in Mörmter verhindert und die kleine evangelische Enklave gerettet werden. Ein Gottesdienstbesuch an diesem traditionsreichen Ort ist ein Erlebnis!

Die ehemalige Burg zu Mörmter

Es wurde bereits erwähnt, dass die evangelische Kirche Düsterfeld als Hauskirche der Herren von Mörmter, die lange in der Burg gleichen Namens lebten, erbaut wurde. Wie man vielleicht annehmen könnte, befand sich diese Anlage aber nicht in Düsterfeld, sondern einige hundert Meter südlich in der Nähe des ehemaligen Franziskanerklosters. Sie darf aber nicht mit dem heute noch herrschaftlich aussehenden „Haus Mörmter" an der Willicher Straße verwechselt werden.

Bereits 1188 wird der Besitz in einer Urkunde erstmals erwähnt und als „Munemunt" und einige Jahre späte als „Monemunt" (Bachmündung) bezeichnet. Noch heute mündet in der Nähe des Standortes der ehemaligen Burg ein kleiner Bach in die Bollendonsley. Somit erklärt sich auch die sprachgeschichtliche Herkunft des Ortsnamens „Mörmter".

Nach jüngsten archäologischen Forschungen ist bei der „Burg Mörmter" von einer dreiteiligen Motte mit Graben aus dem 13. bis 14. Jahrhundert auszugehen. Der Verfall der Burg der „Herren von Mörmter" begann bereits im 15. Jahrhundert. 1482

Im Gelände sind kaum noch Reste der ehemaligen Burg Mörmter zu finden.

stürzte das Herrenhaus teilweise ein. Leider ist von der Burg keine bildliche Darstellung überliefert. Besser informiert sind wir aber über die Besitzer und „Regenten" der „Herrlichkeit Mörmter":

Immer in Geldnöten – Die Herren von Mörmter

Die so genannten „Herren von Mörmter" verloren seit dem Hochmittelalter nach und nach an Bedeutung. Man könnte von einem verarmten Landritteradel mit geringster territorialen Bedeutung sprechen: Stets lebten sie in finanziellen Nöten und konnten auch noch im 18. Jahrhundert fast nichts zum Erhalt von Kirche, Schule und Pfarrhaus beisteuern. Betrachtet man die Besitztümer der „Herrlichkeit Mörmter" zu dieser Zeit, so ist dies sicherlich nachvollziehbar: Im Jahr 1722 gehörten zu Mörmter noch nicht einmal 81 holländische Morgen Land und wahrscheinlich nicht mehr als neun Bauerhöfe mit 68 Einwohnern. Kein Wunder, dass auch für die nötigsten Instandhaltungsarbeiten an der Burg, in manchen Quellen auch „Schloss" genannt, kein Geld über blieb. Wer sollte hierfür die Abgaben aufbringen? Einige Zeit gehört die „Herrlichkeit von Mörmter" deshalb auch zum Kloster Marienbaum, da ihre Besitzer sie verpfänden mussten. Darüber hinaus mussten die adeligen Herren sogar bei dem jeweiligen Landesherren, so zum Beispiel beim „Großen Kurfürsten", einen Offenbarungseid leisten. Als die finanziellen Sorgen immer größer wurden, ließ Baron Ludwig von Blankhart, auch Herr von Issum, große Teile seiner Burg, die bereits lange unbewohnt war, 1760 abreißen und verkaufte das so gewonnene Baumaterial an Interessenten aus der Umgebung. Lediglich der „Hungerturm" blieb verschont. Hier wurden diejenigen, die keinen Wegezoll zahlen konnten, eingesperrt. Seine Reste sowie der Teil eines Grabens befinden sich noch heute ca. 300 Meter westlich der Fazenda auf dem Gelände des vor einigen Jahren neugestalten Reiterhofes und Landschaftsparks „Haus Mörmter" von Gerd van Koolwijk. Seinen Plan, Teile der ehemaligen Burg zu rekonstruieren, wurde von den Behörden vor einigen Jahren abgelehnt. Wie hätte man auch anders verfahren sollen? Es gibt keine historischen Ansichten der Burg, die, einem modernen Denkmalschutz folgend, einen historischen Wiederaufbau ermöglicht und gerechtfertigt hätten.

Laut einer Legende, die noch heute in Mörmter erzählt wird, soll die Burganlage früher mit der Kirche in Düsterfeld durch einen unterirdischen Gang verbunden gewesen sein. Mit dem Erlös aus dem Abbruch des Haupthauses konnte von Blankart sich zu mindestens für einige Zeit finanziell sanieren. Ende des 18. Jahrhunderts starb mit Johann Wilhelm von Borchgrave der letzte Besitzer der „Herrlichkeit Mörmter". 1821 verkaufte seine Witwe den Besitz an einen Adligen aus Namur in Belgien. Nach und nach wurden die noch vorhandenen landwirtschaftlichen Flächen durch Erbgänge wei-

Der letzte vorhandene Reste des Hungerturmes.

ter geteilt. Kurz vor dem Ersten Weltkrieg gelangten die letzten Reste der ehemaligen „Herrlichkeit Mörmter" in den Besitz des Landwirtes Gerhard Siebers. Bis in die 1960er Jahre waren die noch vorhandenen Ruinen der Burg ein beliebter Steinbruch. Mitte der 1970er Jahre wurde der Hauptburghügel, anders als bei der Motte im benachbarten Alpen, abgetragen. Heute können Sie, mit etwas Glück, nur noch wenige Reste der einstigen Burganlage im Gelände sehen.

Eine Schwesteranlage, die Burg „Royne" bei Wardt, ist ebenfalls nicht mehr erhalten. Sie stand dort, wo heute der Rhein am Dorf vorbeifließt. Sicherlich befindet sich noch der eine oder andere Stein der ehemaligen Burganlage Mörmter in den Gebäuden der umliegenden Höfe.

6.3. Ein bedeutender ehemaliger Adelssitz vor den Toren der Stadt – Haus Erprath

Nicht weit vom APX und vom Bahnhof Xanten entfernt, liegt ein wenig versteckt, eines der interessantesten ehemaligen Rittergüter am Niederrhein überhaupt – Haus Erprath. Es ist weit über die Grenzen Xantens hinaus bekannt als Standort der Land-

Haus Erprath zählt zu den bedeutendsten Rittergütern rund um Xanten.

schaftsbaufirma Rheker und dem gleichnamigen Schaugarten. Heute liegt das Anwesen, das von außen noch immer als ehemalige Burg mit repräsentativer Zufahrt zu erkennen ist, am nördlichen Rand des Gewerbegebietes. Kaum vorstellbar ist, dass Haus Erprath im Mittelalter eine der wichtigsten Wasserburgen auf dem Territorium des Herzogtums Kleve gewesen ist.

Haus Erprath wurde bereits im 12. Jahrhundert als Wohnsitz der Herren von Erprath erwähnt. Wichtige Teile der Anlage sollen, so vermutet die Forschung, aus dem 14. Jahrhundert stammen. Im Jahr 1695 kam die von einem Graben umgebene Wasserburg in den Besitz von Caspar Richard Hundebeck, einem Vertrauten des „Großen Kurfürsten". Der Landesherr von Kleve und Brandenburg war hier, so die Legende, mehrfach zu Gast. Zu dieser Zeit wurde das Gebäude im barocken Stil umgebaut. Am Anfang des 19. Jahrhundert soll die ehemalige Wasserburg im Besitz des berühmten Forschers Alexander von Humboldt gewesen sein. Wahrscheinlich ist, dass er hier aber nur zu Besuch war. Hierzu lässt sich aber wenig haltbares in den Quellen und in der Literatur finden. Zwischen 1861 und 1864 wurde Haus Erprath umfangreich umgebaut und im Stil der Zeit modernisiert. Auch der „Burgenkönig" Friedrich Wilhelm IV. war hier, so Zeitzeugen, einmal zu Gast, als er die Grabungen im Bereich der Colonia Ulpia Traiana besuchte. Am Ende des 19. Jahrhunderts kam Erprath in den Besitz der Familie van Haeften. Die in Preußen stark verwurzelte Familie brachte vor allem Offiziere hervor.

Haus Erprath wurde im Februar und März 1945 bei den schweren Kämpfen in Xanten zwischen deutschen und kanadischen Truppen mehrere Tage lang hart umkämpft. Kanadische Einheiten setzten bei der Eroberung von Erprath auch Flammenwerfer ein. Am Ende waren fast 100 Tote sowie ein völlig zerstörtes Gebäude zu beklagen. Stark reduziert wurde Haus Erprath nach dem Zweiten Weltkrieg mit Originalsteinen wieder aufgebaut und gehört heute zu den (fast) vergessenen Sehenswürdigkeiten außerhalb der Kernstadt. Der Schaugarten mit dem Schwerpunkt „Naturteiche" kann nach Voranmeldung im Rahmen einer Führung besichtigt werden. Bei vielen Xantenern ist auch der alljährliche Weihnachtsbaumverkauf beliebt.

Anfang 1945 wurde Haus Erprath bei Bodenkämpfen stark zerstört und nachfolgend vereinfacht wieder aufgebaut.

Ortseingang von Birten in der Nähe von Haus Lau.

6.4. Älter als Xanten und mehrfach neu errichtet – Birten

Die nächste Station unserer Entdeckungsreise rund um die Kernstadt ist der älteste und südlichste Ortsteil Xantens – Birten. Weithin bekannt ist Birten als Standort des ältesten Römerlagers Vetera I auf dem Fürstenberg, für das berühmte römische Amphitheater, sowie für den wunderschönen Altrhein und die Bislicher Insel. Darüber hinaus gibt es auch noch zum Teil weniger bekannte Sehenswürdigkeiten, die ich im folgenden Kapitel näher vorstellen möchte.

Heute wohnen in Birten, das wohl bereits im Jahr 590 in der Chronik von Gregor von Tours als „Bertuna" erwähnt wird, ca. 1.700 Einwohner. Es ist sicherlich der Stadtteil von Xanten mit der größten landschaftlichen Vielfalt. Birten ist noch heute stark landwirtschaftlich geprägt. Neben Ackerbau wird auch Viehzucht betrieben. Nicht nur aufgrund meiner familiären Verbindung zu Birten gehört dieses Dorf für mich zu den schönsten Orten in Xanten.

Der stimmungsvolle Dorfplatz bildet die Ortsmitte von Birten.

Die Dorfmitte – der Platz vor der Birtener Kirche

Auf dem Dorfplatz vor dem traditionsreichen Lokal „Zum Amphitheater", in Xanten auch als „van Bebber" bekannt, steht neben einer in Xanten vielfach anzutreffenden Wasserpumpe, auch eine Kopie des berühmten Caelius-Steines. Der Grabstein des römischen Centurios Marcus Caelius stellt bis heute den einzigen bekannten epigraphischen Beleg der berühmten Varusschlacht 9 n. Chr („Schlacht im Teutoburger Wald") dar. Er wurde nicht weit von hier, auf dem Fürstenberg, gefunden. Das Original befindet sich, wie so viele römische Denkmäler Xantens, im Rheinischen Landesmuseum Bonn. Seine lateinische Inschrift lautet übersetzt: „Dem Marcus Caelius gewidmet, dem Sohn des Titus, aus dem Bezirk Lemonia, aus Bologna, dem Hauptmann der 1. Kohorte der 18. Legion, 53 2/3 Jahre alt. Er ist gefallen im Krieg des Varus. (Seine) Gebeine können hier bestattet werden. Sein Bruder, Publius Caelius, der Sohn des Titus, aus dem Stimmbezirk Lemonia, hat diesen Stein errichtet".

Direkt gegenüber befindet sich ein historisch anmutender Säulenbrunnen. Er wurde erst 1986 aufgestellt und ebenso wie das Denkmal der Brunnenfrauen in der Kurfürstenstraße von Hans-Joachim Gramsch geschaffen. Auf der Säule kann man anhand verschiedener Bilder die wechselvolle Geschichte Birtens ablesen.

Jeder Xantener kennt die Traditionsgaststätte „van Bebber" in Birten.

Der Brunnen von Joachim Gramsch thematisiert Episoden aus der wechselvollen Birtener Geschichte.

Die Herkunft des Namens Birten ist bis in die Gegenwart in der Forschung umstritten. Sicherlich siedelten hier bereits vor dem Bau des Lagers Vetera I auf dem Fürstenberg Menschen. Funde von steinzeitlichen Beilen belegen dies. Eine erste Siedlung in römischer Zeit ist auf einem damals hochwasserfreien Gelände südöstlich der Beek anzusprechen. Im Laufe der Jahrhunderte hatten die Einwohner Birtens, besonders seit dem 13. Jahrhundert, immer wieder mit verheerenden Hochwassern zu kämpfen, so dass sie mehrfach ihre Siedlungen aufgeben mussten.

Auf der westlichen Seite des Dorfplatzes befindet sich eines der traditionsreichsten Ausflugsgaststätten in Xanten. Das Restaurant „Zum Amphitheater" wurde 1901 im neobarocken Stil erbaut. Seine Außenfassade erinnert an holländische Gasthöfe aus dem 18. Jahrhundert. Das Baudatum „1901" ist natürlich, ganz dem historischen Ort verpflichtet, am Giebel in lateinischen Ziffern zu lesen. Zu Beginn des 20. Jahrhunderts waren solche Ausflugswirtschaften mit Gesellschaftsräumen und Biergarten nach Berliner Vorbild modern. Auch die Aufführungen im benachbarten Amphitheater des ehemaligen Römerlagers Vetera brachten bis weit nach dem Zweiten Weltkrieg vor allem auswärtige Festspielgäste nach Birten. Für sie wurde nicht weit von hier an der Bahnlinie Duisburg-Kleve ein Sonderbahnhof eingerichtet. Bis heute ist die wunderbare bodenständige Küche und Gastlichkeit des „van Bebber" weit über die Grenzen Birtens hinaus bekannt. Für mich

264

gibt es hier die besten Steaks weit und breit. Auch einige prominente Gäste haben hier bereits übernachtet. In der Schankstube hängt zum Beispiel eine Fotografie von Fritz Walter, Weltmeister von 1954. Er soll hier bei einem Besuch an der Theke das eine oder andere Bier mit den Einheimischen verköstigt haben. Auch ein anderer „Held von Bern", Helmut Rahn, ist in den 1970er Jahren bei einem Prominentenspiel in Birten aufgelaufen. Der heutige Dorfkern, zwischen dem historischen Amphitheater und der Bahnlinie Duisburg-Xanten gelegen, ist bereits die fünfte und westlichste Siedlung gleichen Namens. Da man sich im 18. Jahrhundert wieder einmal infolge einer Rheinverlagerung weiter „oben", d. h. in Richtung Fürstenberg neu ansiedeln musste, nennt man das aus dieser Zeit stammende Kerndorf auch „Oberbirten". „Unterbirten", jenseits der Bundestraße 57 gelegen, wurde erst später als Neubaugebiet erschlossen.

Seit der Antike mussten die hiesigen Bewohner immer wieder gegen Hochwasser, Rheinverlagerungen und Verlandung kämpfen. Erst seit dem Ende des 18. Jahrhunderts konnte sich an dieser Stelle eine kontinuierliche Siedlung entwickeln, die bis heute besteht. Dies war nur durch den Eingriff mutiger preußischer Beamter möglich: So schuf im Jahr 1788 ein Durchstich des zwischen Wesel und Kalkar heftig mäandrierenden Rheines östlich des heutigen Birtens das gegenwärtige Flussbett. Der Druck der Wassermassen, die auch immer wieder am Fürstenberg starke Landverluste zur Folge hatten, nahm seither ab. Heute liegt der Hauptstrom etwa zwei Kilometer westlich des Dorfplatzes. Zurück blieb der heutige Altrhein mit der Bislicher Insel – ein weithin bekanntes Naturschutzgebiet, wo sogar seit kurzem Seeadler brüten. Die Überreste der alten Vorgängerdörfer, die früher in diesem Bereich lagen, befinden sich heute unter der Wasseroberfläche bzw. im dichten Schlick.

Auch Birten wurde 1969 nach Xanten eingemeindet, obwohl es vorher zum Amt Alpen gehört hatte. Bis heute bewahrt ein engagierter Geschichtsverein die Identität und Historie des ältesten Xantener Stadtteils. Erst vor kurzem wurde an der Bushaltestelle „Birten Kirche" eine neue Informationstafel mit Bildern und Fakten aus der Dorfgeschichte eingeweiht.

Eine bekannte Landmarke – die Birtener Kirche St. Viktor und Gefährten

Der aus den Bäumen herausragende (moderne) Kirchturm von „St. Viktor und Gefährten" ist bei der Anfahrt nach Birten schon von weitem zu sehen. Er gehört zu den wichtigsten Landmarken Xantens. Sie ist eine der wenigen Kirchen am Niederrhein, die erhöht auf einem Hügel steht. Als weiteres Beispiel ist hier noch die Stiftskirche von Emmerich-Hochelten zu nennen, die bei klarer Fernsicht vom Fürstenberg aus zu sehen ist. Das Patrozinium „St. Viktor und Gefährten" bezieht sich eindeutig auf

Die Kirche von Birten ist eine nicht zu übersehende Landmarke.

die Legende, dass der heilige Viktor und seine Gefährten im benachbarten römischen Amphitheater ihr Martyrium erlitten haben sollen. 1936 brachte man sogar eine kleine Reliquie aus den Knochen Viktors in die Birtener Kirche.

Sicherlich ist St. Viktor in Birten eine der ältesten Pfarrgemeinden in unserer Region – auch wenn sich ihre Anfänge in den Quellen kaum fassen lassen. Durch die ständig auftretenden Rheinverlagerungen mussten alle älteren Vorgängerbauten, die weiter östlich in Richtung des heutigen Altrheins lagen, aufgegeben und abgerissen werden. Im Jahr 1764 wurde bereits die dritte Kirche zerstört. Auch der direkte Vorgängerbau der heutigen Kirche, der 1769 auf dem hochwasserfreien Gelände von Oberbirten errichtet wurde, befand sich westlich der heutigen Dorfstraße auf dem Grundstück gegenüber. Die Grundrisse können Sie auf dem alten Friedhof heute noch im Schotterbett nachvollziehen. Ebenfalls wurden hier einige historische Grabsteine aufgestellt. Bereits 130 Jahre nach ihrer Errichtung war die Kirche für die wachsende Gemeinde zu klein geworden, so dass der Neubau auf der anderen Straßenseite errichtet werden musste.

Das heutige Gotteshaus wurde von 1902 bis 1905 nach Plänen von Caspar Clemens Pikkel, der besonders als Kirchenarchitekt in Westdeutschland tätig war, auf dem „Lauschen Hügel" im neugotischen Stil errichtet. Der „Lausche Hügel" ist eine südliche Fortsetzung des Fürstenbergs und somit auch Teil der Stauchmoräne aus der Eiszeit. Benannt wurde er nach dem gegenüberliegenden Gutshof „Haus Lau". Insgesamt benötigte man eine Bauzeit von nur 488 Tagen. Am 7. September 1905 erfolgte die Weihe durch den Bischof von Münster. 1912 baute man eine Orgel ein. Im Jahr 1920 kam es hier zu einem spektakulären Kirchenraub: Entwendet wurden eine Monstranz aus dem Barock, Kelche und Schmuck. Die Täter konnten nie ermittelt werden.

Auffallend ist bei der heutigen Kirche der moderne Kirchturm. Der ursprüngliche Turm wurde von Fallschirmjägern der Wehrmacht, die den Auftrag hatten, den Xantener Raum zu verteidigen, in den letzten Kriegstagen zunächst als strategischer Aussichtspunkt genutzt und nachfolgend am 7. März mit Teilen des Kirchenschiffes gesprengt. So brachte man, so der Weihbischof Baaken, im Turm eine Zehn-Zentner-Mine (wohl aus den Beständen der Muna in der Hees stammend) und mehrere Sprengkästen an. Auch Bomben sollen zum Einsatz gekommen sein. Gegen 10.45 Uhr an diesem Tag vernichteten die Wehrmachtssoldaten durch Sprengung Turm, Chorraum, Sakristei und die Gewölbe. Auch große Teile des Inventars gingen verloren. „St. Viktor und Gefährten" lag zu 70 Prozent in Trümmern. Mit der Zerstörung der Birtener Kirche versuchte man wohl zu verhindern, dass die alliierten Truppen das Gebäude als Beobachtungspunkt für den Rheinübergang nutzen konnten. So musste der englische Premierminister Winston Churchill den benachbarten

Die Birtener Viktorskirche vor 1945.

Gegenüber der Kirche St. Viktor in Birten wurde der Standort des Vorgängerbaus mit einem Grundriss im Kiesbett rekonstruiert.

Das Westportal der Kirche heute.

Fürstenberg aufsuchen. Vom so genannten „Herrenbänkchen" aus beobachteten er und sein Stab die bis heute größte Luftlandeoperation der Kriegsgeschichte. Einen Tag später, am 8. März 1945, wurde Birten von kanadischen Einheiten besetzt und die Bevölkerung nach Kapellen bei Geldern evakuiert. Auch die Zerstörung der Birtener Kirche gehört zu den vielen sinnlosen Aktionen am Ende des Krieges, die von deutscher Seite durchgeführt wurden. Der so genannte „Nerobefehl" Hitlers, der den Alliierten nur verbrannte Erde hinterlassen sollte, konnte durch mutige Männer und Frauen unterlaufen und verhindert werden – in Birten nicht! Leider wurde der Kirchturm nicht nach dem historischen Vorbild wieder aufgebaut. Der moderne Bau wirkt heute ein wenig wie eine lieblose Betonarchitektur aus der Nachkriegszeit.

Im Inneren der Kirche findet man noch einige Ausstattungstücke der Vorgängerkirchen. So zum Beispiel eine Leuchterkrone mit Madonnenfigur aus dem 15. Jahrhundert sowie zwei Holzskulpturen (um 1480), welche die beiden Heiligen Berhardin von Sienna und Bonaventura darstellen. Im Jahr 1980 wurde der Altarraum von einem Klever Künstler neu gestaltet. Sehenswert sind auch die Bilder zur Passion, die der Gelderner Maler Heinrich Brey seit 1910 im Stil des Realismus geschaffen hat. Insgesamt konnte beim Wiederaufbau, anders als beim Turm, die wunderbare, fast intime, neugotische Atmosphäre der Kirche bewahrt werden.

Seit 1996 hat Birten, wie jahrhundertelang üblich, keinen eigenen Pfarrer mehr. Am 1. Adventssonntag 2007 ging auch die Birtner Gemeinde in der St. Viktor Gemeinde Xanten auf. Die Birtener Kirche ist zwischen Mai und September, dank ehrenamtlicher Helfer, auch außerhalb des Gottesdienstes zu besichtigen. Die stetig steigenden Besucherzahlen zeigen, dass man sich mit dem Projekt „offene Kirche" auf dem richtigen Weg befindet. Absolut empfehlenswert ist auch ein Spaziergang über den kleinen benachbarten Friedhof, der seit dem Anfang des 19. Jahrhunderts als Ruhestätte der alteingesessenen Birtener Familien dient.

Die historische Wassermühle liegt nicht weit von der Dorfmitte entfernt.

Von Gutshöfen, Wassermühlen und Kapellen – rund um die Dorfmitte Birten

Folgt man der alten Römerstraße in Richtung Alpen-Veen, so sollte man einmal kurz vor dem Bahnübergang auf der linken Seite in die Straße „Zur Wassermühle" abbiegen. Tatsächlich gibt es hier eine historische Wassermühle: Sie liegt wenig versteckt am „Winnenthaler Graben". Die so genannte „Johannismühle" wurde im 19. Jahrhundert erbaut. Bereits im Mittelalter hatte es bei Burg Winnenthal im südlichen Birten eine Rossmühle gegeben. Der Winnenthaler Graben wurde ab 1849 vom damaligen Burgherren, Schmitz-Winnenthal als Abzugsgraben zum Altrhein bei Birten angelegt. 1853 konnte die Johannismühle in Betrieb genommen werden. Sie lief fast 100 Jahre, bis 1950.

Die historische Wassermühle in Birten.

Heute wird das technische Denkmal als Wohnhaus genutzt. Der Name „Johannis-mühle" geht übrigens auf den Vornamen eines ehemaligen Burgherren, Johannes von Winnenthal, zurück. Beeindruckend ist das erhaltene hölzerne Wasserrad. Auch die Birtener Wassermühle ist nach umfangreichen Restaurierungen wieder teilweise be-triebsfähig.

Im historischen Dorfkern, an der Römerstraße ist mit der Hausnummer 18 eines der ältesten Häuser des „neuen", d. h. des vierten Dorfes Birten, aus der Mitte des 18. Jahrhunderts erhalten geblieben. Das liebevoll restaurierte und gepflegte Gebäude der Familie van Cleff trägt an einer Hauswand die Jahreszahl „1780" und ist ganz im schlichten Stil der friederizianischen Epoche am Niederrhein erbaut. Ähnliche Architek-tur finden wir zum Beispiel auch im Stadtkern von Kempen.

Verlässt man das Dorf über die Bahntrasse in Richtung Veen, so fällt auf, dass Birten bis heute stark landwirtschaftlich geprägt ist. So oder ähnlich haben bestimmt schon die römischen Legionäre, die früher über die „Römerstraße" in Richtung Moers-Asberg (Asciburgium) marschiert sind, die Landschaft wahrgenommen. Für mich gehört diese Strecke, die im Westen von den Ausläufern der Hees berührt wird, zu den landschaft-lich schönsten Plätzen in Xanten. Hier spürt man, wie auch zum Beispiel im Norden von Xanten, die herrliche Weite des Niederrheins.

Das historische Wohnhaus aus dem Jahr 1780 gehört heute Familie van Cleff.

Das Heiligenhäuschen am Steinrückshof. Es liegt direkt an der Stadtgrenze zu Alpen-Veen.

Direkt an der Gabelung der Römerstraße, kurz vor der Stadtgrenze zu Alpen-Veen, steht auf der rechten Seite das „Heiligenhäuschen am Steinbrückshof". Die kleine Kapelle wurde im Jahr 1804 von Petronella Engelskirchen und Johannes Theodor Fonk errichtet. Letztgenannter Landwirt bewirtschaftete zu Beginn des 19. Jahrhunderts, das Heilige Römische Reich war gerade untergegangen, den heute noch erhaltenen Steinbrückshof. Heute können Urlauber hier eine Ferienwohnung anmieten. Das Heiligenhäuschen, das der Heiligen Familie geweiht ist, steht seit 1981 unter Denkmalschutz. Solche am Niederrhein häufig anzutreffenden Kleinkapellen sollten vor allem die Ernte und die Familien der Nachbarschaft schützen. Oftmals wurden sie aber auch als Zeichen der Dankbarkeit für überstandene Kriege, Unglücke und Wetterkatastrophen errichtet. Für den Niederrheiner sind diese Heiligenhäuschen wichtige Zeugnisse ihres Glaubens. Dieses Denkmal niederrheinischer Frömmigkeit wird von der Nachbarschaft gepflegt und betreut.

Wenige Meter südlich des Heiligenhäuschens verlässt man beim Überqueren der kleinen Brücke zunächst das Xantener Stadtgebiet und erreicht die Nachbargemeinde Alpen-Veen, die bis 1969 mit Birten verwaltungstechnisch eine Einheit bildete. Die ganze östliche Seite der Römerstraße gehört aber, bis zur Burg Winnenthal, zu Xanten. Kurios ist, dass im Haus meiner Schwiegereltern, die das Haus Römerstraße Nr. 49 bewohnen, die Stadtgrenze Xanten/Alpen laut Kataster direkt durch das Wohnzimmer verläuft. Verwaltungstechnisch gehört ihr Haus zu Xanten, die Straße aber zu Alpen.

Die Burg Winnenthal ist eine der ältesten und wichtigsten Wasserburgen am Niederrhein.

6.5. Die älteste Wasserburg am Niederrhein? – die Burg Winnenthal

Etwa zwei Kilometer südlich von Birten befindet sich in Winnenthal eine ehemalige klevische Wasserburg aus dem 14. Jahrhundert. „Burg (auch Schloss) Winnenthal" wird oftmals als älteste Wasserburg des Niederrheins bezeichnet. Dies muss heute bezweifelt werden. Sicherlich gehört sie zu den bedeutendsten erhaltenen Bauwerken der Herzöge von Kleve in unserer Region. Vielleicht geht auch sie im Kern auf eine fränkische Anlage zurück. Sie befand sich im Mittelalter und in der Frühen Neuzeit direkt an der Grenze zum kölnischen Territorium. Hierzu gehörten auch das benachbarte Menzelen und Rheinberg. Diese Grenze war unter anderem mit einer in Teilen heute noch nachvollziehbaren Landwehr, d. h. einer Graben, Wall- und Heckenanlage gesichert. Im Mittelalter wurde Burg Winnenthal neben der heute nicht mehr erhaltenen Burg Monterberg südlich von Kalkar über zwei Jahrhunderte als Amtsgebäude und als Witwensitz der Herzöge von Kleve genutzt.

Im Jahr 1440 baute Herzog Adolf I. von Kleve eine bereits bestehende Burg zu einer bedeutenden und ungewöhnlich großen Wehranlage mit vier Türmen als Wohnsitz seines Sohnes Johann aus. 1446 folge eine dem heiligen Antonius gewidmete Burgkapelle. Anfang des 15. Jahrhunderts (1532) verkaufte Herzog Johann III. die Anlage an die adelige Familie „von Wylich". Neben der dreiflügeligen Vorburg mit den beiden wehrhaften Ecktürmen ist heute noch der Nordost-

Burg Winnenthal ist heute ein Altenheim.

flügel der einstigen Wohn- bzw. Kernburg erhalten geblieben. Die einstmals größere Anlage ist im Laufe der Jahrhunderte häufig umgestaltet worden. Zu Beginn des 17. Jahrhunderts wurde die mittelalterliche Wasserburg durch die Besitzerfamilie „von Wylich" in eine Barockanlage umgebaut. Der Wirtschaftshof mit Torturm vor der Vorburg ist jüngeren Datums und stammt aus den Jahren nach 1822. Um 1840 erfolgte ein heute bedaulicher Teilabbruch, wobei der östliche Teil der Kernburg samt Ostturm und Schlosskapelle zerstört wurden. Seit 1844 wohnte hier die Familie Schmitz-Winnenthal.

Nach erheblichen Zerstörungen im Zweiten Weltkrieg verfiel, wie Schloss Moyland in Bedburg-Hau, auch Burg Winnenthal. Anfang der 1980er Jahre wurde in einem wieder hergestellten Bereich ein Hotel eingerichtet. Nachdem die Gebäude zunächst durch Herbert Hillebrand, bekannt als „der Burgenkönig", erworben und später an einen weiteren Investor verkauft wurden, konnte Burg Winnenthal als Gesamtensemble bis 1996 zu einem modernen Seniorenheim mit aktuell 165 Betten umgebaut und damit einer neuen Nutzung zugeführt werden. Leider wurde die auf alten Ansichten dargestellte und im Krieg zerstörte barocke Turmhaube des Nordturms nicht wieder aufgebaut. Auch die historisch bedeutende Stuckdecke im Hauptsaal konnte nicht wieder rekonstruiert werden. Ein derartiges Kunstwerk aus der Zeit nach 1600 finden wir heute am Niederrhein nur noch in der historischen Orangerie von Schloss Benrath in Düsseldorf. Bis heute haben sich die historischen Gewölbekeller erhalten, die häufig als romantische Kulisse für Hochzeiten mit bis zu 50 Personen dienen.

Das alljährlich im August stattfindende mittelalterliche Burgfest ist weit über Xanten hinaus bekannt und beliebt. Die Gebäude können nur nach Absprache mit der Leitung der Seniorenresidenz oder bei Veranstaltungen besichtigt werden. Ein früher die ganze Anlage umgebender Wassergraben ist nur noch in der Nordwest-Ecke nachvollziehbar.

Landwehr an der ehemaligen Grenze zwischen Erzbistum Köln und Herzogtum Kleve.

Der ehemalige Schlosspark, der zum Teil stark verwildert ist, wird heute als Pferdekoppel genutzt und gehört zu einem Landschaftsschutzgebiet. Auch das Hofcafé lädt täglich ab 11.00 Uhr zu einer Rast ein.

Südlich von Winnenthal passieren Sie auf einem Feldweg, kurz vor dem Bahnübergang, zwei eindrucksvolle klevische Landwehranlagen mit gut erhaltenem Wall und Graben. Diese dienten im Spätmittelalter der Sicherung der klevischen Landesgrenze gegenüber dem Erzbischof von Köln. Auf den Wällen der Landwehr stocken mehrstämmige, höhlenreiche Buchen. In einer Urkunde aus dem April 1413 erfahren wir, dass diese Verteidigungsanlage angeblich von Kleve auf altem kölnischem Gebiet gebaut worden wäre. Der Streit zog sich bis in das 16. Jahrhundert hin. Auch im nördlich von Winnenthal gelegenen Wald finden Sie Reste einer Landwehr. Fast nirgendwo am Niederrhein sind diese ehemaligen Fortifikationsbauwerke so gut erhalten wie hier. Burg Winnenthal und eine gut ausgebaute Landwehr bildeten also über Jahrhunderte eine stark befestigte Grenze zwischen dem Herzogtum Kleve und dem Erzbistum von Köln. Diese einstige Landesgrenze ist gleichzusetzen mit der heutigen südlichen Stadtgrenze Xantens.

Der Fürstenberg zählt zu den landschaftlich schönsten Orten in Xanten.

6.6. Über 2.000 Jahre Geschichte unter unseren Füßen – der Fürstenberg

Für mich zählt ein Spaziergang über den Fürstenberg zum schönsten, was man in Xanten unternehmen kann. Er gehört mit seinen 75 Metern über NN, ebenso wie die benachbarte Hees, die Sonsbecker Schweiz und dem Hochwald zu einer Stauchmoräne aus der vorletzten Eiszeit. Dieser Höhenrücken rund um Xanten wird im zweiten Kapitel ausführlich beschrieben. Ein großer Teil des Fürstenbergs, d. h. ca. 45 Hektar, steht unter Naturschutz. Gerade im Winter, wenn wenige Touristen unsere Stadt besuchen, ist hier oben eine regelrechte Oase der Ruhe zu finden.

Besonders auf dem Fürstenberg kann man wichtige Epochen der über 2.000-jährigen Geschichte Xantens nachvollziehen. Bis heute ist die Herkunft des Namens nicht eindeutig geklärt. Manche vermuten, dass er sich von einer niederdeutschen Variante des „vordersten Berges" abgeleitet hat. Schon in der Mitte des 12. Jahrhunderts wird er als „Vurste(n)berg" bezeichnet. Darüber hinaus sind für den heutigen Fürstenberg die Namen „Varus- und Martinsberg" überliefert.

Wer einfach nur schöne Natur und Ruhe sucht – auf dem Fürstenberg wird man beides finden.

Nehmen Sie doch einmal auf einer der Bänke auf dem „Gipfel" Platz und betrachten Sie in der Ferne unseren Dom, die evangelische Kirche am Markt und das Römermuseum. Bei klarer Sicht können Sie an manchen Stellen sogar in der Ferne den Reichswald bei Kleve sehen. Es ist sicherlich nicht übertrieben, wenn wir den Fürstenberg als einen der Ursprungsorte Xantener Stadtgeschichte ansprechen. Wichtige Boden- und Baudenkmäler sind das ehemalige Römerlager Vetera I, das hier in der Zeit des Kaisers Augustus errichtet und später unter Kaiser Nero umfassend ausgebaut wurde, das im 12. Jahrhundert gegründete und im 17. Jahrhundert untergegangene Kloster oder das 1843 errichtete Haus Fürstenberg – um nur einige zu nennen. Hinzu kommt eine einzigartige Flora und Fauna, die vielen bedrohten Tieren- und Pflanzenarten ein zu Hause bietet. Die Sehenswürdigkeiten des Fürstenbergs sind über die Informationstafeln des Landschaftsverbandes Rheinland gut für eine historische Wanderung erschlossen.

Erwähnen möchte ich auch den Garten der Familie Krautwig. Er ist 15.000 Quadratmeter groß und befindet sich hinter einem 130 Jahre alten Kotten, genannt „Möldershof". Hier werden vor allem wunderschöne Rosen gezüchtet. An einigen Wochenenden im Jahr ist die private Anlage, die zur „Straße für Gartenkunst zwischen Rhein und Maas" gehört, für das interessierte Publikum geöffnet.

Als Ausgangspunkt für einen Spaziergang über den Fürstenberg bieten sich besonders die kostenlosen Parkplätze am Xantener Schützenhaus oder am Dorfplatz in Birten an. Ich möchte Ihnen im folgenden Kapitel die interessantesten Orte auf dem Fürstenberg näher vorstellen. Beginnen wir mit dem zeitweise größten Legionslager des römischen Reiches – Vetera I.

Geschichte unter unseren Füßen – das ehemalige Legionslager Vetera I

Wenn man heute einen Spaziergang über den Fürstenberg unternimmt, kann man sich gar nicht vorstellen, dass vor 2.000 Jahren im Westen des Fürstenbergs eines der größten Militärlager des römischen Reiches existierte. Ich versuche mir hier oben immer die Geräuschkulisse von über 12.000 Legionären vorzustellen. Auch die großen Profangebäude des Lagers entstehen in meiner Phantasie immer wieder neu. Besonders im Winter, wenn die Bäume kein Laub mehr tragen, kann man im Osten des Fürstenberges weit in das Gebiet des ehemaligen „freien" Germaniens hineinsehen. Gerade zu dieser Zeit wird die herausragende strategische Position, die der Fürstenberg in der Antike als Grenzort zwischen dem römischen Weltreich und dem barbarischen Germanien eingenommen hat, besonders deutlich. In der Antike konnten die Römer von hier aus die Lippemündung sehen, die sich heute wenige Kilometer weiter südlich bei Wesel befindet. Somit gab es weit und breit kein besseres Areal, um einen weiteren Militärposten am Limes, d. h. an der Nordostgrenze des römischen Reiches zu gründen.

Die Grundmauern von Vetera I befinden sich ca. 30 Zentimeter unter dem heutigen Geländeniveau. Vor allem aus der Luft lassen sich die Grundrisse des ehemaligen Lagers noch heute gut erkennen. Für diese Art der Dokumentation hat sich in den letzten Jahrzehnten die Fachrichtung der Luftbildarchäologie entwickelt. Vetera I gehörte zu den bedeutendsten Militärlagern im Norden des römischen Reiches und stellte in der Zeit des Kaisers Augustus eine sehr wichtige Militärbasis für die rechtsrheinischen Ex-

Der auf dem Fürstenberg gefundene Caelius-Stein ist das einzige epigraphische Zeugnis der Varus-Schlacht.

Hier auf dem Fürstenberg stand bis 69 nach Christus das zeitweise größte Legionslager des römischen Reiches.

pansionspläne der römischen Herrscher dar. Besonders die Offensiven des römischen Feldherren Drusus (12-9 v. Chr.), dem Neffen Kaiser Augustus' welche ihn bis zur Nordsee führten, gingen in die antike Geschichtsschreibung ein. Im Emmericher Stadtteil Hochelten kann man heute noch den legendären Drususbrunnen besichtigen.

Während umfangreicher Ausgrabungen in den 1930er Jahre konnten auf dem Plateau des Fürstenberges mehrere Lager im Bereich Vetera I, die nacheinander errichtet wurden, dokumentiert werden. Die älteste Anlage wurde in den Jahren 13/12 v. Chr. errichtet. Der Ursprung des Namens Vetera konnte bislang nicht eindeutig geklärt werden. Nachweislich waren auf dem Fürstenberg zunächst die 21. Legion und die Legion 5 Alaudae stationiert. Im 1. Jahrhundert, während der Regierungszeit Kaiser Neros, wurde an gleicher Stelle das größte und repräsentativste Garnisionslager erbaut. Durch die Errichtung von großen Funktionsbauten aus Stein hatte das Lager Vetera fast städtischen Charakter. Auf ca. 60 Hektar wurden hier zu dieser Zeit bis zu 12.000 Legionäre, die in zwei Legionen dienten, untergebracht. Somit war Vetera I zum größten militärischen Posten des gesamten römischen Reiches geworden. Der Grundriss des Lagers war rechteckig. Eine bis zu drei Meter breite Holz-Erde-Mauer mit zwei Gräben umschloss den Lagerbereich. Teile der nördlichen Mauer wurden in

den letzten Jahren erneut ausgegraben und dokumentiert. Vier Tore mit aufgesetzten Wachtürmen erlaubten den Zugang zum Lager. Zwei Hauptstraßen führten axial durch das Militärareal. Das Zentrum von Vetera bildeten zum einen das zentrale Verwaltungsgebäude, die „principia", und zum anderen der Amtssitz der beiden Kommandanten, die „praetoria". Jeder der beiden hier stationierten Legionen besaß auch ein eigenes Heiligtum. Die Soldaten bewohnten einfache Barackengebäude, die ebenfalls archäologisch nachgewiesen wurden. Hinzu kamen weitere Funktionsgebäude. Im südlichen und östlichen Nahbereich des Lagers existierte zeitweilig auch eine zivile Siedlung, die für die Versorgung der Soldaten zuständig war. Hierzu gehörte auch das heute noch erhalten Amphitheater in Birten.

Über die Entstehung, die Topographie und das mögliche Aussehen von Vetera können Sie sich neuerdings im RömerMuseum im Archäologischen Park (APX) informieren. In der dortigen Dauerausstellung sind auch viele Funde vom Fürstenberg zu sehen. Das gesamte Lager Vetera I wurde infolge des Aufstandes der Bataver im Jahr 69/70 n. Chr. vollständig zerstört. Es ist davon auszugehen, dass große Teile der Steine beim Aufbau der benachbarten Colonia Ulpia Traiana verwendet wurden. Nachfolgend entstand zur Sicherung des Limes und der zivilen Siedlungen im Umland östlich des heutigen Fürstenbergs ein neues Lager –Vetera II. Es befand sich im Bereich des heutigen Altrheinarmes und der Bislicher Insel. Bis auf die Erdwälle des Amphitheaters von Birten haben sich keine obertägigen Reste der Lager Vetera I und Vetera II erhalten. Es ist vorgesehen, dass auch der Niedergermanische Limes und somit auch die römischen Bodendenkmäler in Xanten in einigen Jahren in die Welterbeliste der Unesco aufgenommen werden.

Es ist darüber hinaus geplant, dass auf dem ehemaligen Gelände von Vetera I in den nächsten Jahren eine Art zweiter archäologischer Park entstehen soll. Der Landschaftsverband Rheinland möchte die Abmessungen des ehemaligen Lagers durch Hecken markieren und somit wieder sichtbar machen. An den ehemaligen Positionen der vier Tore sollen Bäume gepflanzt werden, so dass die früheren Standorte des Haupttors, die „porta praetoria" und der kleineren Nebentore, wieder lokalisiert werden können. Auch der Bau eines Aussichtsturmes ist geplant. Die Realisierung wird aber wohl noch einige Jahre auf sich warten lassen. So müssen vom LVR erst alle landwirtschaftlichen Flächen im ehemaligen Lagerbereich aufgekauft werden. Seit 2006 dokumentieren die Schautafeln des archäologischen Wanderweges auch an ausgesuchten Stellen auf dem Fürstenberg Themen der römischen Geschichte in Xanten.

Eines der ältesten Theater nördlich der Alpen – das Amphitheater Birten

Ganz im Süden des Fürstenberges befindet sich ein römisches Denkmal mit überregionaler Bedeutung – das Amphitheater Birten.

Es wurde wohl ebenfalls, wie die größte Ausbaustufe des benachbarten Lagers Vetera I, in der Zeit Kaiser Neros erbaut. Bei einem Besuch wird offensichtlich, dass sich diese antike Versammlungsstätte deutlich von der Rekonstruktion des Amphitheaters im heutigen APX unterscheidet. Das in Holz-Erde-Bauweise errichtete Theater von Vetera I wurde in Form einer Ellipse angelegt. Die antike Vergnügungsstätte konnte bereits vor dem Ersten Weltkrieg erstmals archäologisch dokumentiert werden. Damals hatte der Erdwall, welcher den Innenraum einfasst, noch eine Höhe von bis zu acht Metern. Das Fassungsvermögen des Amphitheaters betrug in römischer Zeit bis zu 10.000 Menschen. Im Gegensatz zu den Bauwerken des benachbarten Legionslagers Vetera

Das römische Amphitheater in Birten.

wurde es nicht abgetragen und existiert, wenn auch verändert, bis heute. Somit gehört es zu den ältesten Theateranlagen nördlich der Alpen. Früher nahm man an, dass im Amphitheater der heilige Viktor und seine Gefährten ihr Martyrium erlitten haben sollen. Mittlerweile gilt diese These als widerlegt. Bis in den Sommer 2012 fanden hier alljährlich die beliebten Sommerfestspiele statt. Diese hatten in Birten eine lange Tradition, die bis in die 1920er Jahre zurück reicht. Im Jahr 1924 führten in Birten örtliche Laienschauspieler erstmals ein Mysterienspiel zur Viktor-

Das Birtener Amphitheater gehört zu den ältesten erhaltenen Theaterbauten nördlich der Alpen.

legende auf. In den 1930er Jahren wurden die Festspiele überregional bekannt. In der Nähe des Amphitheaters hielten damals und nach dem Zweiten Weltkrieg, an einem Sonderbahnsteig, sogar Züge der Deutschen Bundesbahn, die Besucher aus der ganzen Region nach Birten brachten. Über 30.000 Besucher erlebten hier Schauspiele zum Thema „Nibelungen", „Herrmann der Cherusker" oder „Wilhelm Tell". Gerade für die Einwohner Birtens waren die Festspiele im Sommer ein wichtiger wirtschaftlicher Faktor. Nach dem Zweiten Weltkrieg konnte der Betrieb wieder aufgenommen und zu einer neuen Blüte geführt werden. Nach und nach wurden die Laienschauspieler durch Profis von der Burghofbühne in Dinslaken oder dem Niederrheinischen Theater in Kleve ersetzt. Zuletzt konnte man im Birtener Amphitheater Theaterstücke für Kinder sowie den „Zerbrochenen Krug" von Heinrich von Kleist erleben. Die Besichtigung des römischen Amphitheaters ist jederzeit möglich und kostenfrei.

Vom antiken Theater aus erreichen Sie in wenigen Minuten weitere interessante Denkmäler auf dem Fürstenberg, die aus der Frühen Neuzeit bzw. aus dem 19. Jahrhundert stammen. Landschaftlich ist der Spazierweg sehr reizvoll. Teilweise besteht er aus einem aus dem Mittelalter stammenden Hohlweg. Hier konnten wir schon so manchen Feldhamster oder Laubfrosch beobachten. Achten Sie bei ihrem Spaziergang einmal auf die alten preußischen Meilensteine am Wegesrand.

Hier stand einst ein bedeutendes Kloster – die „Dornröschenkapelle" auf dem Fürstenberg.

Auch auf dem Fürstenberg gibt es ein kleines Gotteshaus, das man ebenso wie die evangelische Kirche in Düsterfeld als „Dornröschenkapelle" bezeichnen könnte. Sehr

Die Kapelle auf dem Fürstenberg.

idyllisch liegt an einem Seitenweg des östlichen Fürstenbergs die so genannte Kreuzkapelle. Die nahegelegene Bank gehört zu meinen absoluten Lieblingsorten in Xanten. Besonders schön ist der hier besonders gut erhaltene alte Baumbestand.

Bereits im Hochmittelalter, d. h. im Jahr 1079, ist auf dem Fürstenberg eine kleine Kirche erwähnt, die durch den Kölner Erzbischof Hildolf dem heiligen Martin von Tours geweiht wurde. Deshalb hieß der Fürstenberg zu dieser Zeit auch noch Martinsberg. Etwa hundert Jahre später, im frühen 12. Jahrhundert, wurde hier ein Benediktinerkloster gegründet. Dieses fungierte zunächst als Doppelkloster, d. h. hier waren Nonnen und Mönche untergebracht. Die Ordensgebäude unterstanden in der Zeit nach der Gründung einem Kloster in Siegburg bei Köln. Seit dem Jahr 1119 nahm der Herzog von Kleve die Vogteirechte wahr. Wann die Mönche das Kloster verließen, ist nicht bekannt.

1259 ging das Kloster, das seinen Besitz durch Memorialstiftungen stetig erweitern konnte, in den Besitz der Zisterzienserinnen von Deventer über. Diese hatten sechs Jahre zuvor Zuflucht auf dem Fürstenberg gesucht, da ihre Ordensgebäude in den heutigen Niederlanden abgebrannt waren. So mussten die wenigen hier noch lebenden Benediktinerinnen vom neuen Eigentümerorden mit versorgt werden. Über etwaige Konflikte zwischen den beiden Glaubensgemeinschaften schweigen sich die Quellen leider aus. Im Jahr 1266 wurde das Kloster auf dem Fürstenberg ganz von den Zisterzienserinnen übernommen. Am Ende des 13. Jahrhunderts lebten hier 30 Nonnen. 300 Jahre später beklagte die Obrigkeit einen zunehmenden Sittenverfall hinter den Klostermauern. So sollen sich die Nonnen zu sehr dem weltlichen Leben angepasst und „moderne" Kleidung getragen haben. Die jahrhundertealten Ordensregeln sollen kaum noch beachtet worden sein. Im Jahr 1586 wurden alle Gebäude und die romanische Kirche, die mit ihren beiden Türme eine wichtige Landmarke darstellte, im so genannten „Truchsessischen Krieg" von den Spaniern zerstört. Die Ordensgemeinschaft flüchtete nach Xanten und bezog nachfolgend das Agnetenkloster in der Niederstraße. Es ist davon auszugehen, dass die Ruinen der Klosterkirche und Konventgebäude auf dem Fürstenberg noch über hundert Jahre stehen blieben. Dieses belegen zum einen eine zeitgenössische Ansicht von Hendrick Veltmann, die den Fürstenberg von Osten aus zeigt, sowie zum anderen mehrere Hinweise in den schriftlichen Quellen: 1671 verkaufte die Äbtissin von Backum die noch stehenden Kirchtürme für 1.115 holländische Gulden auf Abbruch. Die Tuffsteine wurden als Baumaterial genutzt. Vielleicht stammten diese ursprünglich aus den alten Römerlagern Vetera I und II oder aus der Colonia Ulpia Traiana.

Im Jahr 1672 ließ die damalige Äbtissin als Ersatz der alten Klosterkirche die bis heute erhaltene Kreuzkapelle im Stil des Barock errichten. Interessant ist, dass ein Wappen an

der Außenmauer der Kapelle, die Initialen der späteren Äbtissin „M.F.B. de Draeck" mit der Jahreszahl „1699" zeigt. Dieses Datum bezieht sich aber nicht, wie bisweilen behauptet wurde, auf die Errichtung der Kapelle, sondern lediglich auf einen Umbau, der in diesem Jahr fertiggestellt wurde.

Den Zweiten Weltkrieg überstand unsere Kapelle fast unbeschädigt. Bei einer Renovierung in den 1970er Jahren wurde unter anderem die historische Holzdecke wieder Instand gesetzt. Heute wird die hübsche Kapelle nur noch gelegentlich zu Gottesdiensten genutzt. Ihr Innenraum ist leider nicht zu besichtigen. Neben dem kleinen Zugangstor zum ehemaligen Klostergelände informiert eine Tafel über den jahrhundertealten Jakobsweg der christlichen Pilger.

Winston Churchill beobachtete 1945 in der Nähe der Kapelle die Luftlandung alliierter Truppen auf der rechten Rheinseite.

Auch Göring wollte es kaufen – Haus Fürstenberg

In direkter Nachbarschaft der Kreuzkapelle befindet sich ein interessantes Gebäude, das ebenfalls eine wechselvolle Geschichte aufzuweisen hat – das Haus Fürstenberg. Bis in die Mitte des 19. Jahrhundert blieb der Fürstenberg ein eher ruhiger und etwas abgeschiedener Ort. Nachdem der Besitz der Zisterzienserinnen durch Napoleon verstaatlicht worden war, schenkte der französische Kaiser den Fürstenberg seinem General Veaubois. Bis zur Mitte des 19. Jahrhunderts gab es weitere Besitzerwechsel: So gehörte er zu dieser Zeit unter anderem dem Xantener Bürger ten Elsen, dem ehemaligen Kanoniker Wolter van den Bosch, dem Rittergutsbesitzer Karl van Haeften (wohnhaft auf Haus Erprath) und der Familie von Hochwächter.

Karl von Hochwächter beauftragte im Jahr 1843 den Kölner Dombaumeister Ernst Friedrich Zwirner am Osthang des Fürstenberges ein repräsentatives Wohnhaus im Stil der Zeit zu errichten. Von hier aus wollten die Besitzer einen wunderbaren Blick über den Rhein und die nähere Umgebung genießen. Es ist zu vermuten, dass mit dem Neubau auch Teile der Grundmauern des alten Klosters abgetragen wurden. Das siebenachsige und dreigeschossige Gebäude, das zur Bauzeit unverputzt war, erhielt seinen schlossartigen Charakter vor allem durch die beiden kleinen Türme.

Eigentlich gehört Haus Fürstenberg auch zu den geheimnisvollen Orten in Xanten.

Im Jahr 1863 wird das Anwesen in den Quellen sogar als „Rittergut" bezeichnet. Sicherlich gehörten zum Haus Fürstenberg damals ausgedehnte landwirtschaftliche Flächen. In der Kaiserzeit ging das Gebäude in den Besitzt der Familie Liebrecht über, die unter anderem mit der Industriellendynastie Haniel aus Duisburg verwandt war. Seit dem Jahr 1927 führte die bekannte Folkwang-Musikschule aus Essen-Werden im Haus Fürstenberg Tanzseminare durch. Kurz vor der Machtergreifung Hitlers veranstaltete die

Haus Fürstenberg ist Privatbesitz und leider nicht zu besichtigen.

Düsseldorfer Kunstakademie im Haus Fürstenberg ebenfalls Sommer-Semester zum Thema „Freiluftmalerei". Die Atmosphäre auf dem Fürstenberg hat, wie wir wissen, die künstlerische Inspiration der Studenten enorm beflügelt. Im Zusammenhang mit diesen Veranstaltungen kam auch der bekannte Maler Gustav Ruhnau nach Xanten, der später in unserer Stadt sesshaft wurde und im Klever Tor sowie im „Pesthäus-

Sehr idyllisch liegt das Hotel Fürstenberger Hof.

chen" sein Atelier hatte. Im Oktober 1933 wurden Teile des Gebäudes von der regionalen Führung der Hitlerjugend angemietet. In der Nähe von Haus Fürstenberg
war zeitweilig auch ein Lager des Reichsarbeitsdienstes stationiert. Im Jahr 1939 soll
Herman Göring, der auf dem Rhein eine Schifffahrt unternahm, beim Anblick von Haus
Fürstenberg beschlossen haben, dieses zu kaufen und hier eine „Hermann Göring-
Meisterschule für Gobelinkunst" einzurichten. Da sich die Eigentümerfamilie Liebrecht, weigerte zu verkaufen, konnte Göring seine Pläne ausnahmsweise einmal nicht
in die Tat umsetzen.

Da Haus Fürstenberg im Zweiten Weltkrieg nicht zerstört wurde, konnten nach Kriegsende in einigen Räumen Vertriebene und ausgebombte Familien untergebracht werden. Seit den 1950er Jahren blieb das Gebäude unbewohnt und verfiel nach und nach.
Erst nach einem Verkauf an Familie Ackermans im Jahr 1985 wurde es nachfolgend
umfassend restauriert. Auch der Garten konnte in den Zustand des 19. Jahrhundert
zurückversetzt werden. Die Villa befindet sich heute immer noch im Privatbesitz und
beherbergte bis vor kurzem Werke der Kunstsammlung Ackermans. Heute lebt die Be-
sitzerin in Großbritannien. Für mich gehört Haus Fürstenberg nicht nur zu den schönsten, sondern auch zu den geheimnisvollsten Gebäuden in Xanten. Eine Besichtigung
ist leider nicht möglich.

Hotel Fürstenberger Hof und Schützenhaus

Nördlich von Haus Fürstenberg erhebt sich im Stile eines englischen Landhauses das beliebte Hotel Fürstenberger Hof. Hier finden seit einiger Zeit beliebte Kammerkonzerte, unter anderem mit dem Mercator-Ensemble, statt. Auch dieses Gebäude stammt größtenteils aus dem 19. Jahrhundert.

Fast schon wieder in Xanten angekommen, liegt am Fuße des Fürstenbergs das historische Schützenhaus. Im Mittelalter war hier der städtische Galgenplatz. Wo heute die Schützen ihre Könige oder Königinnen ermitteln oder zu den beliebten „Ü30-Partys" getanzt wird, wurden früher die Verurteilten hingerichtet bzw. aufgeknüpft. Eine Abbildung aus dem Jahr 1697 zeigt uns an dieser Stelle einen furchteinflößenden Galgen. Bis heute wird die örtliche Flur als „Galgenberg" bezeichnet.

Das historische Schützenhaus, noch heute eine der guten Stuben der Stadt, wurde im Jahr 1867 fertiggestellt. Hier fanden bzw. finden neben den traditionellen Schützenfesten auch Veranstaltungen anderer Art statt. Das Schützenhaus diente eine Zeit lang auch anderen Zwecken – so zum Beispiel im Krieg von 1870/71 als Lazarett. Während des Dritten Reiches waren auch hier Mitglieder des Reichs-

Das Schützenhaus auf dem Fürstenberg hat eine lange Tradition.

287

arbeitsdienstes und Studenten der Folkwang-Schule Essen untergebracht. Heute wird die Gastronomie des liebevoll und denkmalgerecht sanierten Schützenhauses von Familie Neumaier betrieben.

Hier spielten einst Aachen, Wuppertal und Oberhausen – das TuS-Stadion Fürstenberg

Unterhalb des Schützenhauses sind die ausgedehnten Anlagen des Xantener Stadions nicht zu übersehen. Früher war hier einmal der „große" Amateurfußball zu Hause. Die Fußballer des TuS Xanten spielten Anfang der 1980er Jahre einige Jahre in der damals drittklassigen Oberliga Nordrhein. Viele Pflichtspiele gegen namhafte Gegner, wie den Wuppertaler SV, Arminia Bielefeld, Alemannia Aachen, den FC Bocholt und Rot-Weiss Essen lockten mehrfach über 3.000 Zuschauer auf den Fürstenberg. Zur Zeit können die Xantener Fußballer von solchen glorreichen Zeiten nur noch träumen. Wenigstens gelang im Sommer 2013 der Wiederaufstieg in die Kreisliga A. Heute verfolgen nur noch selten mehr als 80 Zuschauer die Heimspiele. Die benachbarte Konkurrenz in Sonsbeck und Hönnepel-Niedermörmter hat den einstmals großen TuS schon lange überholt und spielt in der drei Klassen höheren Oberliga. In der im Jahr

Einst war hier die drittklassige Oberliga zu Hause – das traditionsreiche Stadion Fürstenberg.

Zu Beginn der 1980er Jahre spielte der TuS Xanten in der Oberliga Nordrhein am Fürstenberg regelmäßig vor einer stattlichen Kulisse – hier im Heimspiel gegen die Amateure von Bayer Uerdingen.

1958 eröffneten Anlage fanden früher bis zu 5.000 Zuschauer Platz. Vor ein paar Jahren wurden einige Stehtraversen zurückgebaut. Das Stadion auf dem Fürstenberg ist aber auch bei den Leichtathleten sehr beliebt. So wurden hier bereits einige Rekorde im Diskuswerfen erzielt. Das im Jahr 1990 eröffnete Vereinsheim des TuS Xanten gilt bei den Xantenern als Geheimtipp für private Feiern. Es ist zu wünschen, dass die Fußballabteilung des Vereins mit lokalen Talenten in naher Zukunft mindestens wieder die Bezirksliga erreichen kann. Ohne Zweifel gehört unser Stadion zu den traditionsreichen Stätten des niederrheinischen Amateurfußballs.

7. KAPITEL

GEHEIMNISVOLLE ORTE RUND UM DIE KERNSTADT

R und um die Kernstadt von Xanten gibt es einige Orte und Plätze, die schon immer die Phantasie der Menschen angeregt haben. Ob die geheimnisvollen Bunkerreste in der Hees, der aus dem Hochwald herausragende „Golfball" oder der versteckte jüdische Friedhof in der Nähe des Krankenhauses – alle Orte scheinen von Geheimnissen und Legenden umgeben zu sein. So begann ich 2011 mit meinen Recherchen, um so manchen „geheimnisvollen Ort" zu entschlüsseln bzw. seinen Geheimissen auf die Spur zu kommen.

In diesem Kapitel widme ich mich Themen, die bislang nicht bzw. weniger im Fokus standen. So wird hier erstmals die Geschichte von „Schloss Lüttingen" publiziert. Die Entschlüsselung dieses „Geheimnisvollen Ortes" gelang nur, weil während meiner Recherchen zu diesem Buch durch Zufall die einzige erhaltene Kopie der Festschrift zur Einweihung des Herrenhauses aus dem Jahr 1909 in einem privaten Archiv entdeckt wurde.

7.1. Ein vergessener Ort mit viel Geschichte – das „Schloss Lüttingen" und seine Umgebung

Es gibt in Xanten sicherlich viele wunderschöne Orte am Rhein. Mein ganz besonderer Lieblingsplatz ist der Bereich unterhalb von „Schloss Lüttingen". Man erreicht ihn vom Dorf Lüttingen aus über den Lamersweg und die Durchfahrt am Rheindeich. Unten am Fluss angekommen, sind die vorbeiziehenden Schiffe fast mit den Händen zu greifen. Beim Blick zurück sieht man nicht nur den Fürstenberg und die Domtürme, sondern auch die sich hinter den Deich duckenden Häuser von Lüttingen. Ein Anblick, der mich

Das Schloss Lüttingen ist einer der geheimnisvollsten Orte in Xanten.

immer wieder an Orte an der Ost- und Nordsee erinnert. Bei jedem Besuch kommt bei mir Urlaubsstimmung auf. Ein Landwirt hat vor einigen Jahren an dieser Stelle, unter einem Haselnussbaum, eine eigene Bank aufgestellt, um vier alten Bewohnern des benachbarten Ortes, die sich hier jeden Tag trafen und klönten, eine Sitzmöglichkeit zu bieten. Heute lebt nur noch einer dieser Lüttinger Originale. Manchmal sieht man ihn dort sitzen und in Erinnerungen schwelgen.

Zwischen Rhein und dem Schutzdeich liegt, ein wenig versteckt und in einem Natur-schutzgebiet, das Schloss Lüttingen. Schon die zuführende Allee und auch das alte Herrenhaus könnten in den 1960er Jahre als Filmkulisse für die bekannten Edgar Wallace-Filme gedient haben. Es wurde bislang in keinem Reiseführer vorgestellt; auch in der stadtgeschichtlichen Literatur ist über diesen wunderbaren Ort wenig bis nichts zu finden. Vor diesem Hintergrund wuchs mein Interesse an diesem Gebäude stetig und ich begab mich auf eine interessante und überraschende Recherchesuche. Schnell wurde deutlich, dass es sich hierbei um einen der interessantesten Orte Xan-tener Stadtgeschichte handelt. Die Geschichte des Anwesens lässt sich bin in das Frühmittelalter zurückverfolgen. Frühere Autoren verlegten die Anfänge sogar in die vorgermanischer Zeit, was aufgrund fehlender archäologischer Quellen heute bestrit-ten werden muss. Mehr als 300 Jahre war das ehemalige landwirtschaftliche Gut als „Scholtenhof" bekannt. Seine Ländereien erstreckten sich früher über große Teile des heutigen nördlichen Stadtgebietes.

Berühmte Gäste und Vorgeschichte – der Scholtenhof
Zahlreiche prominente Gäste waren im Schloss Lüttingen, bzw. im Vorgängerbau, dem alten Scholtenhof, bereits zu Gast: So zum Beispiel Zar Peter I. von Russland, König Wilhelm IV. von Preußen, Kaiser Wilhelm II., seine zweite Gemahlin, Kaiserin Hermine und Winston Churchill. Ebenso ist in einer Akte im Weseler Stadtarchiv von Visiten der Komponisten Franz Liszt und Robert Schumann in Lüttingen zu lesen.

Noch im Jahr 2012 war das beeindruckende Anwesen eines der lukrativsten Immobi-lienobjekte am ganzen Niederrhein. Taxiert wurde es auf ca. 1,5 Millionen Euro. Wer sich nach der Lektüre des Buches animiert fühlt, Schloss Lüttingen zu erwerben, den muss ich leider enttäuschen. Es ist mittlerweile verkauft. Es gab Interessenten von Russland bis Lichtenstein. Ein russisches Unternehmen wollte hier sogar seine Unter-nehmenszentrale einrichten. Das Gebäude im historistischen Stil besitzt heute zwölf Zimmer mit 487 Quadratmetern Wohnfläche und direktem Blick auf Rhein und Südsee. Die repräsentative Auffahrt ist so malerisch wie eine Filmkulisse. Das Anwesen könnte so auch in England stehen.

Eine seltene Aufnahme aus dem Jahr 1909: Schloss Lüttingen kurz nach dem Umbau.

Die Geschichte von Schloss Lüttingen, das früher unter anderem als „Curtis Nederwick" bezeichnet wurde, geht wohl bis in die Gründungszeit des Stiftes Xanten zurück: Es wurde in den Quellen bereits im Jahre 1003 erstmals urkundlich erwähnt. Die genaue Lage des damaligen Hofes ist unbekannt. Man stand in Abhängigkeit zum Stift im benachbarten Xanten. Das Stift verpachtete unter anderem bis zum 16. Jahrhundert die Fischereirechte an den Lüttinger Oberhof. Bereits im Mittelalter wurde hier Getreide angebaut, Schweinemast betrieben und Pferde gezüchtet. Auch von Weinanbau ist in den Urkunden die Rede. Seit dem Jahr 1575 bewohnten, fast 300 Jahre lang, Mitglieder der Familie Scholten das gleichnamige Gut. Die Ländereien des Scholtenhofes umfassten bis in das 20. Jahrhundert weite Bereiche zwischen Birten und Wardt. 1809 sind als Besitztum 71 holländische Morgen und für das Jahr 1897 über 360 preußische Morgen Land belegt. Es ist zu vermuten, dass der Scholtenhof früher durch Wassergräben umgeben war. Reste hiervon sollen noch zu Beginn des 20. Jahrhunderts vorhanden gewesen sein.

Der alte Scholtenhof, dessen Gebäude bis in das 15. Jahrhundert zurück reicht, wurde durch den damaligen Besitzer, Rudolf Cafaretto, seit 1897 umfassend umstrukturiert. 1902 konnten neue Arbeiterwohnungen eingeweiht werden. Als Pächter fungierte

Der Charakter des ehemaligen Scholtenhofes als landwirtschaftliches Gut hat sich bis heute erhalten.

Robert van Bebber. Das heutige Schloss wurde im Jahr 1909 eingeweiht. Sein heutiges Aussehen erhielt Schloss Lüttingen erst in den Jahren 1908/1909. Den Baustil bezeichnete ein unbekannter Architekt der Krefelder Baufirma Ludwig Schiffer als „strenger Barockstil". Mit dem Herrenhaus, dessen Rohbau von der Firma Hugo Bergolde aus Weeze ausgeführt wurde, haben wir ein typisches Beispiel der kaiserzeitlichen Architektur im Stil des Späthistorismus vor uns. Auch die zweite Frau des letzten deutschen Kaisers, Hermine, schätze Schloss Lüttingen sehr. Sie hat mehrfach auf dem Weg zu ihrem Mann, der bis 1941 im Haus Doorn bei Utrecht im Exil lebte und auf seiner Flucht am 10. November 1918 mit dem Zug auch durch Xanten gekommen war, hier Station gemacht. Wie Dagmar Gatermann berichtet, die in direkter Nachbarschaft die mit fünf Sternen ausgezeichnete „Landhaussuite Haus Lüttingen" vermietet, soll Kaiserin Hermine bei ihren Aufenthalten in der Gutsküche wiederholt das selbstgemachte Schwarzbrot und hauseigenen Schinken bestellt haben.

Die Allee, die zum Schloss Lüttingen führt, hat zahlreiche prominente Gäste gesehen.

Die Einweihung des repräsentativen Herrenhauses fand am 15. August 1909 statt. Der Bauherr und seine Frau erlebten diesen Tag nicht mehr. Rudolf Caseretti und seine Gattin Maria Sybilla waren beide bereits während der Bauphase verstorben, so dass ihre Söhne den Besitz weiterführen mussten. In der damaligen Festschrift des neuen Scholtenhofes berichtet der Verfasser bildhaft von der damaligen Aussicht: „Im Norden bis an die holländische Grenze; im Süden schweift unser Blick über die alte Festung Wesel und die Anlagen der Salzbergwerke „Deutsche Solwywerke (sic!) bis zu den Kohlebergwerken bei Lintfort und haftet auf dem Kloster Kamp und den Umrissen der alten Kreisstadt Moers, folgt dem Zug des Rheins und schweift über das eigenartige und charakteristische Gelände, dass die Gegend um Xanten überaus reizvoll macht".

In der Zeit nach dem Ersten Weltkrieg bürgerte sich für den Scholtenhof, wohl aufgrund seiner herrschaftlichen Architektur, der Name „Haus Lüttingen" ein. Das Gebäude wird erst seit einigen Jahren als „Schloss Lüttingen" bezeichnet.

Da das etwas abgelegene Anwesen im Zweiten Weltkrieg nicht zerstört wurde, wählte Winston Churchill Schloss Lüttingen in den letzten Kriegstagen als temporäres Hauptquartier. Vom Aussichtsturm des Herrenhauses und vom Fürstenberg aus beobachtete er den Rheinübergang der Alliierten. In den letzten Jahrzehnten des 20. Jahrhunderts verfiel das Gebäude nach und nach. Im Jahr 2007 wurde es von einem amerikanischen Geschäftsmann erworben und zu Wohnzwecken umgebaut. Hierbei legte man viel Wert auf eine denkmalgerechte Rekonstruktion der Innenräume. Vier Jahre später bot er es aber erneut zum Verkauf an.

Zum heutigen Schloss Lüttingen gehören neben dem Haupthaus unter anderem Pferdeställe sowie ein Dressurplatz. Das Grundstück grenzt im Osten an einen Privatsee und besitzt sogar einen eigenen Strand. Das Gewölbe des Schlosses verfügte vor dem

Einer meiner absoluten Lieblingsorte in Xanten: Der Garten von Familie Gatermann bei Schloss Lüttingen.

Krieg über einen legendären Weinkeller. Die wechselvolle Geschichte und Nutzung von Schloss Lüttingen sollte dringend umfassend aufgearbeitet werden. Bitte beachten Sie, dass es sich bei diesem Anwesen um Privatbesitz handelt und nicht zu besichtigen ist.

Das Dorf Lüttingen

Auch das benachbarte ehemalige Fischerdorf Lüttingen sollten Sie unbedingt besuchen. Es ist in den letzten Jahrzehnten in Folge des Zuzugs vieler Neubürger aus
dem benachbarten Ruhrgebiet stetig gewachsen. Wie ein Ring umschließen schicke
neue Wohnhäuser und die beliebten Doppelhaushälften den historischen Dorfkern. Im
Bereich des Dombogens wurde in den letzten Jahren ein neues Gewerbe- und Wohngebiet erschlossen. Lüttingen, das seit 1969 zu Xanten gehört, geht wohl auf einen
Gutshof „Lidron" zurück, der im Jahr 965 vom Erzbischof von Köln an das Kölner Benediktinerkloster verschenkt wurde. Besonders hübsch ist der Dorfplatz mit der Pfarrkirche St. Pantaleon. Die Inschrift am Kirchturm, die das Jahr 1474 nennt, bezieht sich

Lüttingen, 1969 eingemeindet, gehört zu den beliebtesten Wohnorten in Xanten.

nicht auf das Baudatum des Gotteshauses. Sicherlich stammen die frühesten Bauteile, die im Stil der Romanik errichtet wurden, aus dem späten 12. Jahrhundert. Das gotische Kirchenschiff wurde im Jahr 1486 geweiht, so dass sich die Datierung am Kirchturm auf den Baubeginn des Mittelschiffs und Chores beziehen könnte. Auch beim Bau der Lüttinger Kirche wurden Steine aus der benachbarten Colonia Ulpia Traiana verwendet. Bis ins Jahr 1844 gab es eine gemeinsame Pfarrverwaltung mit der benachbarten Gemeinde in Wardt. Auch die dortige Kirche St. Wilibrord, die im 15. Jahrundert vollendet wurde, ist unbedingt einen Besuch wert. Früher dienten die Kirchtürme von Xanten, Lüttingen, Wardt und Vynen der Rheinschifffahrt als wichtige Navigationshilfen, da diese bis heute unübersehbaren Landmarken in der flachen niederrheinischen Landschaft darstellen. Leider wurde der Kirchturm von Lüttingen beim Rheinübergang der Alliierten zu Beginn des Jahres 1945 zerstört.

Bis in die 1970er Jahre spielte die Fischerei in Lüttingen eine wichtige Rolle. Um an diese Tradition zu erinnern, hat man im Jahr 1999 die historische Fischerhütte vom Pärdendyck, welche sich früher am Rhein befand, an der Xantener Südsee rekonstruiert. Auch in Lüttingen gibt es einen engagierten Heimatverein und natürlich auch eine Schützenbrüderschaft. Der nahe gelegene Rhein und die Nähe zur Innenstadt

Ein wahres Kleinod – die Kirche in Lüttingen.

machen das ehemalige Fischerdorf zu
einem der attraktivsten Stadtteile in Xanten. Eingefleischte Lüttinger bedauern
aber auch eine zunehmende Auflösung
der alten Dorfstrukturon. Im Bereich des
Dorfplatzes, am Rheindeich und im Naturschutzgebiet rund um das Schloss
Lüttingen erhält man noch einen guten
Eindruck von dem ursprünglichen Charakter des Dorfes und seiner Umgebung.
Der bekannteste „Bürger" Lüttingens ist
sicherlich der gleichnamige Knabe aus
der Antike, der im Jahr 1858 am gegenüberliegenden Rheinufer bei Bislich gefunden wurde. Eine Kopie befindet sich
in der Pantaleonstraße. Das Original
kann im Berliner Pergamonmuseum be-
wundert werden.

**Die Replik des Lüttinger Knaben neben der
Lüttinger Kirche.**

Ein geheimnisvoller Pilz ragt bei Marienbaum aus dem Wald – nicht alle Xantener kennen seine Bedeutung für die europäische Luftüberwachung.

7.2. Der Pilz von Xanten – zur Radarstation im Hochwald bei Marienbaum

Bis heute existiert im Marienbaumer bzw. Uedemer Hochwald eine wichtige Militär- und Radarreinrichtung, die ihre Wurzeln im Zeitalter des Kalten Krieges hat und früher eng mit dem ehemaligen Militärflughafen Weeze verbunden war. Jeder Xantener kennt die, wie ein Fliegenpilz oder Golfball aus dem Wald aufragende Landmarke, die man bei guter Sicht sogar von Emmerich Hochelten ausmachen kann. Besonders gut ist dieser geheimnisvolle „Pilz" von Mörmter und von der B57 zwischen Xanten und Marienbaum aus zu sehen. Was hat es mit diesem geheimnisvollen Gebäude auf sich?

Es handelt sich hierbei um eine sogenannte „HADR"-Anlage (Hughes Air Defense Radar) zum Zweck der Luftaufklärung. Diese Radarstation hat eine Umkreisabdeckung von 450 Kilometern. Die Marienbaumer Anlage stellt ein modernes 3D-Radar dar, wel-

Die HADR-Anlage in Marienbaum sieht aus wie ein Wasserturm.

ches in ein Luftvorteidigungsnetzwerk eingebunden ist und in den letzten Jahren modernisiert wurde. Es umfasst auch mobile Einheiten. Das leistungsstarke Radargerät misst neben der Entfernung und dem Seitenwinkel auch die Höhe im zu beobachtenden Luftraum. Diese ursprünglich als Schiffssensoren konzipierten Radargeräte vom Typ „HADR" wurden in der Bundesrepublik ab dem Jahr 1984 von der Luftwaffe gebaut. Die Beschaffung zweier Sensoren erfolgte durch die NATO, die übrigen wurden von der Bundesregierung finanziert. Im Volksmund wird der „HADR" auch als „Radarkuppel" bezeichnet. Der „Pilz von Marienbaum" ist 48 Meter hoch und befindet sich auf einer Höhe von 76,5 Metern über dem Meeresspiegel. Die sensible Antenne liegt direkt unter der Kuppel, die aus dem Hochwald herausragt. Im März 2013 konnte in direkter Nachbarschaft ein neues Dienstgebäude eingeweiht werden, welches durch Weihbischof Theising eingesegnet wurde. Heute sind hier bis zu 35 Soldaten des Zuges 241 als Einheit des Einsatzführungsbereichs 2 in Erndtebrück im Siegerland eingesetzt. Langfristig soll die Personalstärke in Marienbaum auf 20 Soldaten reduziert werden.

Die Radaranlage liefert heute vor allem grundlegende Daten für das „Nationale Lage- und Führungszentrum für Sicherheit im Luftraum" („NLFZ" oder „NLFZ SiLu-Ra") sowie für das „Combined Air Operation Centre" in Uedem, die für die Nato zur Erstellung eines aktuellen Luftlagebildes notwendig sind. Das Radar bei Marienbaum stellt aktuell eines der wichtigsten Militäreinrichtungen zur Luftverteidigung in der BRD dar. Auf deutschem Hoheitsgebiet sind aktuell vier solcher Geräte an den Standorten Brockzetel, Erbeskopf, Xanten-Marienbaum und Meßstetten im Einsatz. Weitere baugleiche Geräte befinden sich in Norwegen und Malaysa.

Das Nationale Lage- und Führungszentrum für Sicherheit im Luftraum, das eine weitere Einrichtung auf dem 55 Meter hohen Paulusberg im Uedemer Hochwald betreibt, wurde im Jahr 2003 als Folge der Anschläge des 11. Septembers 2001 eingerichtet.

Der Bereich der Radaranlage ist militärisches Sperrgebiet.

Weite Bereiche der Anlagen in Uedem und Marienbaum stammen noch aus der Zeit des Kalten Krieges. So wurde unser HADR-Radar in Marienbaum bis Anfang der 1990er Jahre von belgischen Truppen betrieben. Zum Komplex der deutsch/alliierten Luftüberwachung gehörten damals auch die Kaserne in Goch und die „Von Seydlitz-Kaserne" im benachbarten Altkalkar.

Von Marienbaum aus wird ganz Europa überwacht

Seit dem Jahr 2003 überwachen die Bundeswehr, Beamte der Bundespolizei, die Deutsche Flugsicherung und das Bundesamt für Bevölkerungsschutz und Katastrophenhilfe mit über 100 Mitarbeitern von Uedem und Marienbaum aus gemeinsam den deutschen und europäischen Luftraum. Die Überwachung erfolgt zur Verhinderung terroristischer Bedrohungen durch zivile Flugzeuge. Laut einer Auskunft der Bundeswehr ist der Standort in Uedem vor allem für die Luftüberwachung in Deutschland, der Beneluxstaaten, Polen sowie der baltischen Staaten zuständig. Im Alarmfall können sofort die Abfangjäger im bayerischen Neuburg (Donau) und im ostfriesischen Wittmund aufsteigen, auch wenn Ihnen zunächst ein Abschuss juristisch nicht erlaubt ist. Der Arbeitsplatz der Mitarbeiter befindet sich in einem atomwaffensicheren Bunker tief unter dem Paulusberg. Bis zu 20 Flugzeuge müssen pro Jahr nach einer Alarmauslösung zur Landung in Deutschland sicher zu Boden geleitet werden. Zum Überwachungszentrum in Uedem gehören insgesamt 45 Radareinheiten in ganz Deutschland. Von hier aus kann man per Knopfdruck bei einer terroristischen Bedrohung sogar zahlreiche Atomkraftwerke in Deutschland abschalten. Auch zivile Aufgaben werden von Uedem und Marienbaum aus übernommen: So schützt und beobachtet man vom Hochwald aus ebenfalls Transportflugzeuge, die den Euro innerhalb Europas transportieren. Auch der Sucheinsatz von Tornado-Jets mit Wärmebildkameras nach dem entführten Jungen Mirco aus Grefrath wurde von hier aus gesteuert. Sollte irgendwann mal ein Ufo deutsches Staatsgebiet anfliegen – vom Hochwald bei Xanten aus würde es als erstes lokalisiert. Es versteht sich von selbst, dass diese hochsensiblen militärischen Einrichtungen nicht besichtigt werden können.

7.3. Ein Relikt des kalten Krieges – das ehemalige Gelände der belgischen Armee „Am Waldblick" und die atomare Raketenstellung

Xanten und Umgebung ein Standort von Atomraketen im Kalten Krieg? Belgische Soldaten am Niederrhein? Fragen, die heute aufhorchen lassen. Gemeinhin verbindet man diese Thematik eher mit den alliierten Besatzungstruppen im Ruhrgebiet nach dem Ersten Weltkrieg (Ruhrbesetzung). Wie die älteren Xantener aber wissen, gab es von September 1971 bis November 1989 am Waldrand der Hees eine belgische Kaserne. Dort war die 59. Staffel des 9. Missile Wing im Rahmen der NATO-Luftverteidigung in einer Kaserne stationiert. Hierzu gehörte auch eine atomare Raketenstellung, die sich ca. drei km südwestlich der Stadtgrenze in der südlichen Sonsbecker Schweiz befand. Heute erinnert in Xanten kaum noch etwas an die ehemalige Präsenz der belgischen Einheit, deren Militärs und Familien gut mit der einheimischen Bevölkerung zusammen lebten. So waren zum Beispiel belgische Soldaten Mitglieder des Elferrates eines Birtener Karnevalsvereins. Wie mein Schwiegervater berichtet, gab es zahlreiche freundschaftliche Kontakte zu den belgischen Truppen. So feierte man zum Beispiel sehr gerne auf dem Kasernengelände in der dortigen Gaststätte zusammen und zelebrierte die bei Xantenern wie Belgiern gleichsam beliebten „Whiskeyabende". „Die Kantine war nach dem Dom das wichtigste Gebäude in ganz Xanten", berichtete Altbürgermeister Alfred Melters 2009 gegenüber der Rheinischen Post. Da gab es nicht nur das billigste Bier für 50 Pfennig, sondern auch die andere flämische Waffe, die einen Xantener nach dem anderen umgehauen hat – das Mixgetränk Nike."

Westlich von Xanten, in der Sonsbecker Schweiz, befinden sich geheimnisvolle Bunkerreste aus dem Kalten Krieg.

Vom Aussichtspunkt über der ehemaligen Raketenstellung kann man weit ins Ruhrgebiet hineinschauen. Im Hintergrund die Industrieanlagen in Duisburg-Walsum und Duisburg-Schwelgern.

Zu den strategischen Bereichen der Belgier gehörte auch die in diesem Kapitel bereits vorgestellte Radarstellung im Hochwald bei Marienbaum. Die belgische Luftwaffe betrieb auf dem Gebiet der Bundesrepublik Deutschland zwischen 1963 und 1989 im Rahmen der NATO-Luftverteidigung insgesamt acht „Nike Feuerstellungen" („Launching Areas") zur Sicherung des Territoriums Westdeutschlands. Dabei waren dem 9th Missile Wing die Stellungen bei Xanten, Kappeln, Hinsbeck und Erle unterstellt.

Jenseits der Stadtgrenze, südlich der Landstraße Xanten-Sonsbeck, befinden sich auf der Höhe „Op de Hövel" unterhalb der vor wenigen Jahren geschaffenen Aussichtshöhe geheimnisvolle Bunkerreste. Häufig wird bis heute die Legende verbreitet, dass es sich um Stellungen aus der Endphase des Zweiten Weltkriegs handeln würde. Im Bereich „Op den Hövel", der auch als „Stellung Xanten" bezeichnet wurde, waren zwei Typen der atomaren Flugabwehrraketen vom Typ Nike stationiert. Die kleinere, mit der Bezeichnung B-XS, besaß eine Sprengkraft von 2 Kilotonnen. Die größere, B-XL, besaß in den 1970er Jahren über 40 KT Sprengkraft. Maximal waren in der Stellung bei Xanten zehn Nuklear-Sprengköpfe gefechtsbereit. Dieser militärische Bereich wurde von den

Die Gebäude der ehemaligen belgischen Kaserne in Xanten 2013.

belgischen Truppen Anfang der 1990er Jahre aufgegeben. Fast alle ehemaligen Bunker und Feuerstellungen wurden zugeschüttet und wachsen immer mehr zu. Ihre Reliefs und ein Bunkerzugang sind unterhalb der Aussichtsplattform noch gut zu erkennen.

Das Gelände Op den Hövel wurde anschließend unter anderem vom THW als Übungsgelände und vom Sonsbecker Bauhof als Lagerort genutzt. Von der Aussichtsplattform kann man heute bei klarer Sicht im Süden den Gasometer in Oberhausen, die Hüttenwerke in Duisburg-Marxloh und Huckingen, den Duisburg-Mülheimer Wald mit Fernsehturm in Mülheim-Speldorf, den Fernsehturm in Düsseldorf und sogar die Rauchfahnen der Braunkohlekraftwerke südlich von Neuss erkennen.

Im Jahr 1992 kaufte die Stadt Xanten die frühere belgische Kaserne am Waldblick vom Bundesvermögensamt für einen „Schnäppchenpreis" von 2,2 Millionen Mark. 1997 wurde die ehemalige Kaserne in Xanten umgebaut. Hier befinden sich seither Mietwohnungen und der integrative Kindergarten „Waldblick". Noch 2012 kam es zwischen der Stadt Xanten und dem Land NRW zu einer juristischen Auseinandersetzung um den Verkauf des ehemaligen Kasernengeländes. Es ging hierbei um eine eventuelle Rückzahlung von Fördergeldern der Stadt an die Landesregierung.

Ein repräsentatives Tor bildet das Entree zum Haus Balken.

7.4. Wo Familie Underberg zu Hause ist – Haus Balken

Südlich von Marienbaum befindet sich, direkt an der Bundesstraße 57, das Gelände des ehemaligen Herrensitzes „Haus Balken". Beeindruckend ist bereits das große Eingangstor. Die Straße, die auf eine von Napoleon angelegte Chaussee zurückgeht, macht um Haus Balken einen großen Bogen.

Viele auswärtige Autofahrer werden sich sicherlich schon einmal die Frage gestellt haben, ob hier ein Mitglied des Hochadels zu Hause ist oder was es mit dem Gelände hinter den hohen Mauern auf sich hat. Schon die Zufahrt erinnert an eine Schlossauffahrt. Die Antwort ist einfach: Seit vielen Jahrzehnten wohnt hier die nicht nur am Niederrhein bekannte Unternehmerfamilie Underberg. Sie hat ihren unternehmerischen Stammsitz seit 1846 im benachbarten Rheinberg. Wer kennt nicht den legendären Magenbitter, der vom Niederrhein aus seinen Siegeszug um die ganze Welt angetreten hat? Im Jahr 1912 wurde man mit dieser „Allzweckwaffe" sogar zum Hoflieferanten der Donaumonarchie. Hand aufs Herz: Wer von Ihnen hat nicht schon einmal ein Magenproblem mit einem Underberg „kuriert"? Bis heute kennt jeder Niederrheiner das historische Stammhaus in Rheinberg. Aber kaum einer außerhalb Xantens

Haus Balken ist von der Straße aus kaum zu sehen.

verbindet die Familie Underberg auch mit unserer Stadt.

Gegenwärtig ist das Unternehmen, das sich in der fünften Generation immer noch in Familienbesitz befindet, ein weltweit tätiger Konzern, der über zahlreiche bekannte Marken – wie zum Beispiel Asbach- und andere wichtige Beteiligungen verfügt. Familie Underberg gehört zu den engagiertesten, aber auch verschwiegensten Familien im Lande. Vor diesem Hintergrund ist es selbstverständlich, dass das Haus Balken kaum von der Straße aus einsehbar oder gar regulär zu besichtigen ist. Ähnlich wie die Ruhrorter Familiendynastie Haniel tritt man als Mitglied der Familie Underberg nur dann gerne in das Licht der Öffentlichkeit, wenn man soziale und kulturelle Projekte unterstützt.

Der Autor erinnert sich, als ehemaliger Mitarbeiter der Firma Franz Haniel, noch gut an das wunderbare (Likör)Präsent in Form eines Flaschenturmes, das Familie Underberg den Haniels beim Festakt zum 250-jährigen Firmenjubiläum 2006 im Stadttheater Duisburg überreichte. Der Niederrheinische Unternehmer"adel" ist bis heute gut vernetzt und auch manchmal untereinander verheiratet. Frei nach dem Habsburgermotto „Tu felix Austria nube – bella gerant alli" (lat. „Du glückliches Österreich heirate – Kriege mögen andere führen"). Verwandtschaftliche Beziehungen sind natürlich auch immer gut für das Geschäft.

Doch zurück zum Haus Balken: Im Jahr 1319 wurde es als „ten Balcken" oder „an gen Balcken" („Zum Schlagbaum") erstmals erwähnt und ist somit mehr als hundert Jahre vor der Gründung des Dorfes Marienbaum errichtet worden. Der Name „Balken" bezieht sich auf eine mittelalterliche Zollgrenze zwischen dem Herzogtum Kleve und dem Erzbistum Köln, die in der Nähe lag. Aus alten Ansichten und Akten geht hervor, dass es sich bei der ursprünglichen Anlage um einen Wege- bzw. Zollturm handelte. Er ist noch heute im Gesamtbau gut zu erkennen. Das klevische Lehen wurde im 17. und 18. Jahrhundert lange von der Familie „von der Brüggen" bewohnt.

Im 18. Jahrhundert musste Haus Balken umfangreich um- und ausgebaut und den damals geltenden Wohnansprüchen im Stil der Schlossarchitektur angepasst werden. 1763 wird auf einer zeitgenössischen Ansicht ein „Juncker von der Brueggen" erwähnt. Im Haus selber befinden sich bis heute Gewölbe, die bis ins 15. Jahrhundert zurück reichen. Fast im ganzen Umfang erhalten ist der Wassergraben, der das gesamte Bauwerk einfasst. Leider haben auf dem Gelände noch keine archäologischen Untersuchungen stattgefunden, die Auskunft über einzelne Bauphasen geben könnten. Gesichert ist aber, dass auch von Haus Balken aus in früheren Zeiten Landwirtschaft betrieben wurde. Zu Beginn des 19. Jahrhunderts wohnten hier Mitglieder der Familie von Bothmer, die ihre Wurzeln im heutigen Niedersachsen hat. Einigen Lesern wird auch das Schloss Bothmer in Mecklenburg bekannt sein, das als Kulisse für den Fernsehfilm „Die Flucht" mit Maria Furtwängler diente. Die Familie von Bothmer hat zahlreiche Offiziere, Diplomaten und Künstler hervorgebracht. Vor Familie Underberg war Haus Balken somit bereits schon einmal der Wohnsitz einer bedeutenden Familie. Doch zurück in die Gegenwart: Vor einigen Jahren hat Christiane Underberg im Haus Balken ihr Büro eingerichtet und steuert von hier aus ihre Unternehmensbeteiligungen und ihr umfangreiches soziales und kulturelles Engagement. Das Firmenmotto „semper idem" (lat. „immer das Gleiche") gilt also auch seit mehr als hundert Jahren für den Wohnsitz der Familie Underberg in Marienbaum. Besonders hervorzuheben ist die jahrzehntelange Förderung des Xantener Dombauvereins durch Familie Underberg. Haus Balken ist Privatbesitz und kann nicht besichtigt werden.

7.5. Geheimnisvolle Bunkerreste in der Hees – die ehemalige Luftwaffenmunitionsanstalt 2/VI „Muna"

Streiften in römischer Zeit noch Wölfe und Elche durch das alte Waldgebiet der Hees, so ist das oben bereits näher vorgestellte Naherholungsgebiet heute nicht minder geheimnisvoll. Sogar eingefleischte Xantener, d. h. diejenigen, die nach dem Zweiten Weltkrieg geboren wurden, wissen nur wenig über die rätselhaften Hügel und umfangreichen Bunkerreste, die hier überall zu finden sind. Ebenso ist der genaue Standort eines Ehrenmals, das aus der Zeit des Zweiten Weltkrieges stammt, nicht jedem Bürger bekannt. Eine Vielzahl von Schildern warnt vor dem Betreten der Waldgebiete abseits der Wanderwege: „Munition! Lebensgefahr. Betreten verboten. Hauptwege freigegeben. Stadt Xanten. Der Stadtdirektor".

Was hat es aber mit dem teilweise gesperrten und geheimnisvollen Areal auf sich? Hierbei handelt es sich um die übertägig erhaltenen Reste der ehemaligen „Luftwaf-

Das Betreten der
Waldflächen ist strengstens
verboten !

Betreten der Waldwege erlaubt !
Bunkeranlagen - Einsturzgefahr !
Kampfmittel - Explosionsgefahr !

Explosiv   Absturzgefahr
Staatliches Forstamt Wesel

An vielen Stellen in der Hees warnen solche Schilder den Wanderer vor dem Betreten der Waldflächen abseits der Wege.

fenmunitionsanstalt 2/VI", die während des Zweiten Weltkriegs zeitweilig als größter Arbeitgeber in Xanten fungierte und um die sich bis heute viele Legenden und Geheimnisse ranken. Im Folgenden versuchen wir ein wenig Licht in das Dunkel der Geschichte zu bringen.

Die Geschichte der „Luftwaffenmunitionsanstalt 2/VI" ist, unter anderem durch die Forschungen von Ralph Trost, in den letzten Jahren aufgearbeitet worden. Die „Muna" stellte eine Einrichtung dar, die von der Wehrmacht selber betrieben wurde. Nach dem Ausbruch des Zweiten Weltkrieges bestand naturgemäß eine enorme Nachfrage nach Munition jeglicher Art

Die Xantener Muna war eine von heute 52 bekannten Luftwaffenmunitionsanstalten. Hier wurden hauptsächlich Kampfmittel zusammengesetzt und/oder Zwischenproduktionen aus anderen Rüstungsbetrieben weiter verarbeitet. Bereits im Jahr 1938, also noch vor Kriegsbeginn, gab es erste Pläne eine Muna im gut gegen feindliche Luftangriffe zu tarnenden Waldgebiet der Hees zu errichten.

Zur Baugeschichte der Xantener Muna

Im Sommer 1940 wurde mit ihrem Bau begonnen. Nach und nach entstanden Arbeits- und Lagerhäuser, Verwaltungsgebäude, Bunker, Wachgebäude, Wirtschaftsbaracken und Garagen mit insgesamt über 100 Gebäuden und einem über 25 Kilometer langen Straßennetz. Alleine 1941 wurden zur Tarnung der Gebäude über 35.000 Pflanzen eingesetzt. Die Nähe der großen Rüstungsbetriebe an der Ruhr und die gute Anbindung Xantens an das damalige Eisenbahnnetz waren wichtige Standortvorteile. Im Sommer 1942 wurde ein eigener Gleisanschluss in der Nähe des Bahnhofes Birten-Winnenthal an die Eisenbahnstrecke Kleve-Duisburg fertiggestellt.

Als Zuliefer- bzw. Abnahmebetriebe der Xantener Produktion fungierten vor allem die Lufthauptmunitionsanstalten in Bork/Westfalen sowie in Lübberstedt bei Bremen. Mitarbeiter der Muna wurden aber auch für die Bergung alliierter Blindgänger und Flugzeugwracks eingesetzt. Es ist davon auszugehen, dass die alliierte Luftaufklärung

Auch dieser Bunker ist ein Überrest der ehemaligen Muna in der Hees.

schon früh von der Produktionsanlage in Xanten wusste. So sind bereits für das Jahr 1942 mehrere Angriffe auf das damalige Stadtgebiet belegt, die zum Teil große Schäden anrichteten und auch Opfer unter der Zivilbevölkerung forderten.

Insgesamt arbeiteten in Hochzeiten bis zu 1 000 Personen, Männer wie Frauen, (Stammpersonal, Reichsarbeitsdienst und Zivilarbeiter) in der Heeser Munitionsproduktion. Beachtet man die Tatsache, dass Xanten seit dem 19. Jahrhundert keine nennenswerte Industrie aufgebaut hatte, ist es nicht verwunderlich, dass die Muna zu einem wichtigen Wirtschaftsfaktor in der Kleinstadt wurde. Alleine im Oktober 1942 fertigte man in der Hees 153 Eisenbahnwaggons mit Munition ab. Einen Monat später ernannte das Oberkommando der Wehrmacht die Xantener Rüstungsfabrik zur reichsweit führenden Anstalt für die Produktion der „Seemine 1000/I". Alleine von Mai bis Juni 1942 wurden in Xanten fast 4.500 Minen dieses Typs fertig gestellt und vor allem im Mittelmeerraum (unter anderem vor Sizilien) gegen feindliche Schiffe eingesetzt.

Das Explosionsunglück vom 24. November 1942
Am 20. November 1942, einem Freitag, fand in der Hees eine der größten Katastrophen der Stadtgeschichte statt. Diese wurde aber, wie man zunächst vermuten würde, nicht

Traueranzeige für die Opfer. November 1942.

Der Trauerzug für die Opfer des Explosionsunglückes vom 24. November in der Marsstraße.

durch einen alliierten Luftangriff ausgelöst. Bei Arbeiten im „Haus 4" kam es infolge von Montagearbeiten an der „Luftmine 1000/I" zu einer verheerenden Explosion. Ihre Druckwelle war, so Zeitzeugen, bis Xanten zu spüren. In einem Umkreis von über zwölf Kilometern zersprangen noch in Rees-Haffen, Uedem und in Issum Fensterscheiben.

Der Großvater meiner Frau, Gerd Maas, berichtet, dass er als Kind, in einem Weseler Krankenhaus liegend, sogar in seinem Krankenzimmer die Explosion gehört und gespürt habe. Die schwarze Rauchwolke über der Hees war besonders von der Xantener Innenstadt aus gut zu erkennen. In einem Umfeld von über 100 Metern hatte die Explosion eine Trümmerwüste hinterlassen. Alle Gebäude der Muna wurden zum Teil erheblich beschädigt. Bei dem Unglück kamen 39 männliche Arbeiter, ein Fahrer und zwei Frauen ums Leben. Unter den Opfern waren 15 Xantener Bürger. Besonders grauenvoll ist die Tatsache, dass nach der Explosion nur eine Leiche und wenige Körperteile gefunden wurden, die man auf dem Xantener Friedhof im Rahmen einer großen Trauerfeier bestattete. Zu Ehren der Toten wurde neben den Gräbern ein Gedenkkreuz errichtet. Noch heute informiert eine Informationstafel auf dem Friedhof an die Opfer des Unglückes. Darüber hinaus waren auch zahlreiche Schwer- und Leichtverletzte zu beklagen. Bei der Untersuchung des Unglückes schaltete sich sogar die Krefelder Gestapo ein. Als Verursacher wurde schlussendlich ein defekter Zünder verantwortlich gemacht. Eine Sabotage konnte nicht nachgewiesen werden.

Die Gedenstätte in der Hees heute.

Kurz nach dem Unglück wurde auch gegenüber dem ehemaligen „Haus 4" ein Mahnmal, bestehend aus zwei Steinquadern mit aufgesetztem Kreuz, errichtet. Dieses ist bis heute erhalten und wird seit den 1970er Jahren von der Helena-Bruderschaft Xanten und seit 1991 von Mitgliedern der Viktor-Bruderschaft Birten gepflegt.

Da bei dem Unglück vom November 1942 auch Xantener Bürger involviert waren, ist dieses Ereignis bis heute tief im Bewusstsein der damals betroffenen Familien verankert geblieben. Trotz aller Diskussionen ist und bleibt für mich diese Ehrentafel ein wichtiges lokales Mahnmal gegen den Krieg und es ist gut, dass die Erinnerung an dieses düstere Kapitel der Zeitgeschichte bis heute bewahrt wird.

Auf der Gedenktafel finden sich bis heute bekannte Xantener Familiennamen.

Lange hielt man sich im November 1942 nicht mit einem Gedenken an die Opfer auf. Schnell konnte die Produktion nach den nötigen Instandsetzungsarbeiten wieder aufgenommen werden. Mit dem zunehmendem alliierten Luftkrieg gegen deutsche Rüstungsbetriebe und Städte, wobei seit Januar 1943 von der US Air-Force auch vermehrt Tagesangriffe geflogen wurden, wurden die Produktion in der Hees und die Zuwege der Arbeiter, die aus der ganzen Umgebung kamen, immer unsicherer. Nach und nach mussten personelle Kapazitäten, wie zum Beispiel durch die Abberufung des Reichsarbeitsdienstes aus Xanten und durch Einberufungen von Stammarbeitern an die Front abgebaut werden.

Ende Mai 1944 wurde die Muna in der Hees von elf feindlichen Bombern zielgerichtet angegriffen. Wie in den „War Diaries" des Bomber Command nachzulesen ist, richtete sich dieser Angriff ausschließlich dem „Xanten ammunition dump". Der damalige Dompropst Köster zählte, wie aus seinen Aufzeichnungen hervorgeht, mindestens 15 Bombentreffer in direkter Umgebung der Muna, die bei diesem Angriff aber, ganz im Gegensatz zu einem Bauernhof am Holzweg, kaum nennenswerte Schäden anrichtete.

Aufgabe der Muna und Kriegsende

Nach dem sich die Kriegslage im Jahr 1944 immer weiter verschlechterte, wurde die Produktion in der Hees aufgegeben und nach Martinroda in Thüringen verlegt. Es ist zu vermuten, dass die Anlage in der Hees aber weiterhin als Munitionsdepot genutzt wurde. So kam es am 6. Oktober 1944, wahrscheinlich in Folge eines Fliegerangriffes, auf dem Gelände zu einem zweiten schweren Explosionsunglück. Hierbei kamen 35 Wehrmachtsoldaten ums Leben. Noch heute findet man ihre Gräber auf dem Friedhof am Holzweg.

Anfang 1945, als die Front immer näher kam, wurden umfangreiche Munitionsbestände, wie zum Beispiel Granatwerfer- und Flakmunition, auf Lastwagen geladen und im Altrhein bei Birten versenkt. Hierbei kamen zwischen 15-20 Lastwagen zum Einsatz. Spätere unterwasserarchäologische Sondierungen haben nur wenige Teile dieser Kisten wieder ans Tageslicht gebracht. Eine Anfang der 1950er Jahre beschlossene Gesamtbergung der Munition aus dem Altrhein konnte leider bis heute nicht realisiert werden. Ebenfalls ist zu vermuten, dass auch noch Munitionsreste in den ehemaligen Bunkeranlagen liegen. Die genaue Anzahl der Gebäudereste ist nicht bekannt. Man geht heute von über 100 Objekten aus, die vielfach einsturzgefährdet sind. Auch aus diesem Grund ist das Betreten der ehemaligen Muna-Anlage im dortigen Waldgebiet strengstens verboten. Dennoch entstand nach dem Zweiten Weltkrieg auf einem Teil der ehemaligen Rüstungsfabrik, wie Bürgermeister Christian Strunk bei seiner Rede zum 65sten Jahrestag des Explosionsunglückes von 1942 ausführte, „auch Gutes". Hiermit war das an gleicher Stelle bis 1956 von den Katharinen-Schwestern errichtete St. Josef Hospital gemeint. Beim Bau des Krankenhauses wurden die beiden erhaltenen Verwaltungsgebäude der „Muna" mit integriert. Ende der 1940er Jahre brachte man in den Gebäuden auch heimatvertriebene Schulkinder unter. Noch heute wird in Xanten, wenn die Frage aufkommt, in welchem Krankenhaus der Angehörige denn liegen würde, volkstümlich geantwortet: „In der Muna".

7.6. Der stillste Ort in Xanten – der jüdische Friedhof am Heeser Weg

Nicht weit vom St. Josef Hospital entfernt, am nordöstlichen Rand der Hees, befindet sich einer der ruhigsten und beschaulichsten Orte Xantens – der ehemalige jüdische Friedhof. Er ist nicht einfach zu finden, da man ihn nur über einen kleinen Feldweg am Heesberg erreichen kann. Für mich gibt es nichts Schöneres, als im Frühling auf der Bank neben dem Eingangstor zu sitzen und über die Silhouette der Stadt zu schauen.

Ein wunderschöner Ort der Stille – der jüdische Friedhof am Heesweg.

Bis auf die Kühe und Rinder der benachbarten Weiden trifft man hier kaum auf ein Lebewesen, so abgeschieden ist dieses historische Kleinod am Waldrand der Hees. Bei einem Besuch wünschte sich Herbert Rubinstein, ehemaliger Geschäftsführer des Landesverbandes der Jüdischen Gemeinden Nordrhein, gegenüber einer Lokalzeitung, „dass dieser Friedhof in einen Stadtführer von Xanten aufgenommen wird". Mit der folgenden Darstellung möchte ich diesem Wunsch entsprechen und die wechselvolle Geschichte dieses schönen und geschichtsträchtigen Ortes ausführlich darstellen.

Die Lage des Friedhofes, etwa drei Kilometer vor der Stadt gelegen, entspricht der jüdischen Tradition. Die Toten wurden nach jüdischem Ritus „extra murros", d. h. „vor den Stadtmauern" beigesetzt. Seit einiger Zeit ist der Friedhof frei zugänglich. Bis ins Jahr 1998, so erzählen ältere Xantener, musste man sich extra im Rathaus einen Schlüssel holen, um das gusseiserne Tor aufzuschließen. Wie viele Besucher mögen hier über die Begrenzungen geklettert sein?

316

Zur Geschichte des jüdischen Friedhofs Xanten

Der jüdische Friedhof Xanten wird in der Literatur manchmal fälschlicherweise als ältester seiner Art am Niederrhein bezeichnet. Auf einer Karte aus der Zeit nach dem Ersten Weltkrieg wird er als „Israelitischer Friedhof" bezeichnet. Seine Anfänge sollen bis ins 11. Jahrhundert zurückgehen. Ob es aber an dieser Stelle bereits im Hochmittelalter eine jüdische Begräbnisstätte oder, wie gemeinhin vermutetet wird, in vorgeschichtlicher Zeit sogar eine Kultstätte gab, muss aufgrund fehlender Quellen offen bleiben. Der älteste jüdische Grabstein stammt aus dem Jahr 1770. Da jüdische Friedhöfe „für die Ewigkeit" gebaut wurden und Spuren älterer Gräber nicht auffindbar sind, ist zu vermuten, dass der Friedhof am Heeser Weg erst in der Mitte des 18. Jahrhunderts angelegt wurde.

Einer der restaurierten Grabsteine auf dem jüdischen Totenacker.

Zunächst einmal fällt die besondere Form des Totenackers auf: Die Grabstätten sind in drei konzentrischen Kreisen angeordnet. Diese seltene Anordnung der Grabstätten ist in Nordrhein-Westfalen einzigartig. Alle erhaltenen 54 Grabsteine sind von fast gleicher Größe und im Gegensatz zu christlichen Gräbern nur mit wenigen Ornamenten verziert. Symbolische Aufladung und hebräische Inschriften verraten auch einem unkundigen Besucher, dass er sich auf einem jüdischen Friedhof befindet. Die Verstorbenen wurden, anders als auf christlichen Friedhöfen, hinter den Grabsteinen bestattet. Die Älteren sind aus Sandstein hergestellt, jüngere aus schwarzem, edlem Granit. Die hier aufgestellten Grabsteine stammen aus der Zeit zwischen 1770 und 1928. Ende der 1920er Jahre wurden auch die letzten Bestattungen am Heeser Weg vorgenommen. Laut der dortigen Informationstafel ist der Friedhof nach dem Zweiten Weltkrieg ganz aufgelassen und 1948 erstmals restauriert worden. Im Jahr 1982 wurde er in die Denkmalliste der Stadt Xanten aufgenommen. Manchmal liegen nach jüdischer Tradition Kieselsteine auf den Steinen. Streng genommen sollte man den Friedhof, so verlangt es die jüdische Vorschrift, nur mit einer Kopfbedeckung betreten.

Leider findet man in den Publikationen über Xanten nichts über die dort bestatteten Personen. Obwohl im Rahmen eines Forschungsprojektes alle Inschriften entziffert und jeder Tote identifiziert werden konnte, scheiterte eine Veröffentlichung bislang an fehlenden finanziellen Mitteln. Mein ehemaliger Pfarrer und Religionslehrer in Duisburg, Carl Dieter Hinnenberg, der sich auch in Xanten für die Aufarbeitung der lange vergessenen oder zum Teil widersprüchlich publizierten jüdischen Geschichte engagiert, äußerte im Oktober 2009 in einem Interview mit der Rheinischen Post: „Es gibt im jüdischen Todesverständnis und in der Sterbepraxis bestimmte Sitten und Gebräuche. Zum Beispiel soll der Sarg möglichst schlicht und der Verstorbene einfach gekleidet sein.

Jüdische Besucher legen Kieselsteine als Erinnerung auf die Grabsteine.

Der Umgang mit dem Toten ist sehr ehrfurchtsvoll. Traditionell wird er mit einem Beutel Heimaterde aus Israel unter dem Kopf bestattet. Juden, die es sich leisten können, lassen sich nach Jerusalem bringen. Xanten ist sehr früh von Juden besiedelt gewesen, aber es gab lange keinen jüdischen Friedhof. Da es im jüdischen Glauben Pflicht ist, auf einem jüdischen Friedhof bestattet zu werden, mussten die Toten woanders hin gebracht werden, zum Beispiel nach Köln. Das Schicksal von Grabsteinen gibt Aufschluss über gesellschaftliche Entwicklungen. Auf dem Xantener Friedhof kann man anhand der Grabsteininschriften erkennen, was man Assimilation nennt. Ganz alte Grabsteine sind nur auf der Vorderseite hebräisch beschriftet. Später kommen deutsche Schriftzüge hinzu und der hebräische Text wandert auf die Rückseite, bis nur noch Buchstaben davon übrig bleiben. Im Hebräischen gibt es keine Vokalzeichen und manche Abkürzungen sind schwer zu entziffern".

Jüdische Friedhöfe sind für die Ewigkeit gebaut; sie dürfen nicht umgestaltet oder verlegt werden. Angelegt für die sprichwörtlich „ewige Ruhe". Gut, dass der Naziterror dieses Kleinod jüdischer Kultur am Niederrhein nicht gänzlich zerstört hat. Dennoch soll es auch hier, laut einiger Zeitzeugen, zu Verwüstungen gekommen sein, die man aber nach dem Krieg beseitigte. Die Weseler Historikerin Jutta Prieuer berichtet, dass

318

der Friedhof mindestens drei Mal, auch nach 1945, geschändet worden sei. Im Herbst 2006 zeigten drei Künstler im Rathaus die Frottageausstellung (Stoffübertragung der Inschriften mittels Fettstift) „Archiv aus Stein, eine Spurensuche auf dem jüdischen Friedhof Xanten", die den vergessenen Ort wieder mehr in das Bewusstsein der Öffentlichkeit rückte. Im August 2007 wurde der Friedhof nach einer Restaurierung wieder eröffnet. Die 35.000 Euro Gesamtkosten stammten aus Landes- und Stadtmitteln. Hierbei wurde auch ein neues Eingangstor gebaut. Auch über 50 Grabsteine konnten wieder aufgerichtet, restauriert und auf neuen Sockelsteinen befestigt werden.

Kein Ruhmesblatt der Xantener Stadtgeschichte – jüdisches Leben in Xanten

Anlässlich eines Besuches an diesem wunderbaren Ort lohnt es sich, einige Betrachtungen und Überlegungen zur wechselvollen Geschichte der ehemaligen jüdischen Gemeinde in Xanten zu reflektieren. Die baulichen Spuren jüdischen Lebens im Xantener Stadtbild sind fast vollkommen getilgt worden. Erst seit 2007 hat das Projekt der „Stolpersteine" von Gunter Demnig sowie die Presseberichte über das Engagement

des ehemaligen Duisburger Superintendenten Carl Dieter Hinnenberg, in Xanten eine Deutsch-Israelische Gesellschaft zu gründen, die Geschichte der jüdischen Gemeinde wieder in den Blickpunkt der hiesigen Öffentlichkeit gerückt. Leider konnte die Gründung der Gesellschaft (noch) nicht realisiert werden, weil es gegenwärtig in Xanten keine jüdischen Mitbürger mehr hier gibt. Schaut man einmal genauer hin, so lässt sich diese aktuelle Problematik, wie wir im Folgenden sehen werden, gut aus der Geschichte des Judentums in Xanten erklären. Überregional bekannt ist der in Xanten lebende Kinderbuchautor Willi Fährmann, der den jüdischen Bürgern in Xanten im 19. Jahrhundert mit dem Roman „Es geschah im Nachbarhaus" ein literarisches Denkmal gesetzt hat. Fährmann beschreibt hier sehr eindrucksvoll die damals bereits übliche und alltägliche Diskriminierung jüdischer Bürger in unserer Stadt.

Stolpersteine in der Scharnstraße erinnern an ehemalige jüdische Bürger aus Xanten.

Blick vom jüdischen Friedhof zum Hochwald bei Marienbaum.

Was lässt sich aber, trotz aller Forschungslücken, über die Geschichte der jüdischen Gemeinde in Xanten sagen? Um es vorweg zu nehmen: Die Geschichte des Judentums gehört sicherlich nicht zu den Ruhmespunkten der Xantener Stadtgeschichte! Die erste Erwähnung einer jüdischen Gemeinde datiert aus dem Jahr 1096: Wie so oft in der Geschichte des Judentums – auch am Niederrhein – wurden am 27. Juni 1096 etwa 60 Juden aus Köln, die auf der Flucht vor marodierenden Kreuzrittern waren, in Xanten bei einem grausamen Pogrom ermordet. Erst im 13. Jahrhundert ist in den Urkunden wieder von einer kleinen jüdischen Gemeinde die Rede, deren Mitglieder aber im Jahr 1349 erneut einem Pogrom zum Opfer fielen. Man gab ihnen die Schuld an einer Pestepedemie. Erst im 17. Jahrhundert sind wieder Menschen jüdischen Glaubens in Xanten nachweisbar. Leider kam es auch in den letzten beiden Jahrhunderten immer wieder zu Übergriffen auf die jüdische Bevölkerung von Xanten. Die deutschlandweit bekannt gewordenen Ereignisse der Jahre 1891/92 (sog. „Ritualmord") werden im folgenden Kapitel beschrieben. Zu Beginn des 20. Jahrhunderts nahm die Zahl der in Xanten lebenden Juden kontinuierlich ab, da man sich hier mehrheitlich nicht mehr sicher fühlte. Anfang der 1930er Jahre wohnten bei einer Gesamtbevölkerung von 4.882 Personen nur noch 19 Bürger jüdischen Glaubens in Xanten. 1931 wurde die Synagogengemeinde aufgrund mangelnder Gläubiger geschlossen. Die sog.

„Reichskristallnacht" vom 9. November 1938 ist noch einigen älteren Xantener Bürgern in Erinnerung. Hierbei zerstörte und plünderte der braune Mob die kleine Synagoge („Bethaus") in der Scharnstraße Nr.14 (heute Gedenktafel) sowie jüdische Wohnungen, unter anderem auf der Marsstraße.

Nach dem Novemberpogrom verließen alle Menschen jüdischen Glaubens gezwungenermaßen Xanten. Einige flohen nach Köln, andere in die Niederlande oder reisten später nach Chile aus. Vor diesem Hintergrund ist es in Xanten nicht zu Deportationen gekommen. Dennoch entgingen nicht alle Xantener Juden einer späteren Verfolgung und Ermordung, auch wenn dies bisweilen in der lokalen Literatur bis in die 1970er Jahre hinein behauptet wurde. Seit einiger Zeit erinnern auch in Xanten die bereits erwähnten „Stolpersteine" unter Nennung der Familiennamen an die hier während des „Dritten Reichs" verfolgten jüdischen Familien

Nach dem Krieg hat sich leider kein nennenswertes Judentum mehr in Xanten etablieren können. Es bleibt für die Zukunft zu hoffen, dass auch diese schmerzliche Wunde der Stadtgeschichte und Gesellschaft geschlossen werden kann. Der „stille Ort" des jüdischen Friedhofes mahnt zum Gedenken und zur Erinnerung.

7.7. Ein Kindergrabstein und der Ritualmord von Xanten – der Friedhof am Holzweg

Ein wahres Kleinod niederrheinischer Friedhofskultur befindet sich südlich der historischen Kernstadt am Holzweg. Der städtische Hauptfriedhof soll, so die ältere Literatur, im Jahr 1860 angelegt worden sein. In einem Protokollbuch der Viktorgemeinde findet sich aber bereits für das Jahr 1834 ein Eintrag, dass ein neuer Friedhof für die Bürger der Stadt vor dem ehemaligen Marstor in Richtung Fürstenberg angelegt wurde. Somit ist der Friedhof am Holzweg älter als bislang angenommen. Bereits 1804 hatte die Stadt Pläne, einen neuen Friedhof beim ehemaligen Kloster Hagenbusch im Niederbruch anzulegen, verworfen. Bislang waren die Toten auf dem 1308 erstmals erwähnten Totenacker vor dem Westwerk des Domes beigesetzt worden. Wer es sich leisten konnte, ließ sich im Kreuzgang des Stiftes neben den Kanonikern beerdigen. Verstorbene Schüler des Stiftes wurden auf einem eigenen Friedhof in der Immunität beigesetzt. Er befand sich etwa an der Stelle, wo heute die Dombauhütte steht.

Auch den Friedhof am Holzweg kann man durchaus zu den „geheimnisvollen Orten" in Xanten zählen. Trotz der Zerstörungen im Zweiten Weltkrieg findet man hier noch

Der Friedhof am Holzweg existiert seit dem Beginn des 19. Jahrhunderts.

zahlreiche historische Grabmäler sowie eine ausgedehnte Gedenkstätte, die unter anderem für die Bombentoten des letzten Krieges und die Opfer der Explosionsunglücke in der Muna in den Jahren 1942 und 1944 eingerichtet wurde. Heute liegt der mit 28.500 Quadratmetern größte Friedhof Xantens mitten in der Stadt und ist ganz von Wohnbebauung umgeben. Vor rund 15 Jahren dachte man in der Stadtverwaltung darüber nach, einen neuen Zentralfriedhof auf dem Fürstenberg anzulegen, da damals die Kapazität des bisherigen Totenackers am Holzweg, der 1970 zuletzt erweitert wurde, seine Grenzen erreicht zu haben schien. Dieser Plan wurde bislang nicht umgesetzt, da auch hier vermehrt Urnenbestattungen vorgenommen worden sind.

Das Grabmal von Johann Hegmann und der angebliche Ritualmord von 1891

In der Nähe der Trauerhalle steht, fast direkt vor dem Haupteingang, der historische Grabstein des 1891 ermordeten fünfjährigen Johann Hegmann. Seine Geschichte wurde damals als sogenannter „Ritualmord" von Xanten reichsweit diskutiert und sogar noch in der Zeit des Dritten Reiches für die antisemitische Propaganda des Regimes missbraucht. Das Antlitz des knienden Jünglings soll dem ermordeten Kind nachempfunden sein. Die Inschrift des kunstvoll gearbeiteten und wohl durch Spenden finan-

322

Nicht weit von der Kapelle entfernt, steht das Grabmal des 1891 ermordeten Jungen Johann Hegmann.

Das Antlitz der Figur soll dem Gesicht Johanns nachempfunden sein.

zierten Grabsteins trägt folgende Inschrift: „Hier ruht Johann Hegmann geb. zu Xanten am 12. Febr. 1886, ermordet daselbst am Feste Peter und Paul. „Mein ist die Rache", spricht der Herr".

Auch 120 Jahre nach dem Mord ist dieses Ereignis heute immer noch ein Medienthema: So berichteten im Jahr 2012 die Fernsehsender WDR-Lokalzeit Duisburg, Center TV sowie eine große deutsche Boulevardzeitung über den lange zurück liegenden Fall. Immer wieder sind Kamerateams auf dem Friedhof am Holzweg zu sehen. Der bekannte Autor, Willi Fährmann, ließ sich von der Geschichte über den zu Unrecht des Mordes beschuldigten Xantener Juden Adolf Buschhoff im Jahr 1968 zum Roman „Es geschah im Nachbarhaus" inspirieren, der deutschlandweit bekannt wurde. Der Autor veröffentlichte einen fast dokumentarischen Roman, der stark an die damaligen Ereignisse angelehnt ist.

Warum sprach man bei der Ermordung des Knaben von einem „Ritualmord"? Dies ist nur vor dem Hintergrund zu verstehen, dass am Ende des 19. Jahrhunderts auch in Xanten das Klima eines latent vorhandenen Antisemitismus herrschte, der für eine katholische Kleinstadt im protestantischen Preußen durchaus üblich war. Bereits der Gründungsrektor des Xantener Lehrerinnenseminars, Gustav Humperdinck, beklagte sich in den 1880er Jahren über derartige Unsitten, die er in einigen Briefen an seinen Sohn Engelbert auf das schärfste kritisierte.

Wie auf dem Grabstein von Johann Hegmann zu lesen ist, wurde er am Fest „Peter und Paul" im Jahr 1891 in einer heute nicht mehr vorhandenen Scheune in der Nähe der Kurfürstenstraße mit durchschnittener Kehle aufgefunden. Ein (angebliches) Foto vom Tatort, das den toten Paul zeigt, hing bis zur Schließung 2012 jahrelang im Café von Hans Küppers auf der Klever Straße. Die Scheune gehörte seinem Urgroßvater Wilhelm Küppers. Aufgrund der Tatsache, dass der fünfjährige Junge mit durchschnittener Kehle aufgefunden wurde und dass Adolf Buschhoff, ein bis dato völlig unbescholtener Bürger jüdischen Glaubens und Schächter der jüdischen Gemeinde, in der Nähe lebte, ließ schnell den Verdacht eines Ritualmordes aufkommen. Das Gerücht konnte auf dem damaligen Nährboden der katholischen Kleinstadt und der bereits vorhandenen latenten Judenfeindschaft „gut" gedeihen. Auch der „Bote für Stadt und Land" griff diese Gerüchte auf. Schnell wurde dieser Fall reichsweit bekannt und diskutiert. Trotz der bereits voranschreitenden Assimilierung der jüdischen Bevölkerung in Preußen wurde das Judentum in Xanten in „Kollektivhaftung" genommen. Auch das preußische Abgeordnetenhaus widmete sich dem Fall. Der Mord an Johann Hegmann wurde als Argument für eine angeblich notwendige Rücknahme der Gleichstellung von Juden in Preußen und im Deutschen Reich instrumentalisiert. Bis weit in die Zeit des Dritten Reiches, namentlich in der Hetzzeitung „Der Stürmer", wurde der Fall immer wieder aufgerollt und publiziert. Auch in einem Reiseführer aus den 1920er Jahren wird auf den Tatort hingewiesen. Ein Beleg dafür, dass zu dieser Zeit die Tat von 1891 damals noch tief im Bewusstsein der Deutschen verankert war. Das Haus von Adolf Buschoff, dem vermeintlichen Täter, wurde in Xanten niedergebrannt. Man kann hier von pogromartigen Ausschreitungen sprechen. Buschoff, seine Frau und seine Tochter, die der Mittäterschaft beschuldigt wurden, wurde später in Kleve in einem Schauprozess angeklagt. 160 Zeugen (!) mussten vernommen werden. Die vollständig publizierten Gerichtsakten, die teilweise im Internet einsehbar sind, legen ein widerwärtiges Zeugnis des vor Gericht offen ausgetragenen Antisemitismus Xantener Bürger ab. Ganze zwei Zeugen konnten schlussendlich zur Aufklärung beitragen. Adolf Buschoff und seine Familie wurden frei gesprochen.

Auch in Xanten kam es infolge des Urteils zu erneuten Ausschreitungen. Buschoff flüchtete mit seiner Familie nach Köln, wo er in der dortigen jüdischen Gemeinde mit offenen Armen aufgenommen wurde. Dort starb er kurz vor dem Ersten Weltkrieg als gebrochener Mann. Der Täter ist bis heute nicht identifiziert worden. So werden die Ereignisse von 1891 auch zukünftige Generationen beschäftigen und weiterhin Anlass für Verschwörungstheorien bieten. Diese Geschichte stellt wahrlich kein Ruhmesblatt der Xantener Geschichte dar. Zum Nachdenken regt mich auch immer wieder die Grabinschrift „Mein ist die Rache, spricht der Herr" an. Für mich lässt dieser Bibelspruch nur eine Deutung zu: Hiermit werden alle Untaten und Ausschreitungen, die Adolf Buschoff und seine Familie erleiden mussten, theologisch legitimiert. Es ist dringend zu wünschen, dass die Stadt Xanten neben dem Grabstein eine aufklärende und kommentierende Informationstafel aufstellt, die die Ereignisse um den „Ritualmord von Xanten" richtig darstellt und bewertet. Es wird Zeit!

Das Ehrenmal auf dem Friedhof am Holzweg.

Das Ehrenmal auf dem Friedhof am Holzweg

Gegenüber dem Grab von Johann Hegmann befindet sich das bereits erwähnte Ehrengräberfeld für die vielen Opfer, die beide Weltkriege und damit auch der Nationalsozialismus in Xanten gefordert hat. Anhand der vielen verwitterten Grabsteine ist es zunächst etwas schwierig, die Geschichte der Anlage zu rekonstruieren. Sehr hilfreich ist aber eine vor einigen Jahren neu errichtete Informationstafel, die den Friedhofsbesucher über die Bedeutung der Gedenkstätte informiert: „Hier ruhen 298 Tote des Zweiten Weltkrieges, darunter 18 Fremdarbeiter (ein Däne, Russen und Polen): Soldaten und zivile Bürger; Männer, Frauen und Kinder, die Opfer von Krieg oder Gewaltherrschaft wurden […]".

Eine erste Anlage mit Ehrengräbern entstand auf dem Friedhof am Holzweg zu Beginn des Zweiten Weltkrieges, als neben der alten Leichenhalle die ersten Kriegstoten begraben wurden. Auch die Toten der Explosionsunglücke in der Hees wurden in drei Sammelgräbern beigesetzt. Weiter lesen wir: „Viele der auf dem Gräberfeld des Gemeindefriedhofes ruhenden Soldaten, zivilen Bürger und ausländischen Mitbürger sind Opfer der schweren Bombenangriffe vom 10. und 13. Februar 1945. Beim Bombenangriff am 10. Februar kam auch der Xantener Dombaumeister Johann Schüller ums Leben (Grab-Nr. 138). Ganze Familien wurden bei den Bombenangriffen ausgelöscht. So starben beim Angriff am 13. Februar allein zehn Mitglieder der Familie Merissen (Grab-Nr. 99-104), darunter der dreijährige Karl Josef".

Im Jahr 1957 wurde die Kriegsgräberstätte in Zusammenarbeit mit dem Volksbund Deutsche Kriegsgräberfürsorge neu gestaltet. Von Ende Januar bis Mitte März 1960 konnten fast 130 Gräber geöffnet, die Toten, soweit möglich, identifiziert und teilweise umgebettet werden. Im November 1961 wurde schließlich die neue Erinnerungsstätte, die seit 1996 auch die verstorbenen und ermordeten Zwangsarbeiter in Xanten ehrt, eingeweiht. Das große Kreuz, dass die Anlage dominiert, stand seit 1934 auf dem Kleinen Markt und war Teil des dortigen Ehrenmahls.

Auf dem Friedhof am Holzweg wurde auch der „Torso von Xanten", den Angler 2012 bei Obermörmter aus dem Rhein zogen, zunächst anonym beigesetzt. Der spektakuläre Mordfall an einem Rentner aus Duisburg beschäftigte sogar die bekannte Sendung „Aktenzeichen XY". Nach Hinweisen aus der Bevölkerung konnte die zunächst anonyme Leiche identifiziert und der Täter gefasst werden. Der kostenlose Parkplatz des Friedhofes ist meistens wenig überlastet und kann gut als Ausgangspunkt für einen Besuch der historischen Innenstadt genutzt werden.

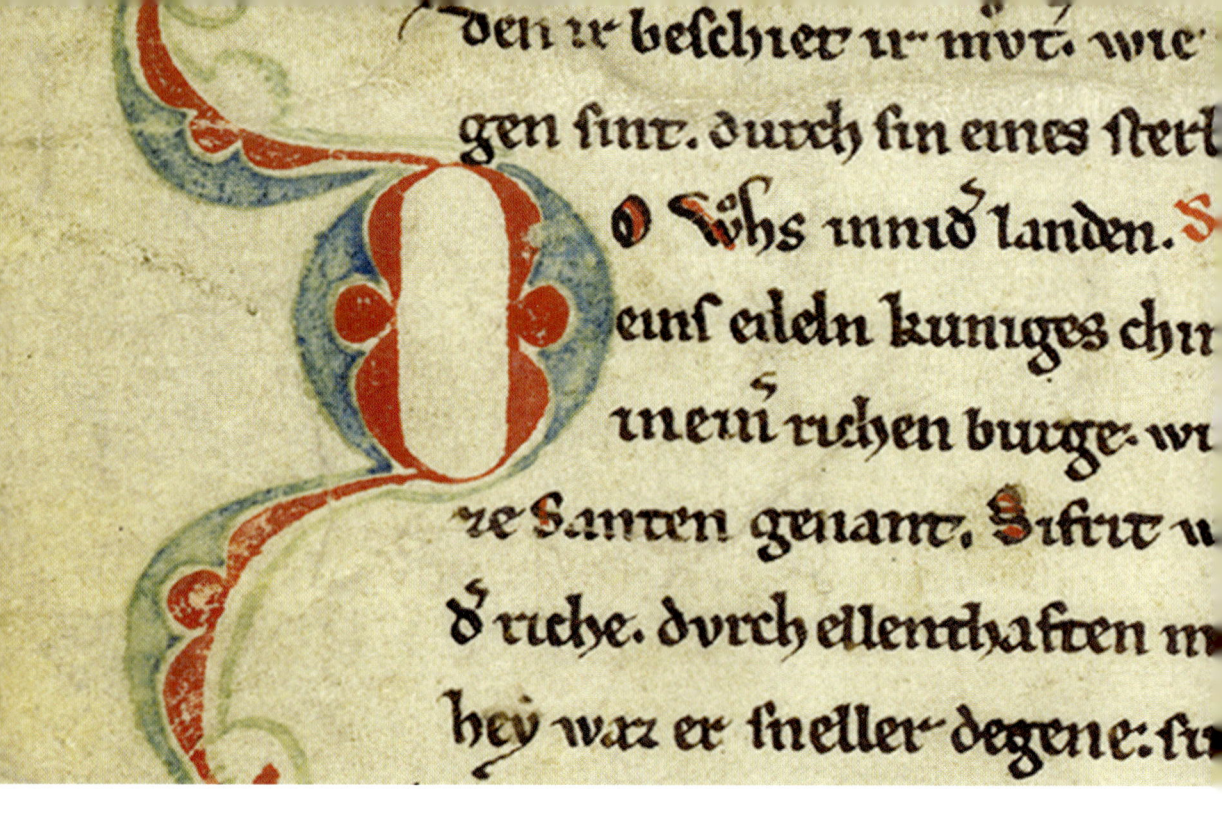

WISSENSWERTES

Fakten, die erstaunen und Wissenswertes aus Geschichte und Gegenwart erzählen … und nicht in die Thematiken der letzten sieben Kapitel passten:

✤ Der Name Xanten entstand im Mittelalter aus dem lateinischen „Ad sanctos", d. h. „bei den Heiligen". In der unruhigen Zeit der Völkerwanderung hatte sich aus „Colonia Ulpia Traiana" der Name „Troja" entwickelt, ohne das aber auch ein „trojanisches Pferd" gesichtet worden wäre … Vielleicht besteht aber auch hier eine Verbindung mit dem Nibelungenlied. Einer der Hauptfiguren wird als „Hagen von Tronje (Troja?) bezeichnet.

✤ Erstmals fassbar sind Menschen im Xantener Raum in der Mittelsteinzeit. In Obermörmter gefundene, von Menschenhand hergestellte Geweihhacken, belegen dies.

✤ Die ersten namentlich erwähnten Menschen im Xantener Raum sind die Sugambrer. Sie wurden um 8 v. Chr. aus dem rechtsrheinischen Germanien in unsere Gegend umgesiedelt und vermischten sich nach und nach mit der hiesigen römischen Bevölkerung.

e fi daz rach. an ir nehſten magen. die in ſlv
ſtarp vil manich mvter kint. huem von
rde we der erzogen wart. „—
des vat der hiez Sigemvnt. ſin mvter Sigelint.
wol bechant. nidene bi dem Rine. div was
gehezzen. der ſnelle degen gvt. er vſuchte vil
durch ſines libes ſterche. ſvcht fremidiv lant
Buregonden vant. Edaz der degen chvne.

- Der Fürstenberg mit dem Legionslager Vetera I wurde bereits in der berühmtesten Karte der Spätantike, der „Tabula Peutingeriana", verzeichnet.
- Bis ins frühe Mittelalter lebten im Bereich unserer Wälder auch Elche und Braunbären.
- Xanten wurde in wichtigen schriftlichen Quellen der Antike und des Früh- und Hochmittelalters erwähnt, so zum Beispiel in Band 5 der „Historien" von Tacitus (Schlacht bei Vetera 70 n. Chr.), in der Chronik von Gregor von Tours (um 590), in der fränkischen Troiasage, im Annolied (1090) und natürlich im Nibelungenlied.
- Mehrere Historiker gehen heute davon aus, dass Siegfried, der Held des Nibelungenliedes und der heilige Viktor, lat. „der Sieger" ein und dieselbe Person sind. Andere meinen, dass es sich hierbei um die historische Gestalt des Arminius (der Cherusker) handelt.
- Die Xantener Pröpste gehörten schon früh dem Priorenkolleg der Kölner Erzbischöfe an und waren somit auch in die Politik des Reiches eingebunden.
- Dem späteren Papst Pius II. (ursprünglich Enea Silvio de' Piccolomini) (1405-1464) wurde 1457 der (Ehren)Titel „Archidiakon von Xanten" verliehen. Ein Aufenthalt in Xanten ist in den Quellen aber nicht nachzuweisen. Jedenfalls ist es der erste Papst, der in einer direkten Beziehung zu Xanten steht.
- 1763, im Jahr der Beendigung des Siebenjährigen Krieges, besuchte Friedrich der Große Xanten und den Dom.

- 1775/76 plante der Rat der Stadt in Xanten eine katholische Universität zu gründen. Universitätsstadt Xanten? Gar nicht so abwegig. Auch Bonn erhielt seine Hochschule erst zu Beginn des 19. Jahrhunderts. Der Plan scheiterte aber an mangelhaften Absprachen mit der klevischen Regierung, fehlenden Geldgebern und am Widerstand der Stiftsherren.

- 1829 wurde der Großvater von Heinrich Böll, der 1972 den Nobelpreis für Literatur erhielt, in Xanten geboren. 1957 las der Autor in Xanten aus seinem „Irischen Tagebuch". Der Name Böll ist bis heute in Xanten verbreitet.

- In den 1820er Jahren bejagte man im Hochwald den letzten Wolf. Anfang der 1840er Jahre wurden die letzten streifenden Wölfe im Waldgebiet der Leucht zwischen Alpen und Kamp-Lintfort gesehen. 2013 beschäftigte eine angebliche Wolfssichtung im Bereich des Niederrheins bei Sevelen erneut die lokale Presse.

- 1840 publizierte Friedrich Engels unter einem Pseudonym einen umfassenden Reisebericht über Xanten. Später verfasste er mit Karl Marx das „Kommunistische Manifest". Anfang der 1840er Jahre wohnten seine verwitwete Mutter und seine Schwester im Haus des Onkels in Xanten, der hier zu dieser Zeit Revierförster war. Es ist zu vermuten, dass Friedrich Engels seine Verwandten in Xanten häufig besucht hat.

- Von 1857 bis 1975 gehörte Xanten zum ehemaligen Kreis Moers. Seit Mitte der 1970er Jahre muss man die Nachbarstadt Wesel als „Obrigkeit" anerkennen.

- Bereits 1925 wurde in Xanten eine erste Ortsgruppe der NSDAP gegründet. Trotz einer sich hartnäckig haltenden Legendenbildung, die wohl zur Legitimation des nationalsozialistischen Herrschaftsanspruches nach 1933 in die Welt gesetzt wurde, hat Hitler Ende der 1920er Jahre Xanten und den Dom nicht besucht. Auch am 29. Juni 1934 wartete man neben Rheinberg und Moers in Xanten angeblich vergebens auf den „Führer". Infolge des Massakers an 89 SA-Führern und Nazigegnern, das als sogenannter „Röhm-Putsch" in die Geschichte eingegangen ist, reiste Hitler, um die Aktion in Bad Wiessee am Tegernsee persönlich zu leiten, von Lünen direkt nach Bayern.

- Die Eroberung Xantens durch kanadische Truppen am 8. März 1945 wurde in den alliierten Ländern größtenteils mit Sonderausgaben und großen Schlagzeilen gefeiert. Kein Wunder, galt Xanten – durch die Nazis instrumentalisiert – als unbesiegbare „Siegfriedstadt" und dadurch auch als Symbol für den deutschen Durchhaltewillen.

- Die alliierte Operation „Varsity" am 24. März 1945 war mit 1.840 über dem Xantener Stadtgebiet eingesetzten Flugzeugen die größte Luftlandeoperation der Kriegsgeschichte. Bei Wesel wurde ein Brückenkopf für den Übergang der alliierten Truppen über den Rhein gebildet. 4.978 britische und 9.387 amerikanische Soldaten spran-

In der Xantener Innenstadt gibt es auch versteckte Sehenswürdigkeiten zu entdecken.

gen mit Fallschirmen ab. Alleine die britischen Verluste des ersten Tages betrugen 1.078 Tote und Verletzte.

❖ Am 5. Oktober 1971 kam es in Xanten beinahe zu einer Katastrophe: Ein britischer Bomber der Marke „Canberra" hatte über dem Stadtgebiet einen Triebwerkschaden und musste unweigerlich abstürzen. Die englischen Piloten retteten sich nicht mit ihrem Schleudersitz, sondern zogen die Maschine über die Häuser des Dorfes Lüttingen hinweg, um durch einen Absturz über unbewohntem Gebiet die Einwohner zu schützen. Es muss ihnen klar gewesen sein, dass sie mit dieser Aktion ihr Leben gaben.

Idylle bei Haus Lüttingen.

✢ 1975 wurde Xanten neben Alsfeld, Berlin, Rothenburg ob der Tauber und Trier mit dem Titel „Europäische Beispielstadt" im Bereich Denkmalpflege ausgezeichnet.

✢ 1976-1981 bohrte man im Westen der Stadt drei unterirdische Kavernen für die Einlagerung von 60 Millionen Kubikmetern Erdgas. Heute lagert unter Xanten der begehrte Brennstoff in 1.000 Meter Tiefe. 200 Millionen Kubikmeter Erdgas befinden sich unter unseren Füßen – das entspricht einem Jahresverbrauch von 100.000 Haushalten.

✢ 1988 ernannte das Land NRW Xanten zum ersten staatlich anerkannten Erholungsort im Regierungsbezirk Düsseldorf.

✢ 2008 beschloss der Landtag von Nordrhein-Westfalen, Xanten als „mittlere, kreisabhängige Stadt" zu bezeichnen. Offiziell wurde dieser Beschluss am 1. Januar 2012.

✢ 2010 war man als Mitglied des RVR Teil der „Europäischen Kulturhauptstadt 2010". Hierzu wurde eigens eine RUHR.INFOLOUNGE bei der Tourist-Information Xanten eingerichtet.

✢ Der Rat der Stadt hat sich 2012 für die Anerkennung Xantens als Luftkurort ausgesprochen.

✢ Weltkulturerbe Xanten? Das ist gar nicht so abwegig. Wenn alles gut geht, werden der Fürstenberg und die Bislicher Insel als wichtiger Teil des „Niedergermanischen

Nein, das ist nicht Holland. Impression zwischen Süd- und Nordsee.

Limes", wie der übrige Limes in Deutschland, in wenigen Jahren in die Welterbe-liste der Unesco aufgenommen. Fördergelder der Unesco sind hiermit nicht ver-bunden – aber jede Menge weltweite Werbung.

❖ Anderswo sind Museen defizitäre Einrichtungen. In Xanten wird mit den Museen richtig Geld verdient. Heute ist der Archäologische Park Xanten (APX) das größte archäologische Freilichtmuseum in Deutschland. Für jeden vom Landschaftsver-band Rheinland investierten Euro fließen statistisch gesehen sechs Euro in die Stadt zurück.

DAS SAGEN BÜRGER UND PROMINENTE ÜBER XANTEN

E xklusiv für dieses Buch haben einige bekannte und noch lebende Prominente und Bürger aufgeschrieben, was sie mit der Stadt verbinden. Ebenfalls habe ich ausgewählte Zitate bereits verstorbener Persönlichkeiten ausgewählt, die Ihre Beziehung zur „Dom-, Römer-, und Siegfriedstadt" zu Lebzeiten geschildert haben.

Impression aus der Immunität.

Hanns Dieter Hüsch († 2005)

Kabarettist und Niederrheiner aus Über-
zeugung (in: Am Niederrhein. S. 38f).

„Die Römer waren hier
Die Burgunder waren hier
Die Oranier waren hier
Die Spanier waren hier
Die Schweden waren hier
Die Lothringer waren hier
Die Österreicher waren hier
Die Franzosen waren hier
Die Preußen waren hier
Und ICH war hier …"

Theodor Heuss († 1963)

Von 1949-1959 erster Bundespräsident der
Bundesrepublik Deutschland. Verfasste
1916 eine Beschreibung Xantens in „Am Nie-
derrhein" in: März 10.Jg./Nr.39 vom 7.10.1916
(Original im Besitz des Verfassers).

„Über das Gedränge kleiner Häuser hob sich die große Silhouette des Viktor-Doms einfach und kräftig. Am hellen Abend grüßen die spitzen Turmhelme des Xantener Doms weit ins Land. Hier ist ein Kleinod und sein gesammelter Reichtum. Viele hundert Jahre Geschichte ruhen in seinem Schatten und berühren die empfängliche Seele. Der muntere Uhrenschlag aber begleitet das Tagwerk eines freundlichen behaglichen Volkes …"

Dompropst Klaus Wittke

geboren in Rheinberg. Ist seit Oktober 2011 Propst des Xantener Doms.

„Meine besondere Beziehung zu Xanten verbindet sich mit der Bedeutung des Namens unserer Stadt „ad sanctos – bei den Heiligen". Der Hl. Viktor und seine Gefährten sowie der selige Karl Leisner und weitere Glaubenszeugen der NS-Zeit, die in der Krypta des Domes ihre Gräber haben und dort verehrt werden, stehen für das unerschrockene,

beeindruckende Zeugnis des Glaubens an Gott und für die Bereitschaft, als Mensch allein seinem Gewissen zu folgen. Hier finden wir wirkliche Vorbilder für gelingendes Lebens. So ist der Xantener Dom, der sich über den Märtyrergräbern erhebt, ein ausdrucksstarkes, weithin sichtbares Zeichen für das Wahre, Schöne und Gute, das Gott jedem Menschen ins Herz legt. Für mich als Priester ist es eine große Ehre und unermessliche Freude, an diesem geschichtsträchtigen Ort die Frohe Botschaft verkünden und die Eucharistie feiern zu dürfen."

Willi Fährmann

gehört zu den bedeutendsten und bekanntesten Kinderbuchautoren Deutschlands. Wohnt und arbeitet in Xanten. Diesen Text hat er extra für „Du mein Xanten" verfasst.

„Als ich 1963 in Xanten zum Schulleiter gewählt wurde, sind meine Frau und ich skeptisch nach Xanten gezogen. Wir wollten zwar dort wohnen, wo ich auch meinen Dienst tun konnte. Aber von der Großstadt Duisburg in das damals eher verschlafene Nest am Niederrhein? Das war zu der Zeit, als uns bei der Fahrt mit dem R4 über die Bundesstraße wiederholt zwischen Rheinberg und Xanten nicht ein einziger PKW begegnete. Aber dann erlebten wir eine freundliche Aufnahme und entdeckten, dass

Die Kirche von Vynen stellte früher eine wichtige Orientierungshilfe der Rheinschifffahrt dar.

auf die Einwohnerzahl bezogen die Teilnahme am kulturellen Angebot erheblich stärker war als in der großen Stadt. Wir lebten uns schnell ein, und nach einem Jahr war kein Gedanke mehr daran, Xanten den Rücken zu kehren. Sicher, richtiger Xantener ist man vermutlich erst, wenn man rund 400 Jahre ansässig ist. Aber nach 50 Jahren Xanten sind wir auf einem guten Weg dorthin. Wenn wir aus Richtung Ruhrgebiet uns der Stadt nähern, die herrlichen Altrheinarme passieren, dem Dom zuwinken können, dann wissen wir, wir sind zuhause."

Prof. Dr. Dieter Geuenich

Historiker. Professor für mittelalterliche Geschichte an der Universität Duisburg-Essen und Initiator der Kooperation zwischen Universität und Stadt Xanten zur Aufarbeitung der Stadtgeschichte seit 1990. Unter anderem Herausgeber der „Xantener Vorträge zur Geschichte des Niederrheins".

„Nachdem mich der Rektor der Universität Duisburg 1990 im Rahmen eines Vertrages zur „Zusammenarbeit bei der Erforschung der Geschichte von Stift und Stadt Xanten" beauftragt hatte, lernte ich die Xantener und ihre Stadt kennen und schätzen. Die folgenden zwei Jahrzehnte gewährten mir nicht nur Einblicke in die Geschichte von Stift und Stadt, sondern auch in die Mentalität der Xantener, die sich von der der Menschen etwa im Ruhrgebiet wesentlich unterscheidet. Jeder kennt jeden in dieser liebenswerten Kleinstadt; man pflegt intensiv Freundschaften und Feindschaften, redet gern miteinander und über einander, ist stolz auf die Geschichte der Stadt, die man so gut zu kennen glaubt, dass man sie nicht erforschen muss. Man weiß ja ohnehin schon alles über Viktor, Siegfried, das Stift und den geliebten Dom. Aber ich mag sie, die Xantener ..."

Dr. Ingo Runde

Leiter des Universitätsarchives Heidelberg und unter anderem Autor von „Xanten im frühen und hohen Mittelalter. Sagentradition – Stiftsgeschichte – Stadtwerdung. Stadtgeschichte Band 2. Köln 2003".

„Aus der Distanz betrachtet ist Xanten sicher eine Perle am Niederrhein mit großem historischen Potenzial und noch größerer legendärer Tradition. Von und mit seiner Vergangenheit lebend, leistet es sich dieser bewusst nach dem alten Stadtbild aus den Trümmern des Zweiten Weltkriegs wiedererrichtete Ort gerne einmal, bei deren Darstellung und Aufbereitung auf jene zu verzichten, die sich besonders intensiv mit ihr auseinandergesetzt haben."

Torturm von Haus Erprath.

René Schneider

Abgeordneter der SPD für den Kreis Wesel im Landtag NRW.

„Zeitreisen gibt es doch! Wer nach Xanten kommt, kann rund um den Dom ins Mittelalter eintauchen, oder im APX den alten Römern folgen. Alt aussehen tut man dabei aber nicht, denn seine Freizeit verbringt man hier radelnd, paddelnd oder einfach in einem der vielen schönen Cafés und Restaurants. Mal ehrlich: Wer hier wohnt, lebt dort, wo andere gerne Urlaub machen."

Georg Cuppenbender

Zuständiger Revierförster für alle Waldgebiete in und um Xanten.

„Xanten ist eine bezaubernde Kleinstadt mit sehr schönem Stadtkern und eigenem Charme. Hierzu tragen insbesondere der Markt mit der reichhaltigen Gastronomie, dem Gotischen Haus, der evangelischen Kirche und dem Blick auf den Dom bei. Xanten lädt ein zu einem gemütlichen Spaziergang, zum Shoppen oder einfach nur, um die Seele baumeln zu lassen. Die Reste der alten Stadtmauer, die Kriemhildmühle, die Karthaus

Randolf Vastmans und Georg Cuppenbender lieben die wunderschöne Natur rund um Xanten.

und das Klever Tor prägen nicht nur wesentlich das mittelalterliche Stadtbild, sie zeugen auch von einer interessanten und abwechslungsreichen Vergangenheit. Zusammen mit dem Stiftsmuseum, dem Archäologischen Park und dem Römermuseum bietet Xanten mir viele Möglichkeiten, meinem Interesse an Heimatgeschichte nachzugehen. Eine meiner wichtigsten Leidenschaften ist jedoch die Freude an Natur und Landschaft."

Randolf Vastmans

Lebt und arbeitet in Xanten. Betreiber der erfolgreichen Internetplattform „Wir sind Xantener" und Fotograf.

„Als ich im Dezember 1993 von Duisburg-Meiderich nach Xanten zog, ahnte ich nicht, dass man sich auch in eine Stadt verlieben kann. Das Faszinierende an Xanten war und ist die Kombination aus Historie, Gemütlichkeit und reichhaltigen Freizeitangeboten gepaart mit einer fast idealen Infrastruktur und das Ganze eingebettet in die herrliche Natur der niederrheinischen Landschaft. Aus diesem Grunde betrachtete ich Xanten schon sehr bald als meine Heimat. Das einzige, was ich jemals an dem Entschluss, hierher zu ziehen, bereute, war die Tatsache, dass ich diesen nicht schon 20 Jahre eher gefasst habe. Xanten – eine Stadt geht ihren Weg – in Kürze bekommen wir die Ernennung zum Luftkurort.

Historie, Dom, mannigfaltige Freizeitangebote und eine gute Infrastruktur eingebettet in eine herrliche Natur – Das ist unser Xanten. Man kann den Namen nicht oft genug nennen. Schauplatz von Fernsehsendungen, wie „Brot und Spiele", von Kinofilmen, wie „Die Wilden Hühner", usw., usw. Die von mir geründete Facebook-Gruppe „Wir sind Xantener" verfügt mittlerweile über mehr als 1.300 Mitglieder, die alle ihr Xanten lieben.

Dorothe Ingenfeld

Mezzosopranistin. Geboren in Xanten-Birten. Auftritte unter anderem mit den Berliner Philharmonikern und ausgebildet bei Dietrich-Fischer Dieskau.

„Wenn ich Freunden „mein Xanten" zeigen möchte, dann spaziere ich zuerst mit ihnen von Birten über den Fürstenberg in die Stadt. Dann zeige ich ihnen das gotische Haus und laufe am Klever Tor vorbei zur Kriemhildmühle. Irgendwo auf dem Weg trinken wir dann in einem der vielen netten Cafés einen Kaffee und der krönende Abschluss ist der Besuch der Domes. Wenn dann noch Zeit ist, steht eine ausgiebige Radtour an und ein Besuch des neuen Museums. Und wenn ich dann unterwegs noch ein paar bekannte Gesichter treffen darf, auf die niederrheinische herzliche Art ein bisschen klönen kann und mich wieder ganz heimisch fühlen kann, dann spätestens schwappt von dem Xanten Gefühl auch was auf meinen Besuch über."

Dr. Ernst Heien

1994-2001 Leiter des Niederrheinischen Altertumsverein e. V. in Xanten. Heimatforscher und Bewahrer des Xantener Platts

„Die groote Glokk tönt vannen Dom;
sej helt min trögg üt minnen Droam.
Min aale Stadt! – Hier steht min Hüss.
Wie et ok kömmt – hier bliew ek tüss!"

Dagmar Gatermann

Lebt seit vielen Jahren in Xanten. Inhaberin von „Haus Lüttingen".

„Die positive Entwicklung in unserer wunderschönen Stadt durfte ich in 41 Jahren verfolgen. Die Mischung von kulturellen und sportlichen Angeboten dürfte in Deutschland einzigartig sein."

Einfach wunderschön – Impression aus dem Garten von Haus Lüttingen.

Eine positive Sicht von außen:

Karl-Heinz Kreiter, Wassenberg
Hat eine sehenswerte Website mit einem liebevollen Reisebericht über Xanten erstellt und steht mit seiner Meinung stellvertretend für viele auswärtige Besucher:

„Da ich in der Nibelungenstadt Worms geboren wurde, sind mir Gernot, Giselher, Gunter, Hagen von Tronje und natürlich auch Siegfried von Xanten schon in meiner frühen Jugendzeit begegnet. So lag es nahe, dessen Heimatstadt einmal zu besuchen. Meine Frau und ich waren von der Altstadt Xantens, dem Dom Sankt Viktor, dem Römer-Museum und dem Archäologischen Park derart begeistert, dass unserem Erstbesuch inzwischen drei weitere gefolgt sind. Und wir werden im Sommer wieder nach Xanten fahren, schließlich haben wir das zwischenzeitlich eröffnete Siegfried-Museum noch nicht gesehen und eine Nachtführung durch den APX steht auch noch auf unserer Wunschliste."

Xanten ist gerade bei Veranstaltungen in der Innenstadt sehr gut besucht.

Eine kritische Sicht von außen:

Christoph Schurian

in seinem Blog „Die Ruhrbarone" im März 2010 (http://www.ruhrbarone.de/die-muse-umshauptstadt).

„Wir sind vom Kuhkaff zur kulturellen Metropole des Niederrheins geworden". Es braucht schon die Phantasie eines Bürgermeisters, um Xanten als Kulturmetropole zu sehen. Doch das Städtchen am nördlichen Niederrhein schafft Dinge, von denen viele Großstädte nur träumen. In etwas mehr als zwei Jahren werden drei neue Museen eröffnet. Jahr für Jahr strömen mehr als eine Million Menschen in die Kommune. Die 23.000 Einwohner von Xanten sind überdurchschnittlich jung und ihre Zahl steigt stetig, statt zu fallen. Es gibt eine neue Umgehungsstraße, eine neue Jugendherberge, einen neuen Caravanpark. An den Sommerwochenenden sind die Zufahrtsstraßen weiträumig zugeparkt. Xanten boomt. [...] Stolz und Elan, Geschichte und Kultur zahlen sich aus. Xanten ist Besucherkrösus am Niederrhein. Dabei ist die kleine Stadt gar nicht richtig schön. Eher übersichtlich, praktisch, geordnet, sauber. Der Krieg hat nur wenig übrig gelassen von der mittelalterlichen Bausubstanz."

Das evangelische Jugendzentrum in der Kurfürstenstraße.

FRAGEN ZU QUELLEN UND LITERATURVERZEICHNIS

Da wir aus Platzgründen auf ein umfangreiches Literatur- und Quellenverzeichnis verzichten mussten, bitte ich bei Nachfragen zur Literatur, zu Quellen und Belegstellen im Internet um Kontakt unter michalak@anno-verlag.de. Ebenfalls stehen Ihnen die Kollegen in der Stadtbücherei, im Niederrheinischen Altertumsverein sowie in den Museen bei Fragen zur Verfügung.

BILDNACHWEIS

Alle Fotos von Randolf Vastmans, RVX Fotoart Xanten (www.rvxfoto.de), mit Ausnahme von:

Alexander Laubenthal (hallo@alexanderlaubenthal.de): 28, 42 unten, 44 unten, 52 unten, 72, 74, 75, 77 unten, 84, 89, 94, 96, 104, 105 unten, 114, 115, 116, 121 unten, 124, 131, 133 oben, 141, 145, 147, 153, 154, 156, 157, 162, 169, 171, 172, 177, 181, 183 rechts, 185 unten, 186, 190, 191, 192, 193, 194, 195, 197, 200, 201, 203, 208, 210, 212, 213, 214, 217 unten, 218, 224, 228, 229, 250, 251, 263, 264, 267 unten, 268, 269, 270, 271, 272, 273, 274, 280, 281, 322, 323, 324, 326, 331, 334, 336, 344, 346, 347, 348

Petra Schneider: 22, 23, 128, 178, 187, 206, 219, 220, 222 unten, 231, 232, 236, 262, 282, 298, 299

Fotos und Repros Tim Michalak und Archiv Michalak: 14,15, 16, 31, 61, 107, 120, 137 unten, 165, 168, 170, 173, 199 unten, 203, 209, 219, 221, 227, 230, 277

Dombauhütte Xanten: 42 oben, 100, 105 oben, 119, 121 oben, 129, 130, 140, 151, 155, 176, 204, 209 unten, 222 oben

Familie Trautmann-Dreveldt (Hotel van Bebber): 202

SiegfriedMuseum Xanten: 196, 328

Margret Elies Xanten: 16,17

Helge Boele Xanten (www.fotoart-ltd.de): 39, 101

Stiftsmuseum Xanten: 97, 132

Touristinformation Xanten (Frau van der List): S. 137

Restaurant Gotisches Haus Xanten (Familie Neuhauser): 179

Gaststätte „De Kelder" Xanten (Lars Deymann): 185

Archiv Tus Xanten: 289

Archiv „Haus Lüttingen" (Dagmar Gatermann Xanten): 294

Stadtarchiv Xanten: 312, 267 oben

Musikwerkstatt Siegburg: 164

Repro Seite 71 aus: Hugo Borger, Xanten. Entstehung und Geschichte eines niederrheinischen Stiftes. Xanten 1966, S.8

Repro Seite 103 aus: Richard Klapheck, Der Dom zu Xanten. Berlin 1930, S.1

Zeichnung/Repro Seite 138: Historischer Markt von Dieter Kastner, in: Studien zur Geschichte der Stadt Xanten 1228-1978. Xanten 1978, S. 27

Stadtführungen, Fachexkursionen und Ausflüge rund um das Thema „Du mein Xanten"

Bei Interesse bietet der Autor Ihren Wünschen entsprechende Führungen, Reiseleitungen und Exkursionen in Xanten, am Niederrhein sowie im Ruhrgebiet zu verschiedenen Themen und Schwerpunkten an.

Als Historiker und Germanist hatte er seit 1995 zahlreiche Veröffentlichungen im Bereich Dortmunder Stadtgeschichte, Landeszentrale für politische Bildung und Regional- sowie Industriegeschichte. Der Autor war unter anderem an der Konzeption der Dauerausstellung Mittelalterliche Stadtgeschichte im Museum für Kunst- und Kulturgeschichte Dortmund beteiligt. Darüber hinaus wirkte er an zahlreichen regionalge-

Blick auf die südliche Hees vom Haus meiner Schwiegereltern in der Römerstraße in Birten aus.

Der Autor Tim Michalak.

schichtlichen Forschungsprojekten mit. Seit vielen Jahren ist er unter anderem mitverantwortlich für die Konzeption und die Durchführungen von Fachexkursionen und Veranstaltungen am Weltkulturerbe Zeche Zollverein und weiterer Museen im Ruhrgebiet und am Niederrhein. Von 2004-2007 war er unter anderem Projektleiter und wissenschaftlicher Mitarbeiter am Haniel Museum Duisburg. Heute ist er Lektor für Regionalliteratur und -geschichte des Anno-Verlages in Rheinberg. Zudem gehört ihm die Agentur „Anno-Buchkultouren", die Ihnen, unter anderem in Kooperation mit der Touristinformation Xanten (TIX), ein maßgeschneidertes Veranstaltungs- und Exkursionsprogramm in Xanten, am Niederrhein und im Ruhrgebiet bietet.

Für Anfragen kontaktieren Sie unseren Autor bitte unter michalak@anno-verlag.de oder unter Tel. (0 28 01) 8 04 62 90.

Eine Idylle bei Hochwasser unterhalb von Haus Lüttingen.

Das vorliegende Buch möchte den Besucher des Xantener Domes dazu anregen, den beeindruckenden gotischen Innenraum als Ort der religiösen und spirituellen Inspiration zu begreifen. Die Beschreibung und Deutung der vorgestellten Kunstwerke betreten Neuland: Mit der Lektüre von „Xantener Dom – 750 Jahre Gotik" soll der interessierte Leser die überlieferte Ausstattung und Bauidee der größten Kirche zwischen Köln und der Nordsee anhand moderner Sichtweisen und Interpretationen neu erleben und begreifen. Ein Buch, das auch zu Hause zum Nachschlagen und Lesen einlädt.

Xantener Dom – 750 Jahre Gotik

Eine Hinführung zur Baugeschichte und Ausstattung des Xantener Domes in acht Kapiteln. Herausgegeben von der Propsteigemeinde St. Viktor Xanten und dem Niederrheinischen Altertumsverein Xanten.

160 Seiten, 43 größtenteils farb. Fotos
Paperback mit Folienkaschierung
Format: 16,5 x 24 cm
ISBN 978-3-939256-16-8
€ 12,00

Das Buch „Xantener Dom – 750 Jahre Gotik" wird von der Propsteigemeinde St. Viktor Xanten zusammen mit dem Niederrheinischen Altertumsverein Xanten (NAVX) herausgegeben.

Schriftleiter Paul Ley, geb. 1938 in Köln, Studiendirektor im Ruhestand, Studium der Altphilologie in Köln und Tübingen, der Katholischen Theologie in Essen und Bochum, hat u. a. Arbeiten über den Xantener Dom veröffentlicht.

www.anno-verlag.de

Marco Hofmann

ENERGIE
tOD

Krimi

anno
verlag

Drei Tage vor Weihnachten versinken weite Teile Deutschlands im Schneechaos, als im Ruhrgebiet und am Niederrhein plötzlich die Stromversorgung zusammenbricht. Viele Menschen harren in kalten, dunklen Wohnungen aus. Andere sind gut auf diese Situation vorbereitet, doch sie werden neidisch beobachtet. Der Reiseverkehr liegt weitgehend brach. Trotzdem begibt sich die junge Spanierin Carla aus Liebe auf eine leidvolle Odyssee, während sich an ihrem Zielort die Ereignisse überschlagen. Sie gerät mitten in einen Kampf, bei dem es um Besitztümer und verletzte Eitelkeiten geht. Es wird eine bitterkalte und mörderische Weihnacht.

Marco Hofmann

Energietod

278 Seiten
Paperback mit Folienkaschierung
Format: 12,8 x 21 cm
ISBN 978-3-939256-15-1
€ 11,95

Marco Hofmann wurde 1977 in Bad Neuenahr-Ahrweiler geboren. Er wuchs in Duisburg auf und wohnt seit einigen Jahren am linken Niederrhein. Seit vielen Jahren ist er als Freier Journalist, Texter und Pressereferent tätig und studiert nebenberuflich Sozial- und Gesundheitsmanagement.

2012 veröffentlichte er im Anno-Verlag eine Liebeserklärung an die Stadt, in der er aufgewachsen ist. „DU MEIN DUISBURG" war der erste Teil einer Regional-Reihe die bereits mit „DU MEIN XANTEN" fortgeschrieben wurde und für die viele weitere Teile in Planung sind. Energietod ist sein erster Roman.

anno
verlag

www.anno-verlag.de